AI 新课堂

PAD⁺ABC

李胜建◎编著

ZHEJIANG UNIVERSITY PRESS
浙江大学出版社

图书在版编目（CIP）数据

AI新课堂：PAD+ABC/李胜建编著. — 杭州：浙江大学出版社，2022.4（2023.3重印）

ISBN 978-7-308-22180-1

Ⅰ．①A… Ⅱ．①李… Ⅲ．①人工智能－应用－教学研究 Ⅳ．①G434

中国版本图书馆CIP数据核字(2021)第270008号

AI新课堂：PAD+ABC

李胜建　编著

策划编辑　吴伟伟
责任编辑　陈思佳（chensijia_ruc@163.com）
责任校对　宁　檬
封面设计　雷建军
出版发行　浙江大学出版社
　　　　　　（杭州市天目山路148号　　邮政编码　310007）
　　　　　　（网址：http://www.zjupress.com）
排　　版　杭州林智广告有限公司
印　　刷　广东虎彩云印刷有限公司绍兴分公司
开　　本　787mm×1092mm　1/16
印　　张　16.75
字　　数　330千
版 印 次　2022年4月第1版　2023年3月第2次印刷
书　　号　ISBN 978-7-308-22180-1
定　　价　78.00元

序

　　《中国教育现代化2035》明确指出：要加快信息化时代教育变革，建设智能化校园，统筹建设一体化智能化教学、管理与服务平台；利用现代技术加快推动人才培养模式改革，实现规模化教育与个性化培养的有机结合。这份纲领性文件为我国各级各类学校信息化、智能化建设发展指明了方向和行动路径，引领学校智慧教育教学健康、可持续发展。

　　技术引领学校弯道超车。大数据时代，要通过技术革新来支持教育工作者向新时代过渡，从而保持教育的先进性，满足学生个性化的学习需求，提高课堂教学的有效性，提升学生学习效率、学业水平与学习素养，为适应未来生活做准备。杭州市文溪中学与国家级旅游风景区西溪湿地一路之隔，作为一所新城乡融合背景下城郊接合部的新办学校，其却在短短四年"一跃成为家门口的优质初中"（见2021年6月29日的《杭州日报》），教育质量一年比一年攀升，用实力赢得了好口碑。学校被评为杭州市智慧教育示范校，跻身杭州市新优质中学的队伍。"教育＋互联网"——AI课堂（智慧课堂），这是文溪中学教育教学质量提升、课堂教学转型的支点。李胜建校长认为，"互联网＋教育"是时下改革的热点，也是教育发展到今天，必须要紧跟的时代要求。我认识李胜建校长有年，他做教师、做教研员、做校长三十余年，从西湖区教研室到杭州第十五中学，再到文溪中学，一路走来一路歌，积累了丰富的教学、教研以及管理经验与智慧。2017年，他担任杭州市文溪中学校长，带领文溪人勇立潮头，先行先试，勇做信息时代教育改革的弄潮儿，创造了新业绩，闯出了新路子。

　　技术赋能课堂教学改革。技术改变课堂教学，转变学生过于被动的学习状态，让学生更多地主动参与课堂学习过程，激发学生学习的兴趣与热情，增强学习的内驱力，提高课堂学习质量与效率。教学模式是智慧教育系统的核心要素。智慧教学体现在两个方面：一是利用网络、智能技术、学习终端等，创建智慧教学环境，在课堂教学和课外学习中支持学生个性化学习；二是通过智慧教学设计，激发学生的学习需求，挖掘学生的学习潜能，培养学生发展综合素养。其中，人工智能（AI）技术有助于创设有意义的学习环境，满足学生多样化的学习需求，优化学习体验，提升学习效率。技术革命让每个学生参与到课堂中来，是一条直达"心流"的路径。这是李胜建校长技术赋能课堂教学变革的信念："技术是一种载体，用来改变学生的学习状态，特别是'叫醒'一批'装睡'的学生。"

文溪中学 AI 课堂建立在移动学习、数据分析、精准教学的基础上，从电子书包（PAD）、电子作业到基于数据的课堂精准教学，努力推进课堂教学实现转型。AI 课堂基于 PAD 学习资源构成的学习链，通过实践摸索构建出"四单六学一支架"的课堂教学基本范式，教师依托 PAD，以预学单、学习单、检测单、固学单等为载体，通过学生自学、合学、助学、练学、评学、固学或拓学等方式，帮助学生完成课堂学习任务，同步掌握知识技能，同时及时获得课堂反馈。在这个基本范式的前提下，各学科教学依据学科特征以及各种课型的特点，如新授课、复习课、实验课、练习课等，结合多种教学变式及其不同的操作流程和要点，教师针对学生预学、上课、讨论、交流、练习、考试等进行数据分析，给予学生及时反馈以及不同的改进举措，再根据不同层次的学生进行练习推送，从而达到精准教学的目的。

技术促进大规模个性化学习。在 AI 时代，个性化学习被认为是基础教育实现系统化变革的开端。国外研究表明，近年来，随着学习分析、大数据和 AI 等技术的快速发展，学校通过数字资源和教育技术支持个性化学习的混合学习模式激增，进一步推动了教学方式的深刻变革，有效促进了学校结构与设计的转变，更好地满足了学生个人学习需求。有研究报告显示，超过 80% 的实践需要基于某种形式的学习技术，才能以完全的数字化或混合教学方式实现个性化学习。

技术系统的关键作用在于提供个性化教学、持续性评价学生学习以及跟踪学生对技能与素养的掌握程度。同时，完善的技术系统能够优化所有学生的表现，促进全体学生共同提高，更好地实现教育过程与结果公平。数字资源和在线课程是个性化学习模式的关键，数字内容、评价和数字化工具可以帮助教师有效设计与管理个性化学习过程，把握学生学习步调，增强学习体验。AI 课堂追求开放、共享、智能及无缝嵌入的智慧学习环境，以及个性化的智能学习模式与学习服务支持。其中，智慧资源能够支持智慧化教学和个性化学习，联通课堂学习和课外学习，实现学生智慧化发展，同时深入分析其泛在、进化、联通、自适应、个性推送、多维交互性等特征。AI 课堂学习环境中，学生的学习起点不同，PAD 的大数据分析能够即时呈现学习差异，精准聚焦每位学生的学习特点、学习轨迹、学习兴趣，据此建立起学科分层、教学分层、作业分层以及个性化学习的精准分层教学策略体系，实现教学班的班内分层和走读班的精准化、个性化分层，实现高质量的个性化学习，促进全体学生的共同进步和最优发展。

技术创新课堂教学案例。案例是真实而又典型的事件，教学案例必须是有典型意义的，它必须能给读者带来一定的教育教学启示和参考。教学案例所反映的是课堂上真实发生的事件，是教学事件的真实再现。本书呈现给我们更主要、更多的是文溪中学各门文化学科、各种教学内容以及各种课型的 AI 课堂教学设计及其实施的各种教学实例，具体地展示了 AI 课堂教学设计、教学组织与实施、教学评价与反思，以提供参考和示例。本书第二章提供了 AI 课堂的四个教学实例，第三章、第四章也几乎都是围绕各学科具体教学实例来写的。这些实例展示了文溪中学 AI 课堂的总体面貌、基本教学结构与流程，以及学科教学及其各种课型的结构要素与基本样态，包括如何整体把握学科 AI 课堂结构与步骤，如何组织课前预学、做好学情调查，如何组织课堂教学、促进师生交互，如何设计课后作业、做到分层定制，如何运用系统提供的学习平台以及搭建学生分享学习的平台等，带给我们一定的启发和参考。

　　教育 AI 有着一定的比较优势，但技术赋能教育并不是，也不能取代教师。教师始终是教育 AI 的主体和关键，是教育智慧转型的决定性因素与智力支撑。技术支持的大规模个性化学习和 AI 课堂需要我们共同努力，不断为之添砖加瓦，文溪中学已经迈出了有意义的可喜一步，期待更上一层楼，共创智慧课堂美好未来。

　　我有幸成为本书的第一位读者，认真拜读了李胜建校长的这本著作，并写下以上文字，一半是学习体会，一半是平常的研究思考。

　　是为序。

2021 年 12 月 18 日

于浙江大学紫金港校区

前　言

数据赋能与转型突破

2017年9月，崭新的杭州市文溪中学迎来了第一批学生。文溪中学是一所新城乡融合背景下的城郊接合部学校，如何转型与突破，提升教育质量，实现弯道超车，是当时文溪人首要考虑的问题，也是文溪发展的方向所在。一方面，文溪人立足校情学情，做好顶层设计，编制"文溪中学三年发展规划"，确立"飞扬每一位学生的美丽青春"办学理念，树立"成长每一个人（包括教师）"教育思想，齐心协力培育"身心健康、仁义文雅"的文溪美好少年，让每一个文溪人都有获得感、成就感，让文溪中学成为每一个人成长的美好精神家园。另一方面，文溪人扩大视野，放眼国内外教育变革，寻找文溪转型与突破的"撬动点"。欧基米德曾说："给我一个支点，我就能撬动地球。"文溪人寻找的这个点，就是"教育＋互联网"——智慧课堂（AI课堂）。于是，想明白，干到底，文溪人立足AI课堂这个支点，做强顶部，做大中部，做实底部，一步一个脚印，撬动每一个学生的学业成绩，力争弯道超车，实现转型与突破。

一、全面育人，打造全数据链新网络

"成长每一个人"是文溪中学信息化建设的根本宗旨，全数据链、全线贯通、全面育人是文溪中学信息化建设、AI课堂的主要路径和目的。

全数据链，就是借助平板电脑（PAD）和阅卷监测反馈系统，从预学、课堂学习、作业、测试到辅导，全过程留痕，全方位数据记录，其中包括错题库、错题跟踪过关、成长曲线、全科或单科知识点雷达图、阅读积分等，过程详细，靶向精准，指导精确。平板电脑（PAD）中的智通课堂、云作业、学海题舟、悦读、响应等APP，让每一个学生的每一个学习闭环都完美无缺，真实地实现高质量的个性化学习。

全线贯通，就是学生的每一次学习都会在学校、教师、学生和家长之间互通互联，数据跑动，彼此了解，可以有效实现师生、家校共育合力。每个人都可以知道学生的学习情况，包括学科优势和薄弱点；可以通过智能推送，举一反三，消除短板；可以通过"响应"彼此联系，互相沟通交流，解决问题。

全面育人，就是信息化建设尤其是信息技术工具，不是机器，而是支持学生健康成长的有效支架，智慧课堂、智慧校园的一切都是为了更好地促进学生德智体美劳全面发展，更好地培育"身心健康、仁义文雅"的文溪美好少年。因此，除了 AI 课堂、成绩评价系统外，我们还创设了智能访客系统、平安校园监控系统、学生成长进阶系统、教师智慧办公系统等，极力构建和完善智慧校园网络，让管理更智能、更便捷、更高效，为后续的"文溪大脑"奠定基础。特别是青春飞扬德育系统，遵循学生成长的身心规律，构建了"校园之星—新优铜卡—新优银卡—新优金卡"晋级机制，同时打造"四项竞赛"评价智能管理系统，力求让技术服务育人，记录学生初中三年的成长经历，记录美好的青春。

二、顶层设计，夯实循序渐进新进程

有了实现学校转型与突破的期待，也有了实现这个"期待"的"AI 课堂"，剩下的就是逐步落实与跟进。为此，我们确定了文溪中学信息化建设的三年发展规划：2018 年 1 月，启用电子书包，探索数据驱动课堂教学；2019 年 9 月，充分发挥大数据功能，启动"6+3"分层教学模式；2020 年 2 月，启动线上教学"联云课"，开展线上学习、线上教研和线上考试等；2020 年 10 月，引入新步伐阅卷反馈系统，开展精准教学探索；2021 年 3 月，启动"数据驱动，分类分层教学"，逐步实施 BPX 课程；2022 年，启动数治化校园建设，力争逐步实现校园治理集成化、平台化、移动化，初步构建"文溪微脑"。

三、课题挂帅，推动全域立体新课改

课堂教学的三个终极性问题是：学生要到哪里去？怎么指导学生到那里去？如何确信学生已经到了那里？学校信息化建设亦然。我们以市级规划课题"基于 PAD 的初中分层学习新课堂的建构与实施研究"（18G0501）、"三诊共研：基于 AI+ 教育的初中诊断式校本研修的路径研究"（2021G051）和省级规划课题"三式·四环·五型：分层走班背景下初中新课堂教学的实践研究"（2020SC014）为统帅，立足课堂教学，以 PAD 为载体，以青年教师和骨干教师为主体，搭建学术节和课堂节平台，通过基本功比赛、优质课评比、命题研讨、课题研究、说课比赛、联盟活动等形式，开展形式多样的全校性的校本研训活动。广大教师在主课题的指引下，纷纷申报各自的区级课题和小课题，开展学科教研，真正地分析课堂、解决课堂问题，促进课堂转型与突破。建校4年多，我校共立项区级课题40项，市级及以上课题8项，59篇论文获市级及以上奖项（含发表），有力地促进了课堂教学改革研究的纵深发展。

我们建立了"教师发展中心（校级）—教研组—首席教师工作室（个人）"三级校本研训网络体系，明确了各自研究的内容和活动边界（研训权限），夯实了校本研训、校际研训和大型研讨活动的内容与路径，发挥各自的领头雁作用，尤其是发挥"青年营"的生力军作用，极大地促进了AI课堂的研究和推进，更好地推动了信息技术与学科教学的整合发展，提高了课堂学习效率。

四、课堂转型，实现学教方式新突破

针对AI课堂的深入研究和广大教师的积极实践，改进了学教方式，真正确立了学生中心，逐步实现了学科素养下文溪中学的课堂转型与突破：从教师本位转向学生本位，从"教"转向"学"，回归学习者主体；从知识本位转向素养本位，转向基于真实问题的解决的情境中学习；从单一要素转向多元要素，从线下学习转向线上、线下混合式学习——"让所有学生都进入心流状态"，真实地实现教书育人、全面育人。

移动学习改变了学教方式：不仅拓展了学习的时空界限，而且更为重要的是实现了真正意义上的学习者主体主动学习，随时皆可；不仅可以获取更多的学习资源和方式方法，而且可以开展高质量的个性化学习；不仅可以积极地参与其中，体验过程，而且可以更为精准地评价、帮扶、指导学习，提高学习效率。

1.浸润式学习

做中学、做中悟的体验式学习，是AI课堂学习的一个重要表象。每个学生都拿着一个平板电脑学习，都必须参与其中，都必须自始至终，都必须在网上互联互动。因为每一个过程都有记录，都会约束学生"能动地学习"。平板电脑上的学习不等同于线下课堂学习，过了就没有办法重来，而是每一个过程都可以复制，可以回放，比如制作微课，比如上传视频，等等。一如过关一样，学生势必参与其中，才能进行下去。比如名著阅读，半小时后学生必须撰写阅读心得或读后感，达到要求后才能进入下一章的阅读。沉浸式学习，没有观众，只有参与者。

2.混合式学习

线上线下的混合式学习，就是在课堂教学中，既有线下学习又有线上学习，确保适切的内容、适切的方法、适切的途径相得益彰。这种学习方式既体现了学习者的主体性，又让每一个孩子都可以和同伴、教师互动，特别适合那些平时不善于交际、恐惧发言的同学。他们在网上可以自由自在地交流互动，开展具有真实性的学习。同时，混合式学习让互动交流、评价学习等融合在一起，整体提升学习效率。

3. 项目制学习

戴维·索恩伯格认为，虽然迄今还无法找到一种教学模式能适用于所有学生，但却有一种教学模式能让所有学生都进入心流状态，那就是任务驱动探究式学习（inquiry-driven project-based learning），也可以简单地说是项目制学习。项目制学习不等同于以往的小组合作学习，而是"课堂必须是儿童思维的连接，准确地说，必须作为探究共同体加以改造"。探究共同体的好处是成员可以共同探究方法与步骤，相互修正错误。探究共同体亦即学习共同体、研究者共同体。在这里做出完全准确的"赞成"或"反对"的结论，并不重要，重要的是随着讨论探究的进展而创造某种结果与成果。于是，项目制学习根据任务或主题的需要，可以在网上自由组合，真正实现"因为需要所以组合，因为组合所以完成任务"的学习。探究共同体中的每一个学生都有自己的长处，都能为完成项目贡献自己的力量，并在完成的过程中学习新知和技能；它并不是课堂上的四人小组，只听见声音，不见得有收获。基于网络的项目制学习，更加符合整体的人的发展规律。

高质量个性化学习的核心特征是，能够充分激发学习欲望，让学生主动学习，让学生动态了解自己的实际情况，明确学习方向，能够针对自己的实际问题选择适合的方式、环境和学伴，得到最好的老师指导，完成学习活动。要实现这样的教育新样态，就必须提供疑难知识理解与体验探究支撑手段，实时监测学习状况并做出动态调整，从而将优秀教师的指导提供给每一个学习者。而移动学习即 AI 课堂，则提供了这种可能。当下，因材施教、自携设备已成不可逆之势。总有一些技术为新的教育模式打开大门，技术为共同学习提供更多可能。

文溪中学这几年的 AI 课堂实践，成效还是显著的。我们很欣慰：一是学科教学质量逐年提升，特别是做大中部，做小底部，为实现区域教育均衡发展、"共同富裕"贡献力量，完成了预期目标；二是学校发展渐成良好态势，赢得家长和社会认同；三是学生进一步落实文明行为、健康自信、理想信念，充满青春活力。近年来，学校先后荣获杭州市智慧教育示范校、杭州市青少年足球示范校、浙江省青春健康教育基地校、浙江省心理健康教育示范校等称号，以及浙江省健康促进学校银奖、区优秀考核奖等奖项。

相信未来的文溪中学，一定更美好。

李胜建
2021 年 9 月 1 日

目 录
CONTENTS

第四章 AI 课堂的案例解析

第五章 AI 课堂的实践思考

第一章
AI 课堂的教学特征

第一节　AI 课堂的基本概念

什么是 AI 课堂？就是以个人电子移动学习终端（电子书包，以下称作 PAD）为载体，贯穿预学、上课、作业、辅导、评测等各个学习环节，覆盖课前、课中、课后全过程，支持各种有效学习方式和师生平等互动的数字化教与学的新技术教学场域。学生可以通过 PAD 进行阅读、学习、作业、练习、测试，老师也可以直接在上面出题、批改、辅导、备课等，还可以实现微课嵌入资源分享、分层教学、自动批改、错题组卷等。同时，PAD 可以及时采集分析各种行为数据，包括课堂学习、检测、课外阅读、错题库等，为诊断学情、促进学教方式变革提供真实依据，进而提高教学精准度和学习效率。

AI 课堂有三个关键词：AI 技术、PAD、数据分析。AI 技术，就是这个移动学习终端必须具备的智能技术，包括学校和教室的无线网络全覆盖，以及各种学习 APP 和平台的全线贯通与全数据互联。PAD 即移动学习终端，顾名思义就是一个学习工具，不仅有各种学习 APP，诸如智通课堂、云作业、学海题舟、响应等，而且每次使用 APP 都会留下数据，形成不同的数据库。数据分析，就是在 AI 课堂中参与的全过程学习和互动所形成的各类各项数据，都能有效地进行个性化数据分析，为改进学习方式方法提供有力的支撑。

　　什么是PAD+ABC？就是依托PAD的数据分析功能，开展分类分层教学，实施高质量个性化学习的课堂教学形态或学习机制。学生的学习起点不同，PAD的大数据分析可以即时呈现学习差异，精准聚焦每位学生的学习特点、学习轨迹、学习兴趣，据此建立起学科分层、教学分层、作业分层以及个性化学习的精准分层教学体系，实现教学班的班内分层和走读班的精准化、个性化分层，从而确保各层次学生的学习与他们各自的最近发展区相适应，也能使教师的教学针对性更强、更立体全面，最终实现高质量的个性化学习，促进学生健康成长。

第二节　AI课堂的实践缘起

一、研究背景——分层走班教学碰到新问题

　　"针对初中学习中部分学科分化相对严重的现象"，浙江省教育厅要求各地"因材施教，探索由学生自主选择的分层走班教学"。经过一段时间的分层走班教学实践，文溪中学于2018年3月对全体师生进行了针对分层教学存在问题的在线调查，发现学校的分层教学情况很不容乐观（见图1-1）。

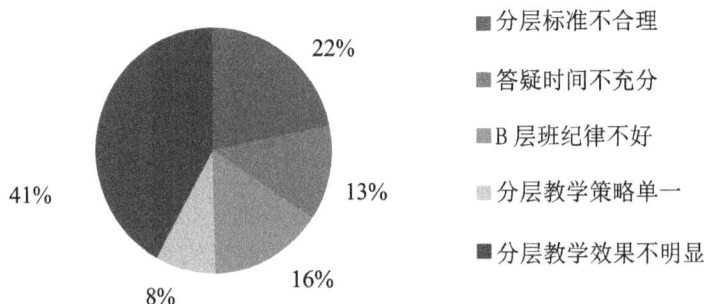

图1-1　分层教学存在问题的调查

（一）分层粗放，面小而不精细

　　浙江省教育厅文件要求学校实施分层走班教学，杜绝形成变相快慢班。可实践中的分层基本上是按学科成绩"一刀切"，并没有考虑学生的态度、学力等因素，这必然导致分层中还有较大的学科层次差异（见图1-2）。而教师上课也基本无视学生的差异，用同一教案进行教学，把预设的内容"溜"完大吉，显然无法实现因材施教。如果形成层级，

流动不大，基本面基本不动，那么学生一旦被分到某一层后，就很难流动，因此也大大打击了学生的积极性。

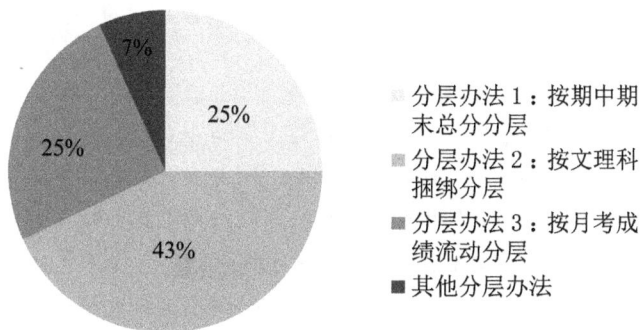

图 1-2　传统分层办法的调查

分层办法 1：按期中期末总分分层
分层办法 2：按文理科捆绑分层
分层办法 3：按月考成绩流动分层
其他分层办法

（二）交流肤浅，时少而不充分

学生隶属于不同班级，教师无法进行不同层次的集中辅导答疑；学生与教师的沟通成本高，导致师生交流少，彼此缺乏了解。学生分散在各个班级里，因此承担分层教学的老师个别辅导学生的时间很少，也为因材施教的精准教学留下了隐患。

（三）班风差异，聚多而不易管

受传统的思维定式影响，B 层（如果是 AB 分层）教学班的学生自卑感强，以为 B 层是差生相聚之地，其"差生"身份以分层的形式被学校、师生长时间"确认"，学习动力大受打击，不利于课改的初衷，更不利于学生人格健全、健康成长。B 层学生长时间聚集在一起，形成的教学环境、学风使其学习积极性大为降低，学习效果大打折扣，给班级管理带来很大压力，甚至影响教学效果。实践证明其不可持续发展。

（四）策略单一，研少而不精准

在实践 AB 层教学时，教师在不同层次的教学方式趋向单一，基本雷同，即使是内容的难易度、教学容量、作业量等，也仅仅是微调而已。如此，导致分层教学研究不细致，设计不精准，操作不精确、粗糙，实效不显著，甚至无可考量（见图 1-3）。

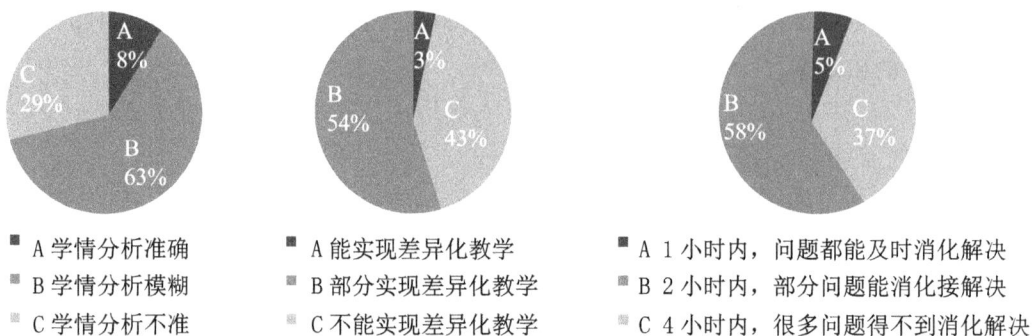

A 学情分析准确
B 学情分析模糊
C 学情分析不准

A 能实现差异化教学
B 部分实现差异化教学
C 不能实现差异化教学

A 1 小时内，问题都能及时消化解决
B 2 小时内，部分问题能消化接解决
C 4 小时内，很多问题得不到消化解决

图 1-3　AB 分层教学相关调查

注：左为课前学情分析情况调查，中为课中差异化教学调查，右为学生课后作业情况调查。

二、研究意义——"教育 +AI"技术引发的新思考

移动学习等智能技术，逐渐被引入分层走班教学实验。一是以往依赖于特定时空沟通学习的场域被打破，学习可以随时随地进行；二是一对一的个性化、差异化教学成为现实，教师不必依赖于面对面管控。由此建立起来的基于大数据的学情分析，为精准分层、精准教学、精准评价、精准提升提供了可能，促进了许多新思考。基于以上现实，文溪中学开展了基于 PAD 的初中分层学习新课堂教学实验，其具有如下意义。

（一）正确认知，激发学生学习潜能

当下分层走班的不充分不科学，造成学生自我认知水平降低，实质性学习动力不足，影响教学效果。基于 PAD 的初中分层学习新课堂教学有利于学生正视自己，正视学情，分层到知识点，分层不分班，激发学生自信，让进步成为动力，让成功成为习惯。

（二）廓清界限，完善分层走班机制

AB 分层依据不全面，运行机制不完善，教师工作"多、烦、粗、略"的现象比较严重，师生交流的时间几乎没有。基于 PAD 的初中分层学习新课堂教学将有利于解决分层依据、分层教学、分层管理运行机制方面的问题，保障师生交流的时间，促进学生全面健康发展。

（三）精准把握，提升各层学习质量

AB 分层比较粗线条，也不科学，导致只能保证各层学生的基本面类同，但难以精准

到知识点、能力点，真正实现让每个学生每天都进步一点点。基于 PAD 的初中分层学习新课堂教学将充分利用新技术、新机制，确保每位学生受到适性教育，找准起步点，夯实基本点，攻克突破点，实现精准学习、轻负提质、人人有进步。

（四）移动学习，提供学习技术方法

移动学习建立在大数据的基础上，可以精准地分析把握学生的个性化学习过程、结构、知识点、能力点以及学习绩效，可以让教师更为精准地实施精确指导，明确层次、目标、内容、方法、课型，真正实施个性化辅导、差异化教学，实现因材施教，促进每个学生全面而有个性地发展。基于 PAD 的初中分层学习新课堂教学为我校教学带来了全新的气息，对推动教学改革发挥了重要作用。

第三节　AI 课堂的理想模型

一、AI 课堂的理念

（一）因学施教：让学习更高效

PAD 后台形成的各类数据报表，如学生个人学习雷达图、班级学习情况柱状图等，可以帮助教师清楚地了解学生学习的薄弱点，让教师可以有针对性地进行辅导，同时通过对学生作业、测试、练习题的有效性分析，了解具体学生的阶段学习情况，分析知识缺陷所在，并提出专门的纠错方案，持续关注某一个学生或一个班级的错题流变和学业发展。另外，PAD 中学生学习电子档案的建立，也可以帮助教师更好地了解学生的学习成长轨迹，从而实现因材施教，促进高效教学。

（二）分层教学：让学习更立体

充分利用 PAD，实时采集分析学情大数据，建立真实动态的学情大数据库，及时呈现可视化、动态化、差异化的数据。通过大数据分析，及时掌握学习差异，精准聚焦每位学生的学习特点，据此建立起学科分层、教学分层、作业分层以及个性化学习的精准教学结构体系，从而确保教学和各层次学生的最近发展区相适应，实现教学起点的精准定位和学业评价的优化，不断完善教学结构体系，帮助教师及时调控教学，精选教学内容，使教学针对性更强、更立体。

（三）范式构建：让学习更科学

基于 PAD 的"行政班——班内分层式"教学范式和"走读班——分层走班式"教学范式的构建，让教师的"教"不再盲目，而是变得有范可循、有法可依，让学生的"学"不再低效，而是变得事半功倍、学有所得。

二、AI 课堂的理想愿景

（一）优化分层新标准，完善走班新机制

通过对基于 PAD 的初中分层学习新课堂教学组织管理机制的研究，可以使学生分层依据、标准、层次、目标、学习方式和适用课型精细化，确定达标层级，构建适切性教学管理运行模型，完善选课走班机制，促进精准教学。

（二）丰富教学资源库，提供海量资源包

通过教师自编、资源共享、系统导入等不同方式，不断充实 PAD 的教学资源库，生成海量预学包、助学包、评学包和拓展包，为教师的"教"和学生的"学"提供丰富的资源，使教师的教学更高效，也让学生的学习更有效。

（三）研究教学新载体，构建学习新范式

充分发挥 PAD 的作用，改变原有课堂学习的单一化粗放型结构，研究新载体与学科教学的深度融合，建构"行政班——班内分层式"教学范式和"走读班——分层走班式"教学范式，改进个性化、差异化学教方式，实现课堂教学精准化、高效化，全面提升学习效能。

（四）探索教学新形态，创新教学新课堂

基于 PAD 的初中分层学习新课堂教学的实践探索将碰到新现象，触发新思考，解决新问题，形成新常态，促进新发展，极大地推动学教方式的变革，进而创新以培养学生核心素养为宗旨的初中新课堂教学。

第四节　AI 课堂的基本特征

一、基本实践路线

AI 课堂的基本实践路线如图 1-4 所示。

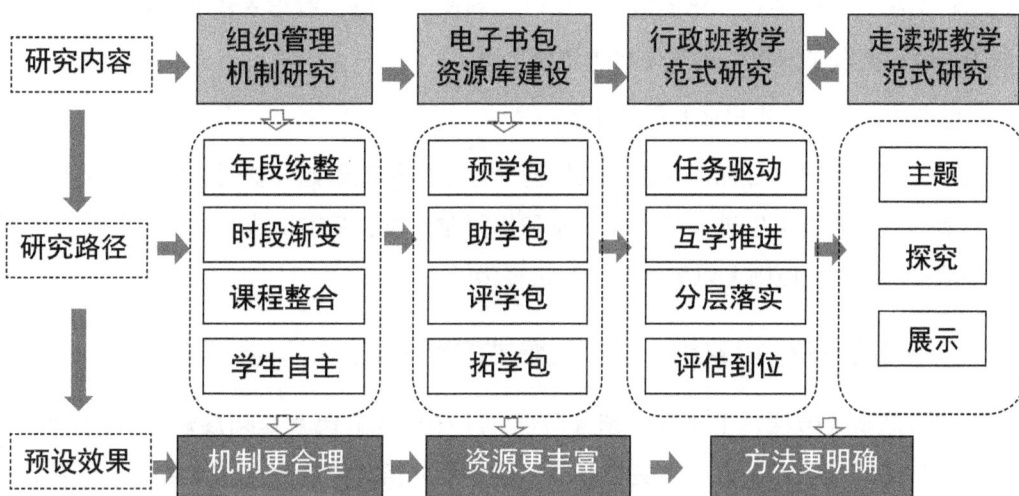

图 1-4　AI 课堂基本实践路线

二、AI 课堂的基本特征

（一）年段统整：行政班、走读班模式的差异化运行与管理

上午的行政班教学，采取班内分层式教学；下午的走读班教学，采取分层走班式教学。由于学情的差异、课改的需要，对于下午走读班的安排，文溪中学三个年级根据自身的不同状况选择了不同的运行和管理策略（见表 1-1）。

表 1-1　行政班、走读班模式的差异化运行和管理策略

年级	走读班安排	运行管理策略
七年级	行政班为主，走读班为辅	补差＋自修＋辅优＋实践类课程
八年级	分层选课走班教学为主	学科捆绑式或套餐式
九年级	分层教学	固定为主，选择为辅

1. 坚守习惯底线，着力养成最大化

七年级的安排是以行政班为主，走读班为辅；坚守习惯底线，着力养成教育习惯。走读班主要坚持辅优补差，做足补差功夫，拉高后端标杆，同时培养学生的自主学习能力，给予其充分的自修时间。其采取的策略或安排主要是"补差 + 自修 + 辅优 + 实践类课程"。

2. 坚守后端底线，争取辅优最大化

八年级主要采用分层选课走班教学，坚守后端底线，争取辅优最大化。其采取的策略是学科捆绑式或套餐式，比如数学 + 科学、科学 + 英语、数学 + 语文、数学 + 科学 + 英语等，兼顾实践类课程，由学生自由选择走班。

3. 坚守稳定底线，实现成长最大化

九年级学生的学习目标、状态、达标情况等差异化现象比较显著，学生、家长、学校对于如何更有利于学生进入高一级学校和如何健康成长基本形成了共识。因此，他们的策略是分层教学，原则上以固定为主，选择为辅。

（二）时段渐变：行政班、走读班模式的渐进式运行与管理

上午行政班 4 节课，下午走读班 4 节课。下午的 4 节课就是拓展性课程：内容上，既可以是学科拓展课程，也可以是实践类拓展课程。相对传统而言，文溪中学每天的下午几乎就是学生自由选择的时段。学校采取渐进方式：从每周五下午半天，接着加上周一下午半天，进而逐步渐变到每天的下午（目前还没有到这个阶段）；年段上也是从七年级逐步过渡到八、九年级，相机而动，注重实效（见图1-5）。

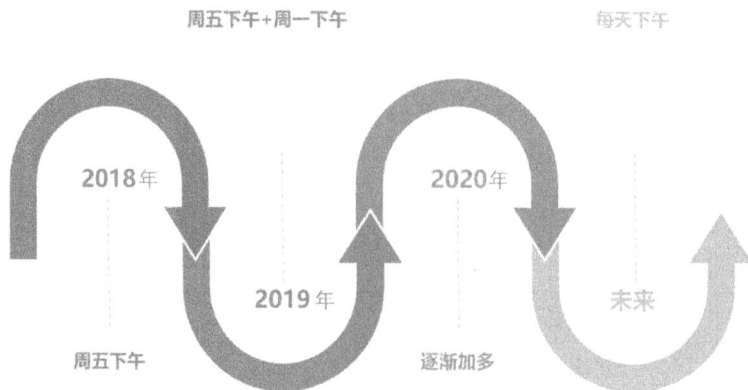

图 1-5　行政班、走读班模式的渐进式运行与管理

1. 班级的分班管理: 行政班 + 走读班

在深化课改背景下的分层走班教学中，行政班与走读班同时存在，教学管理难度加大。为促进分层走班教学的有效开展，保证走班教学管理无漏洞，我们构建了"三位一体"的走班管理体系，形成全员齐抓共管的育人格局，促进改革的有序高效进行。教学管理处负责协调学生的分层流动、走班课程与非走班课程的协作与对接、课时安排、课务安排、教学研究和教学评价等工作，德育管理处需要在对行政班进行日常管理的同时，做好走读班学生的心理疏导等（见图1-6）。

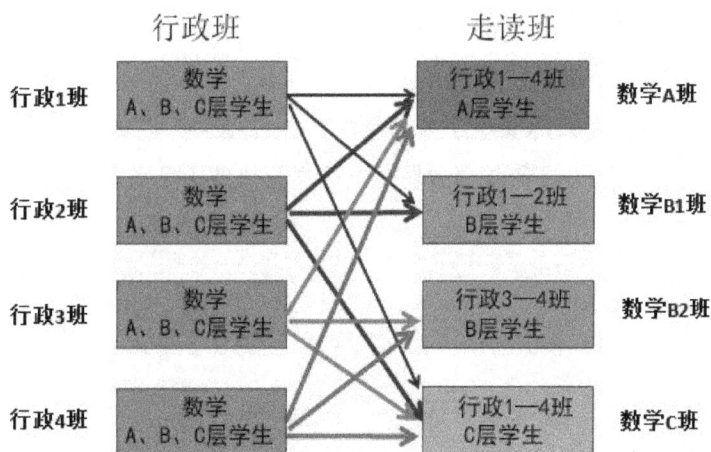

图 1-6　分层编班方式（以数学为例）

目前，文溪中学各年级根据不同的实际情况，采取了不同的分层编班方式，有的年级是学科捆绑分 A、B 两个层次，有的年级分 A、B、C 三个层次。

通过前期的实践，我们尝试了将学生分为 A、B 两个层次。这样分层，原来教 1、2班的数学、科学的老师，仍然教 1、2 班分层后的 A、B 两个层次班，有利于减少分层或层间流动后学生适应教师的时间，有利于教师对学生开展辅导，有利于增强教师队伍的凝聚力，有利于学校对教师的考核。学科采用捆绑分层，数学和科学（理科）捆绑，英语和语文（文科）捆绑，某一学生理科在 A 层，文科在 B 层，其他课程回原班上课。数学和科学学科两极分化严重，我们也尝试了分 A、B、C 三个层次来教学，使教学更有针对性。一名教师一般教两个不同的层次的班级。

2. 教师的合作教管: 任课教师 + 班主任

分层走班教学对教师提出了相对更高的要求，任课教师与班主任必须"教管合一"，开展横纵交叉管理: 任课教师在思想上帮助学生增强教学班意识，多与学生交流沟通，特别注重针对分层流动学生的心理疏导工作；行政班班主任采用动态班级管理。任课教师和班主任共同参与班级管理，走读班以任课教师为主，行政班以班主任为主，形成分层走班教学中"教管合一"的局面。

　　走读班任课教师要注意观察和了解学生的学习、思想状况，针对班级中出现的迟到、旷课、请假、上课讲话等现象及其他问题，及时和行政班班主任沟通联系。行政班班主任要经常了解本班学生在走读班的学习和思想状况，与任课教师共同加强对学生的教育管理，防止出现管理上的真空。

　　关注学生发展状态，实施与完善行政班和走读班平行管理模式，加强德育导师制建设，尤其要关注 A 层后段和 B 层前段学生的思想波动，做好平稳过渡。同时，加强 B 层后段学生的牵手导师联系机制，明确教师责任，尤其针对学生思想状况，要实施帮教服务，责任到人。每名任课教师要牵手 4 名同学，关注他们平时的课堂表现和作业情况，每周至少谈话一次，通过关注和鼓励激发他们的学习热情（见图 1-7）。

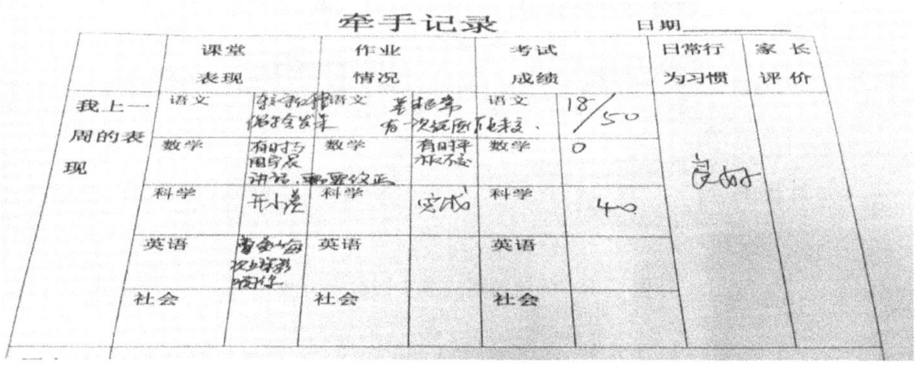

图 1-7　牵手导师记录

3. 学生的科学走班：双向流动 + 合理选择

　　要指导学生科学合理地选择层次，依照程序提出申请。采用个人志愿与综合评估相结合的方式，决定学生的层次。重点关注临界区段学生，做好沟通与指导。同时，还要建立学生分层动态调整机制，允许学生依照程序申请跨层流动，鼓励低层次的学生向高层次发展（见图 1-8）。

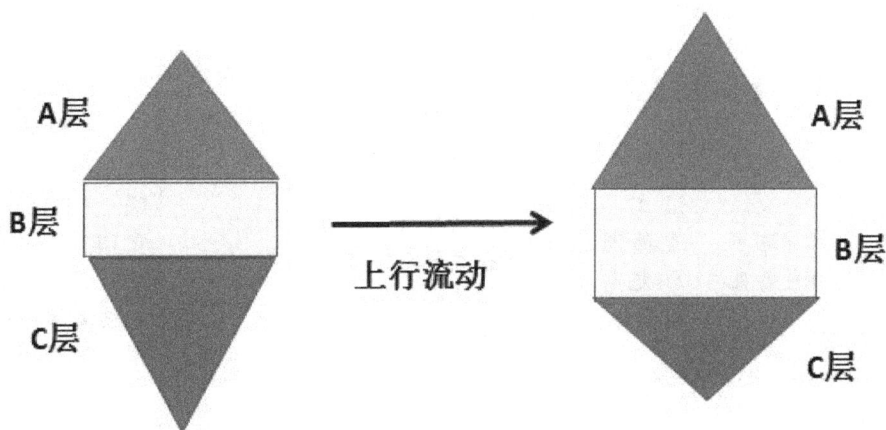

图 1-8　学生的上行流动

　　学生自主选择学习环境的申请程序为"学生申请—学校审批—学生申诉—学校答复—学生认可—实施开展",保证学生意见管道畅通。在学生自主申请的基础上,学校进行综合评估,确定学生应选择的层次(见图 1-9)。

八年级数学和科学分层走班申请回执：(请在选择的层次右边栏内打勾)

学生姓名		原班级	
理科 A 层			
理科 B 层			

家长签名：_____

图 1-9　八年级数学和科学分层走班申请回执

(三)课程整合：行政班、走读班模式的综合化运行与管理

1.课程整体架构：更科学

　　围绕着"让每个孩子成为身心健康、仁义文雅的新优少年"的办学目标,文溪中学设置了"仁义文雅"四大类课程:既包括上午行政班的必修课,也包括下午走读班的选修课;既有学科拓展类,也有体艺类、实践类拓展性课程。学校的课程整合是学校课程设置的亮点,以"仁义文雅"为主题,以生活世界为课程开发主要资源,以学生探究为课程实施的主要形态,以德性教学为课程价值追求,将学科拓展、技术、艺术、综合等课程有机整合,旨在回归育人的教育本质,有益于教育回归生命意义(见表 1-2)。

表 1-2　学校课程设置体系

课程类别	核心素养	基础性课程	拓展性课程形式		
			学科拓展类	体艺类	实践类
"仁"课程	孝亲敬长、正气善良	语文、英语、道德与法治、历史与社会、德育	古诗鉴赏、稻花香文学社、经典阅读		网上祭英灵、敬老院"夕阳暖"活动、重阳节、清明节、为父母洗一次脚、感恩父母征文等主题教育
"义"课程	家国情怀、责任担当	道德与法治、语文、历史与社会、国防教育、学农	旅游地理、跟着我走世界		志愿者活动、社会实践、值周课程
"文"课程	文化积淀、科学意识	语数外科社、道德与法治	科海遨游、数学思维、科学实验、基础韩语、爱上图书室	戏剧社	图像设计、科技俱乐部、海模课程、手工DIY、创客、陶艺、车模、木艺STEM、无人机STEM课程
"雅"课程	健康雅致、审美情趣	体育与健康、美术、音乐、心理健康教育、主题教育	美文欣赏、电影欣赏、英语动漫	太极扇、快乐足球、击剑馆、快乐男篮、国际象棋	默默书法轩、溪绘画社、合唱社、葫芦丝课程、口风琴课程、白鹭合唱团

2.课程跨界整合：更综合

文溪中学基于学生核心素养的培育，确立以生为本的教育理念，从学生出发。学校尝试从单一学科向跨学科迈进，在每天下午的拓展性课程即分层走班教学中，根据不同学生的爱好和需要，设置诸如无人机(科学与信息技术)、陶艺(语文学科与艺术、劳动)、木艺 STEM（数学、科学与劳动实践）、西溪小花篮（劳动与艺术、语文）等课程，综合化培育学生素养（见表 1-3）。在行政班教学中，我们也尝试进行学科整合，比如语文与科学、社会与艺术、数学与劳技整合等。着眼于一个完整的人，必然是一种完整的教育。

表 1-3　拓展课成果的跨学科整合

拓展性课程形式	探究方式	展示成果	跨学科整合
溪绘画社	各种绘画手法和形式	绘画作品	书画作品
默默书法轩	各种字体练习	书法作品	
白鹭合唱团	各种演唱手段及表现手法	合唱作品	歌舞作品
轻舞飞扬舞蹈团	不同舞种各种舞蹈动作练习	舞蹈作品	
陶艺社团	陶艺不同的表现手法和制作方法	陶艺作品	陶艺和木艺组合的作品
木艺 STEM 课程	木艺的不同制作方法	木艺作品	
×× 摄影社	摄影的各种技术及审美	摄影作品	摄影和文学组合的作品
×× 文学社	文学的各种表现手法及创作	文学作品	

（四）学生自主：行政班、走读班模式的分层式运行与管理

学校的"仁义文雅"课程满足了学生的差异化需求，让每个学生都能找到适合自己学习和成长的课程，在对课程的了解和选择中，逐步明确自己的兴趣、特长、能力和优势，从而发现自己与别人的不同和自己的发展潜质。基于学习的选择，体现于学生在学习层次、学习内容、学习兴趣、学习时间和学科教师上都能进行选择。

1.学习层次上有选择

学校的学科类课程分层是根据学生的学科学业基础，结合学生学习品质进行的分层，目的是满足不同学生的需求。学科类课程作为基础，人人都需要选择，为最大限度地遵循成长的规律，让学生选择适合自己的课程，从七下开始，语文、数学、英语、科学四门学科分成 A、B 层进行教学，学校会根据大数据的分析，对学生的学科状况做出评估，学生参考学校的评估结果自己做出选择，以在最近发展区得到最大的发展。

2.学习内容上有选择

学校的"仁义文雅"课程，分为基础性课程和拓展性课程（包括学科拓展类、体艺类、实践类），学校开发了丰富的个性化课程，分阶段提供给学生选择。学校的课程包含必选课程和选修课程，实现了学生对学习内容的选择。在基础性课程和学科拓展类课程之外，学校还有大量拓展性课程可供学生们自主选择。每个学生可以根据自己课表中的空课情况和兴趣爱好来自主选择相应课程进行学习。这些课程每个学期滚动开设，若这个学期选不上，那么可以下个学期再选择。

3.学习兴趣上有选择

学校根据学生的实际需求和未来发展需要，为专业顶尖的学生开设"快车道"（个性特色课程），主要包括传统项目课程和艺术精品课程，每类课程都有若干具体课程供学生选择。个性特色课程为双向选择型课程，由学生根据自己的特长和爱好自主申报 1~2 个个性化特色课程，然后由个性化特色课程老师进行考核，最终确定个性化特色课程学员名单。个性化特色课程实现了学习兴趣上的选择。

4.学习时间上有选择

学校的课程设置可以让学生有时间上的选择，学生可以选择某一门课程每周的上课时间，也能选择某门课程放在哪个学期来学。门类丰富的拓展性课程采用滚动开设的方式，学生可以通过选课平台来自主选择报哪门课、什么时间学。

5.学科教师上有选择

为满足学生成长的需要，学校设置了丰富的课程可供选择。以七年级的课程为例，学生可以选择语文、数学、英语、科学、心理、历史与社会、体育基础、信息技术基础等多种课程的学习时间、同伴和授课教师。

第二章

AI 课堂的教学结构

第一节　AI 课堂的一般教学范式

如何有效开展互联网背景下的自主学习是当下课堂教学的重要问题。基于智能学习资源包的学习策略，就是在精细学习环节、夯实流程的基础上，构建学习资源包，供学生取用，同时借助大数据的自我分析诊断功能，动态地开展按需、分层、个性化学习，实现一个"学教评练一体化"的自主学习闭环系统。

学的主体是学生，教的主体是教师。在课堂教学中，"教学是由学生、教师、教材、学习环境四个要素构成的"。只强调学生的主体性，"是一种将学生的'主体性'绝对化的倾向"，是实践中很"悬"的具体行为。在实际教学中，且不说学习环境需要教师的参与和创设，使之更有利于学生学习，就是促使学生和教师发生关联的教材，也需要教师参与寻找关联点、关联方式（教学设计），以引起学生的兴趣，促进学习。因此，教师的引导、指导和辅助，是教室里经常发生的情境。而能够让教室里经常发生且关联教师和学生的，也是具有教学相长的动态过程的，是透过学习材料即教材的本质的东西——"被动的能动性—应对"的思维发展。这种"被动的能动性—应对"是学和教的中心，也是课堂教学的实际情境。

基于此，我们借助 PAD 这一智能支架，构建学生自主学习的闭环系统。在这个系统内，每个学习的环节都配有学习资源包；这一个个环节形成一条学习链。融合了教师的预设和引导的学习资源包，成为学生进行自主学习、自我评估、自我修正的阶梯，最终实现闭环内的循序渐进，完成学习的任务或过程。

一、学习链上的学习资源包

教学内容是循序渐进的，教师的教学设计也是循序渐进的，学习的过程是一个循序渐进的过程。如果我们把学习比作一个登山的过程，那么学习资源包就是一级级台阶，学习者只有拾级而上，才能"会当凌绝顶，一览众山小"。就语文学习而言，一篇篇课文就是一级级台阶；就某篇课文而言，一个个学习任务就是一级级台阶——如此循环往复，实现语文素养的螺旋式提升。

（一）"PAD+ABC"的学习资源包

"PAD+ABC"，就是基于 AI 的平板电脑和分层结合的智慧课堂教学。基于自主学习的现场和平板电脑的学习支架，我们构建了一条普适性的学习链，在这条学习链上建设了一个个学习资源包，供学生选择性学习。一般而言，我们创建预学资源包、练学资源包、评学资源包、固学资源包，每个资源包具有不同层次和要求的资源内容，可被不同学生的选择和使用学习。

（二）基于学习资源包的学习链

根据基于学习资源包的学习链，我们经实践探索构建了"四单六学一支架"的课堂教学范式，就是教师依托 PAD 支架，以预学单、学习任务单、检测单、固学单等为载体，学生通过自学、合学、助学、练学、评学、固学等方式，最终完成学习任务并同步掌握学习技能的一种课堂学习流程（见图 2-1）。

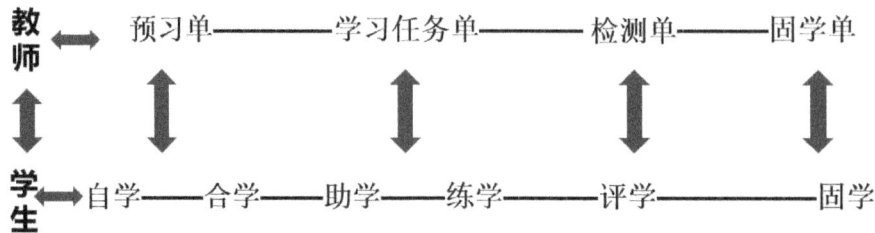

图 2-1　课堂学习流程

"四单六学"范式，从学生的角度而言，就是"自主学习（预学）—合作学习或互助式学习（合学或助学）—训练学习（练学）—诊断性学习（评学）—巩固性学习（固学或拓学）"这样一个流程；从教师的角度而言，就是在集体备课的基础上设计学习任务单（学习资源包），使高效学习有具体的载体：预学单（预学资源包）—学习任务单（练学资源包）—检测单（评学资源包）—固学单（拓学资源包）。如此，师生之间、学教之间在一个相对固定的流程中完成一个个学习任务（学习资源包），共同形成一个"学教评练一体化"的教学闭环，提高学习效率。

二、智能学习资源包的教学实践

建立在 PAD 基础上的"四单六学"学习范式，是学教方式变革中的学生主动性行为，是发挥教师指导下的学生"被动的能动性—应对"学习机制。在这个学习闭环中，学习以一个个任务（学习资源包）的形式出现，学习者通过完成教师预设的甚至学生自己创设的任务或任务群，实现学会学习或学习能力的提升。

（一）预学资源包

基于学情的预学资源包是学生自主学习的主动任务，更是教师教学的起点和依据。预学资源包的学习功能、导向功能和评价功能，留下了学生自主学习能力的痕迹和最近发展区，为教师进一步改进教学方式提供了适切的依据。"知己知彼，百战不殆"，这种将评价融于预学、预学才知变革学习方案的实验，就是为了了解学情，明确再出发的精准起点。同时，根据不同学生利用学习资源包的情况，教师可以开展线上的差异化教学。以下是朱丽娜老师的《天上的街市》预学资源包。

预学资源包一

（1）快速浏览一遍诗歌，根据自己的理解大声朗读给父母听，然后倾听他们的建议。
（2）吸收父母或同学的建议，有感情地朗读诗歌并上传。
（3）找出代表情感倾向的词语和课后词语，读一读，抄写三遍。

预学资源包二

（1）熟读并尝试背诵诗歌。
（2）设想你来到天上的街市，你会看到一幅怎样的情景？产生这样情景的方法，我们称之为什么？
（3）诗歌中的牛郎织女过上了一种怎样的生活？你是从哪些词句中体会到的？

预学资源包三

（1）请你发挥想象力，尝试着把这首诗歌改写成一篇记叙文。
（2）对于这首诗歌，你还有什么疑惑？

很显然，这里的预学资源包是一种学习的支架。其中：预学资源包一的主要任务是朗读诗歌和掌握基础性知识，面向基础较薄弱的同学；预学资源包二的主要任务是从学习现象中检测学生知不知道"联想和想象"，检测学生对语言文字的鉴赏水平以及能否感受到主人公的幸福生活；预学资源包三则是检测学生在预学后是否掌握联想和想象的能力，还有什么不理解的问题。三个预学资源包的核心是了解不同层次学生的预学效果，即"评价你的预学价值度"。学生选择使用不同的资源包开展独立自学或合学，即小组合作或两两互学，并将预学结果反馈到 PAD 上，这为教师后续的教案设计或教学方式的调整提供了更为切实的依据。只有在明确预期结果和评估证据，搞清楚它们意味着什么之后，才能真正做好教学计划的细节——包括教学方法、教学顺序，以及资源材料的选择。

（二）练学资源包

教师基于 PAD 上的预学数据，掌握了学生的预学情况后，根据自己的判断，再次修正教学方案，设计进一步适切的新课学习任务包（学习资源包）。其也许是一个任务，也许是一个任务群，或者是一个项目活动，但都是要学生通过互学或练学来完成的具体任务。其逻辑的起点就是学生接受任务，发挥"被动的能动性"，积极"应对"，主动完成。在这个完成任务的过程中，学生掌握了相关知识，提升了相关技能，开阔了相关视野。

当然，根据不同的层次和内容，教师可以设计一个或多个学习任务包（练学资源包）。比如上官素荣老师的《保尔·柯察金的形象》练学资源包。

练学资源包一

（1）阅读选段一，摘抄有关保尔·柯察金人物性格的字词和语句，并说明理由。
（2）阅读选段二，摘抄有关保尔·柯察金人物性格的字词和语句。

练学资源包二

（1）阅读选段三，请简要概括内容并写出阅读感悟，做好笔记。
（2）阅读选段四，请简要概括内容并写出阅读感悟，做好笔记。

练学资源包三

（1）保尔·柯察金究竟是一个怎样的人？
（2）当你初读完《钢铁是怎样炼成的》这本书后，你会怎样评价他呢？

　　本节课的目标是：①学习运用摘抄和做笔记的方法，分析保尔·柯察金的形象；②感受保尔·柯察金顽强的毅力和钢铁般的意志。因此，教师在设计学生学习任务时，就采用了任务群式的学习资源包，供不同层次的学生选择，并牢牢把握摘抄（词语、句子、段落等）和做笔记的方法（写提要和心得）。
　　又如《未选择的路》的练学资源包。

练学资源包一

（1）个人反复朗读，用"/"标出朗读节奏。
（2）自由理解，用"＿＿＿"画出写路的关键词句。

练学资源包二

（1）独立思考，作者为什么以"未选择的路"为标题？（提示：你可以结合"路"的意象和作者情感理解）
（2）班级或小组研讨：诗歌的主旨。

　　两个练学资源包都旨在要求学生通过独立或合作完成学习任务，掌握诗歌的主题和诗人情感，并告知学生要借助诗歌的节奏、表达诗人情感的关键词句来赏析。学生在 PAD 上的学习（练习）痕迹即答案比较，表面上是对本首诗歌的主题和诗人情感的掌握与否，实质上是测量学生是否掌握"通过有节奏地朗读诗歌、筛选关键词句领会主题和情感的方法"。在这个意义上，这个学习任务也有检测的功能。"什么可以用来证明学习目标的达成？达成这些目标的证据是什么？"答案就是学习任务的完成。这种基于 PAD 的线上学和教的互通勾连，组成基于互联网的师生教与学的关系。
　　有时，为了完成任务，师生、生生之间可以互相帮助、合作探究，直至任务完成。线上和线下混合式学习促进了基于大数据的精准学习过程，强化了精准学教练一体化的高效能。

（三）评学资源包

　　学生通过任务的形式学习并掌握了相关知识或技能，教师应给予及时的评价和指导。

因此，此时设置的评学资源包，就是用于评价学生学习后对相关知识或技能的掌握情况。大数据能够让教师了解课堂教学效能，为课后作业或下一个教学环节的设计提供依据，使后续教学行为更加有针对性。从这个意义上说，很多学习任务或资源包实质上也是检测单，作业也是。学习的过程往往是任务与训练并行，学习与检测同步，比如周敏老师的八上"活动·探究"单元。

评学资源包一

（1）学习《消息二则》《首届诺贝尔奖颁发》，找出标题、导语的特点。
（2）学习《"飞天"凌空》《一着惊海天》，借助课后知识小短文，圈画并说说新闻特写的特点。
（3）在 PAD 上完成消息与新闻特写的表格内容（见表 2-1）。

表 2-1　消息与新闻特写

评价内容	消息	新闻特写
标题		
发布时间		
篇幅		
报道对象		
表达方式		
语言风格		

评学资源包二

（1）学习《消息二则》《首届诺贝尔奖颁发》《"飞天"凌空》《一着惊海天》，完成 PAD 上的消息、新闻特写与通讯的不同特点和内容比较（见表 2-2）。
（2）在 PAD 上观看足球"蝎子摆尾"的短片，写一篇不少于 200 字的新闻特写，要求用动作描写、细节描写、修辞手法等。

表 2-2　消息、新闻特写与通讯的特点

评价内容	消息	新闻特写	通讯
标题			
时效性			
篇幅			
报道对象			
表达方式			

续表

评价内容	消息	新闻特写	通讯
语言风格			
传播价值			

评学资源包三

（1）根据"光盘行动"的视频采访内容，撰写一篇 200 字的消息。

（2）观看不同小组的采访视频，写一篇微型评论。

（3）对同桌的消息进行评价（见表 2-3）。

表 2-3　消息评价

消息编辑审稿单		
审稿题目：	作者姓名：	
评议细则	评议结果	
	分数	文字评议
标题中的消息要点是否突出		
标题是否简洁醒目		
整体结构是否呈倒金字塔结构		
行文结构是否让读者轻松阅读		
消息内容是否客观真实		
消息内容是否具有吸引力		
消息事件是否具有新闻价值		
消息语言是否多用短句简洁不重复		
消息语言是否亲切、平民化		
总分	修改意见	

（四）拓学资源包

学习不是一蹴而就的，根据遗忘曲线和学习规律，学生需要及时巩固或者拓展深化学到的知识。作业就具备了这样一种既有评价又有巩固的学习功能。所以，我们的拓学资源包既有巩固深化、提高辅优的功能，又有确保基本底线的功能。教师可以让不同层次的学生自由组建不同层次、不同需求的资源组群，诸如学优组、除杂组以及基础组、优秀组等，设计分发不同的资源包。如此，可以让每个学生进行适宜的学习，学有所得。比如陈不染老师的七上语文《散步》。

拓学资源包一

（1）请试着把地球仪（没有支撑杆的地球部分）放到同学背上；或者自己把地球仪背在背上，让父母拍下视频，演出"稳稳地、慢慢地"行走的感觉。

（2）进行采访：

①你为什么走得这么慢？

②万一"世界"摔到了地上，会发生什么？

目的是体验"世界与生命的关系"，世界毁灭，生命死亡。以此推断理解责任的重大。

拓学资源包二

（1）继续采访：

①"我"和妻子背上背着的是全人类吗？

②那为什么要"稳稳地、慢慢地"走？

③母亲和儿子有什么重要意义？

由此，让学生体悟：对家庭而言是重要成员，是"世界"，缺一不可；是生命的象征，生命的两端，一个是源头，一个是延伸；生命的存在让世界得以运转，对生命的保护就是对世界的负责（补充材料：莫怀戚《二十年后说〈散步〉》以及学生涉及"生命""世界"的诗作）。

（2）公式推导，主题延伸：

作者认为：母亲 + 儿子 = 整个世界

背后的深意：母亲 + 儿子 = 生命

你还能推导出其他什么结论来？

《散步》的主题在原先不同的版本中，曾分属不同的主题单元，也给文本解读带来了很大的空间。这个拓学资源包旨在进行创造性思维的训练，希望学生能推导出诸如"母亲 + 儿子 = 家庭""母亲 + 儿子 = 希望（未来）""母亲 + 儿子 = 爱（亲情）""母亲 + 儿子 = 责任"的结果。

基于 PAD 的学习资源包落实了契合学生个性差异的选择性学习，并留下了学习的痕迹——大数据。教师根据这些数据，可以精准了解不同学生学习的细节和过程，以更加精准地改进学教方式，有利于有针对性地提升学习效能，促进学生进行个性化学习。这个固（拓）学的过程，既巩固了所学内容和技能，又为新的学习奠定了扎实的基础。如此温故，才能去知新。

"掌握内容不是教学目标，而是一种教学手段"，透过"预学资源包—练学（学习）资源包—评学资源包—固（拓）学资源包"的任务载体表象，我们看到的是学生一个个知识点学习的路径和选择。在每一个学习目标或知识点的落实过程中，它们都是一个自我主动学习闭环，这个学习闭环反映的是学习方式或手段的改变。每一个学生的自主学习，都是这样一个个循序渐进、循环往复的学习闭环。

PAD 这个智能化工具支架，不仅集中了很多教学平台和资源，诸如云课堂、云作业、智通课堂、云阅读、联云课、学海题舟等，而且让师生可以互动。建立在 PAD 基础上的分层式学习资源包、程序性学习链，让学生自主走上了互联网的学习高速公路，快捷、个性、精准、高效。当然，这在实践中也不是面面俱到的。一方面，我们仍然需要加强对 PAD 教学的研究，深化资源包的学科研究和变式，优化学教方式；另一方面，我们还需要进一步探索学习的云端化，实现线上线下的混合式教学，尤其在评价与再学习的技术手段上，要充分运用 PAD 的自动检测评价和学生多样化互评功能，激发自我学习动力，提高学习效能。

第二节　AI 课堂的语文教学：植树的牧羊人

精准教学是以精准教学目标为导向、以精准教学过程为主要内容、以精准教学评价为保障，融精准教学目标、精准教学过程与精准教学评价三者为一体的教学。传统课堂教学中普遍存在教学目标确定不科学、没有围绕目标进行教学设计、无法制定针对目标的评价等问题，这些问题长期以来困扰着很多一线教师。

PAD 的应用和实践有效解决了精准教学这一难题。PAD 是以信息技术为依托的便携式电子化教学资源，是一个集移动终端、互动教学软件、云教育平台于一体的网络化、交互性、便携式的"移动数字化学堂"。PAD 有助于支持师生、生生之间的同步或者异步交流和资源分享。在 PAD 这样一个智能化的平台上，学生可以进行探究、研讨、展示，教师可以进行作业批改、试卷测评、在线辅导、成绩管理等。尤为值得一提的是，借助 PAD，教师可以实现精准教学。

下面以部编版七年级语文上册第四单元《植树的牧羊人》的教学为例，阐述 PAD 在初中语文现代文教学中的运用。课前预学、课中探学、课后拓学三个环节都与 PAD 进行了深度巧妙的融合，真正实现了精准、高效和灵活的教学。

一、PAD 相关 APP 及功能

结合语文学科的特点，本课堂主要使用 PAD 的云作业、云课堂、响应、悦读四个 APP（见图 2-2、图 2-3）。

图 2-2　PAD

云作业	课前布置预学任务，精准了解学情，把握教学目标；课后分层作业，录制微课，供学生观看，查漏补缺
云课堂	课中师生探究，包括课堂任务的发布、上台展示汇报，提供数据支持，实现精准教学
响应	课后实时沟通，发布重要通知
悦读	提供海量阅读资源，扩大学生视野

图 2-3　各个 APP 的相关功能

二、精准教学模式构建

精准教学模式就是充分运用 PAD 的相关功能：通过课前预学，了解学情，进而修正学案，贴近学生最近发展区；通过课中探学，组成学习共同体，共同完成学习任务，提升学习力；通过课后拓学，以作业或任务的形式巩固或延伸学习思维，实现分层学习，提升个性化学习品质。AI 课堂遵循"课前—课中—课后"的时间流程，结合 PAD 的云作业、云课堂、悦读、响应等 APP，增强学生的学习力（见图 2-4）。

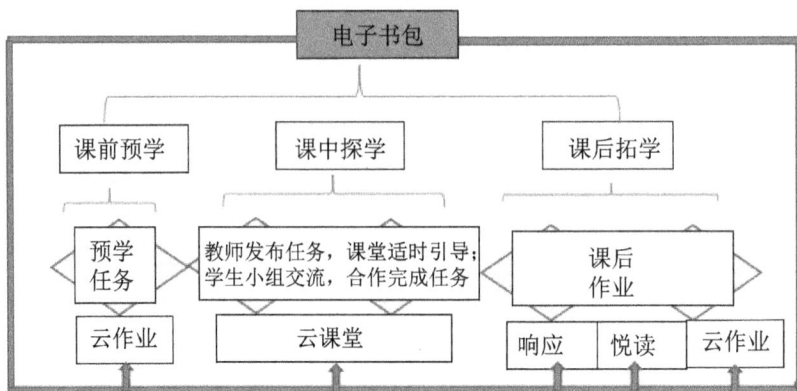

图 2-4　语文 AI 课堂流程

三、实践过程

（一）课前预学，掌握学情

课前预学是学生求知过程的良好开端。面对一篇全新的课文，学生可以通过自主阅读，写下自己的阅读感受和困惑之处，运用自己的知识储备和能力，尝试思考、分析和解决问题。在 AI 课堂中，教师借助 PAD 的云作业提前发布预学单，预学单主要由三个问题组成，这三个问题将作为教师备课、上课的切入点。

> 📋 **例 2-1：预学单** ....
>
> 问题 1：用一句话概括《植树的牧羊人》的文章内容。
>
> （设计意图：培养学生快速感知课文内容、理解大意的能力）
>
> 问题 2：默读课文，勾画出标志故事情节发展的语句。
>
> （设计意图：在练习默读的基础上，了解文章结构，培养学生梳理和概括的能力）
>
> 问题 3：读完《植树的牧羊人》后，你的阅读困惑是什么？
>
> （设计意图：了解学生阅读过程中真实的困惑）

以往的预学作业，学生需要在次日提交，教师如果讲授新课，则无法及时批改。利用 PAD，学生的课前预学作业可以及时在线提交，老师在布置作业的当天晚上便可以收到学生提交的作业。通过批改作业，老师可以了解学生真实的学情和错误点，适时调整教学目标和重难点。

（二）课中探学，高效把控

在新一轮基础教育课程改革的大形势下，传统课堂中教师"一言堂"的教学方式一去不复返，取而代之的是学生为主体，教师发布核心任务，学生利用小组交流开展合作探究式学习。

语文课堂上，针对一个问题开展小组合作探究，能够集众人的智慧，碰撞出思维的火花。传统课堂中，学生在自己的书本上记笔记，老师难以实时全面查看学生的思维呈现。而在 PAD 云课堂上作答，老师能够实时把握每一小组、每一个人的思考结果并进行当堂呈现。

在《植树的牧羊人》教学过程中，合作探究环节以云课堂为中心，教师依次发布任务一、二、三、四。这种合作探究式学习方式借助电子屏幕的实时显现，实现了学习过程的可视化，既激发了学生的学习兴趣，又提高了课堂学习的效率。

📖 **例 2-2：学习单一** --

任务一：梳理文意型默读

要求：动眼不动嘴、不出声、不动唇、不指读、不回读。

问题 1：这篇文章讲了一个怎样的故事？

（预设：一个牧羊人一直坚持在阿尔卑斯山地上植树，最后使土地发生了变化）

问题 2：课文按照时间顺序，重点叙述了"我"和牧羊人三次见面的情形以及高原上的变化。默读课文，勾画出标志故事情节发展的语句，填写表 2-4。

表 2-4 "我"和牧羊人三次见面的情形

故事情节	牧羊人的情况	高原的情况
初遇牧羊人		
再见牧羊人		
最后一次遇见		

任务一的两个问题直接从学生的预学中而来。在批改的过程中，教师发现学生在回答问题 1 时容易忽略时间、地点，因此把几个学生的典型答案呈现在课堂中，并给出"时间、地点、人物、事件"的支架。呈现学生的错误点并进行分析，既解决了学生的问题，又引出本单元的教学目标"利用关键语句抓住重点"。根据学生对问题 2 的作答情况，教师发现这一部分学生掌握得较好，大部分学生都可以根据题目提示的时间顺序，结合课文迅速找出相应的段落并概括大意。因此，课堂讲解这一部分时不需要花费大量时间，只需简单带过，把更多篇幅留给后面的小组合作探究部分。课堂上，教师根据实时学情掌握学生的学习动态，进行灵活、高效教学，针对学生的薄弱点，切实提升课堂效率。

📖 **例 2-3：学习单二** --

任务二：直接思考型默读

要求：边读边做批注，圈画关键语句（见图 2-5）。

问题 3：牧羊人坚持植树，使得土地发生了变化，具体发生了什么变化？文中哪些段落体现了这些变化？

（预设：第 2 段荒地到第 20 段生机勃勃）

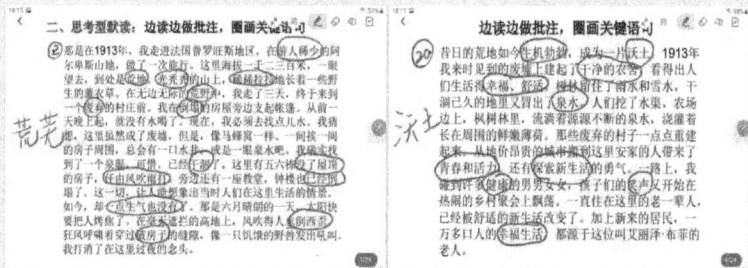

图 2-5　学生直接在界面上做批注，圈画关键语句

📓 **例 2-4：学习单三** --

任务三：重点突破型阅读

　　默读课文第 4—20 段，圈点勾画，并结合课文中相关语句，在下面横线上填空。

　　问题 4：他是一个 _____ 的人。

　　（预设：生活一丝不苟、做事认真、毫无私心、执着坚持、有毅力）

（三）课后拓学，巩固提升

　　语文学习是一场漫长的旅行，课堂教学只是其中的驿站。课后及时巩固，课外有效拓展延伸，有利于丰富学生的知识储备，拓宽学生的审美边界和文化视野。

📓 **例 2-5：课后作业** --

　　1. 选择第 4—20 段中任意一种人物品质，仿照文字描述你身边的人。

　　（设计意图：培养学生的仿写能力）

　　2. 我们的生活中也有很多默默"种树"的人，他们以非凡的毅力，辛勤耕耘，种植着希望和幸福。你认识或听说过这样的人吗？请你为他／她写一段文字，宣传他／她的事迹，并写出你的评价和感受。

　　（设计意图：引导学生联系当代生活，体会现实意义，珍视生命，思考人生）

　　根据课程标准和课堂的教学内容，为有效促进学生个性化的发展，分层作业显得很有必要。本次课后作业利用云作业的分组功能，给 A、B 层次的学生（见图 2-6）布置了不同的作业。B 层学生基础较弱，完成作业 1（仿写文段），意在培养学生的仿写能力。A 层学生基础较好，完成作业 2（写一段文字，并写出你的评价和感受），意在引导学生从文本走向文外，体会现实意义，珍视生命，思考人生。

分层作业的科学性和有效性使得各层级学生学有所获，充分尊重了学生的差异性，有利于更好地实现学生的健康成长。但在实际的教学中，传统课堂的单一维度无法解决作业讲评的问题，而 PAD 的云课堂轻松解决了这一难题。教师选择微课录制功能（见图2-7），几分钟便可以针对 A、B 层学生的作业分别录制好讲解视频，一键上传后，学生可以及时收看老师的讲解内容，极大提升了学习效率。

此外，响应平台可以实现教师和学生实时互动交流。学生课堂听课、课后作业的困惑，均可通过响应平台向教师提问，教师第一时间进行线上答疑。而在悦读平台中有大量文章，给学生课外阅读提供了海量资源。

图 2-6　教师根据学生基础创建 A、
B 层

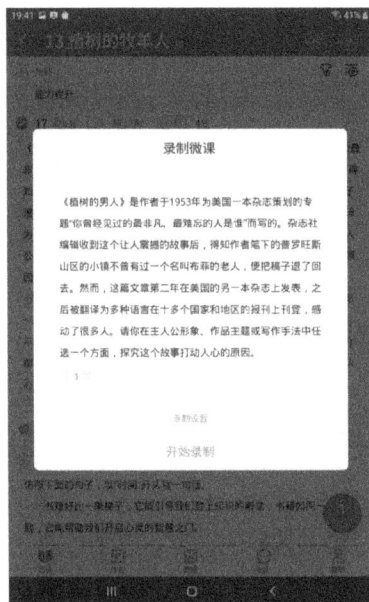

图 2-7　教师录制微课

四、成效与反思

（一）教学目标顺利达成

借助 AI 课堂，学生较好地达成了本节课的学习目标：①练习默读，勾画关键语句；②了解牧羊人人物形象，感受人物精神和人格魅力；③结合自己的生活体验，思考牧羊人植树行为的意义。

（二）教学环节流畅连贯

本次课堂主要环节包括课前预学、课中探学、课后拓学，由于使用了 PAD，环节之间联系紧密。在课前预学中设计了三个问题：①用一句话概括《植树的牧羊人》的文章内容；②默读课文，勾画出标志故事情节发展的语句；③读完《植树的牧羊人》后的阅读困惑。教师利用云作业提前发布预学问题，作为备课、上课的切入点，巧妙穿插在课中探学的任务中。课中探学的四个任务为梳理文意、直接思考、重点突破、高阶思维。教师和学生借助云课堂，思考深度层层递进，各个环节流畅连贯，有效提升了课堂效率。课后拓学的分层作业包括：①仿写文段；②写一段文字，并写出你的评价和感受。PAD 的分组功能协助实现了分层作业，微课录制也巧妙解决了作业讲评的问题。

（三）教学模式有待探究

PAD 有助于教师提高教学效率，学生的学习过程被完好地保存下来，学习兴趣也似乎调动起来了，但是学习是一个长期的过程，教师在日常的教学中是否每一堂课都需要借助 PAD？云课堂呈现的数据是否能够全面展现学生真实的学习状态？学生对 PAD 的兴趣能否持续？这些都是今后师生教与学中可能面对的实际问题，需要教师和学生不断在实践中探索。

第三节　AI 课堂的数学教学：图形的轴对称

一、案例背景

跨学科教学指的是在一定条件下，以学科为基础，打破学科之间的壁垒，在某一学科的教学过程中，主动有序且有机地联系其他学科，渗透相关知识点，建立知识和能力的综合性网络，以培养学生的综合能力为目的的学科教学模式。数学的跨学科教学旨在让学生发现数学与其他学科之间的知识关系，培养学生利用其他学科知识去解决数学课堂中出现的问题的能力，发散学生的思维，不仅有利于学生将各学科的知识串联起来一起理解和掌握，而且还能帮助数学教师在教学过程中开阔视野，更新教学观念，获得更多的专业知识，更好地完善教学策略和方法，提高教师的专业化教学水平。因此，相对于传统的课堂教学模式，这种跨学科教学模式更值得学习借鉴和探索思考。

精准教学是基于斯金纳的行为主义学习理论而提出的，是教师根据课程标准、教科书和学生发展的实际情况，遵循学科教学规律，遵循学生成长规律和认知规律，聚焦课堂教学价值，准确把握教学目标和教学内容，构建科学教学结构，细化教学流程，促进学生在三维目标上获得整合、协调、可持续的进步和发展，以实现预期目标和获得完美教学结果的活动过程。换言之，精准教学就是教师通过对课堂各要素的分析研究，使课堂教学各要素之间相互渗透，相互支撑，有效整合，从而达成教学目标之科学高效的现代教学模式。

近年来，信息技术日新月异，移动互联网、云计算、大数据等技术日渐成熟，信息化对人类的生产、生活乃至思维、学习方式等都已产生巨大的影响，为教育改革发展注入了新活力。信息技术的发展为精准教学提供了强大的技术支持，主要表现在以下几个方面：第一，高效、快速的大数据处理，替代了传统教学中"纯手工"计算、统计、分析学生成绩信息等低效的教学手段。第二，丰富、多样化的教学方式，替代了传统教学中一块黑板、一支粉笔、三尺讲台之"单一无趣"的学教方式。第三，分层、个性化的课后作业，替代了传统教学中"一刀切"统一布置作业的低效方式。第四，长期、精准的大数据跟踪，助力教师对教学目标精准定位，对教学内容精准定制，对教学活动精准设计，对学生表现精准评价，进而做出精准教学决策，使教学过程和教学结果可量化、可监测、可调控。

因此，在初中数学教学中，教师应充分利用大数据的优势，认真备好每一节课，通过各个学科的知识整合，帮助学生获得不同方面的发展，提升数学核心素养。平面几何是初中数学教学中的重要内容，对培养学生的逻辑推理能力和空间想象能力至关重要。在本节课的教学中，若教师单刀直入地给出定义、性质，让学生被动接受，并利用其性质去解决问题，会显得很生硬，学生在理解上也比较困难。如果结合剪纸游戏、平面镜成像原理、生活实际等学生熟悉的事物，不仅更易于帮助学生理解、接受相关知识，还能够发散学生的思维，形成知识串，提高课堂效率及精准性。以下将以《图形的轴对称》一课为例，谈谈大数据背景下跨学科教学如何将"空中花园"般的课堂落地，使之成为启迪智慧、滋养智慧的课堂。

二、主要技术手段

精准教学主要依托的教学平台是 PAD，涉及 APP 有云课堂、云作业、响应、学海题舟等。

此外，本堂课的跨学科教学还需要用到几何画板、剪刀、彩纸等教具。

（一）课前预学：课前云调研，让切入点更准

教师在课前通过 PAD 发布预学任务，并进行线上测评。教师批改后，结合大数据的统计分析，可以提前了解学生对相关知识的掌握情况，以此来定位学生薄弱的知识点，定制本堂课的教学重难点（见图 2-8）。

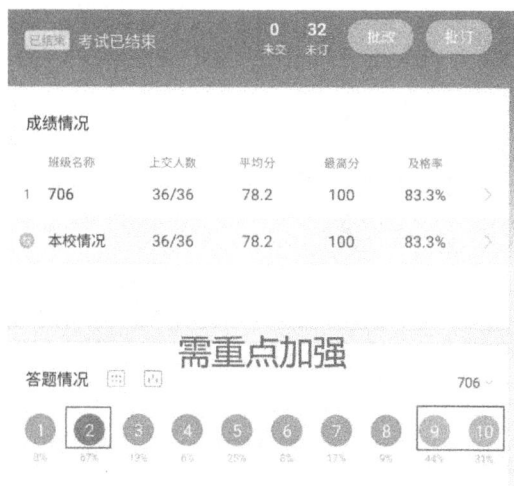

图 2-8　线上测评成绩分析

（二）课中导学：课中导学练，让达成度更高

教师在课中借助云课堂开展教学，云课堂是一种可供师生、生生之间进行进行课堂互动的平台，教师可以通过该平台布置课堂任务。图 2-9、图 2-10 展示了课堂教学中用到的主要功能，表 2-5 给出了主要功能的详细介绍。例如：涂鸦功能一般用于课堂上解答题（需要学生给出具体解题步骤）的完成，教师可提前设定题目作答时长（比如 5 分钟），学生完成作答并上交后方可查看其他同学的答案，并可为优秀的答案点赞。在此期间，教师能看到上交学生的名单及其用时。教师批改作业时，遇到典型错误或者优秀解法可进行标星操作，便于后面讲评，教师还可以邀请小助手帮忙批改作业。同步讲评结束后，教师可再次将题目发还给学生修正，做到及时、高效。最关键的是，PAD 能够保留所有的上课笔记，便于学生课下巩固、复习。

当然，除此之外云课堂还有其他功能，比如快答、简答、同步解锁。这些功能在数学课上不常用，在此就不详细介绍。

图 2-9　举手、快写、邀请学生批改、点赞、标记等功能

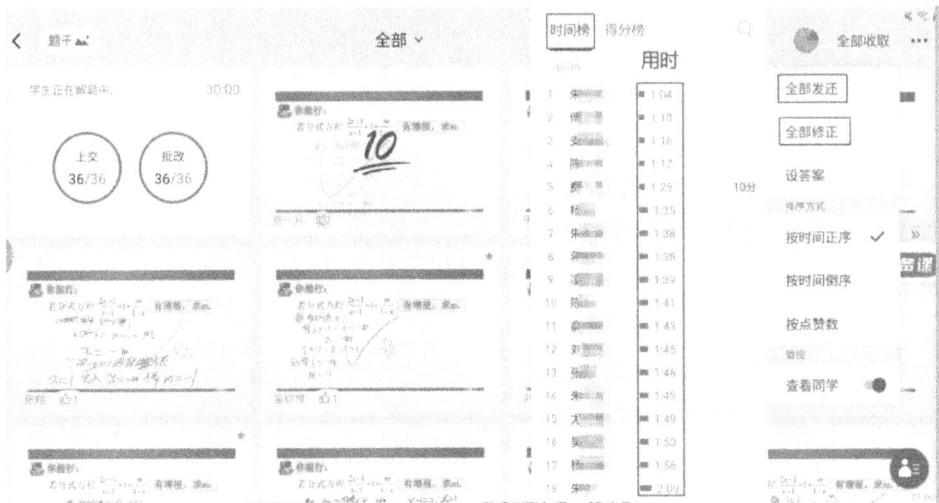

图 2-10　涂鸦练习功能（批改、修正、用时统计等）

表 2-5　云课堂的主要功能

功能	参与人	优点	缺点	适用情况
举手	学生发起	PAD 同步分享，所有学生可清楚看到同步讲解笔记	无法保留答题笔记	教师上课提问
快写	教师发起，学生作答	快速收集所有学生答案； PAD 上可以看到题目作答时长； 能实时关注未上交学生名单； 标星典型错误或者优秀解法； 学生上交后可查看其他同学的答案； 学生可为好的解法点赞； 教师可同步点评答案	无法保留答题笔记	判断题、连线题、填空题

续表

功能	参与人	优点	缺点	适用情况
涂鸦	教师发起，学生作答	教师可自己设定题目作答时长； 能实时关注未上交学生名单； 标星典型错误或者优秀解法； 学生上交后可查看其他同学的答案； 学生可为好的解法点赞； 教师可查看每位学生答题时间； 教师可邀请小助手批改作业； 教师可同步点评答案； 讲评结束后可发还给学生及时修正； 保留所有的上课笔记．	暂无	解答题

如果课堂上老师没有充足的时间实时查看学生的情况，可在课后通过课温查看每一位学生的互动次数（见图 2-11）。由于数据能够长期保留，教师可定期（每周）根据课温情况来检查学生的上课状态，如果某一名学生长时间都没有或者很少和老师互动，则需要老师重点关注，是上课听不懂还是存在其他方面的原因。因此，课温能够帮助老师及时发现问题，使得问题能够得到及时解决。

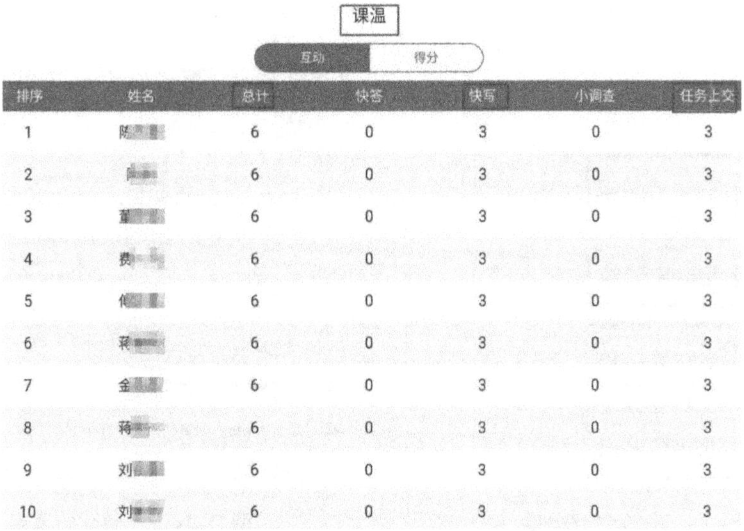

排序	姓名	总计	快答	快写	小调查	任务上交
1	陈[illegible]	6	0	3	0	3
2	[illegible]	6	0	3	0	3
3	[illegible]	6	0	3	0	3
4	费[illegible]	6	0	3	0	3
5	[illegible]	6	0	3	0	3
6	[illegible]	6	0	3	0	3
7	金[illegible]	6	0	3	0	3
8	蒋[illegible]	6	0	3	0	3
9	刘[illegible]	6	0	3	0	3
10	刘[illegible]	6	0	3	0	3

图 2-11 课温显示互动情况

一节课结束后，学生是否切实掌握相应知识点呢？教师可以设置 5 分钟当堂检测，让数据统计直观显示。检测内容可以为选择题或者填空题，便于统计分析。此外，教师也可以通过小调查来了解学生本节课学习的情况（见图 2-12）。

图 2-12　当堂检测统计和小调查

（三）课后固学：课后云分层，让个性化更强

PAD 有着强大的数据库，课后可协助布置分层个性化云作业，不仅能让优秀学生吃得饱，还能让后进生够得着（见图 2-13）。另外，系统可以自动统计每名学生的错题，为每一名学生量身定制个性化错题库，教师可定期（每周或每两周）把错题作业发给学生，学生只需要做自己做错的题目，有针对性地进行练习（见图 2-14）。对于易错的重点题目，教师也可以让学生全体做，以进一步巩固加强。另外，对于重难点，教师还可以录制微课推送给学生，学生可以课后随时看，反复看。学生遇到问题也可以通过响应平台联系教师，及时解决问题。

图 2-13　个性化分层

图 2-14　个性化错题库

通过 PAD，教师还可以查看班级或者每名学生的成绩变化趋势（见图 2-15）。教师可根据成绩趋势反思教学重难点，及时调整教学难度。教师还可看到班级的优秀榜名单、进步榜名单、"小黑屋"名单，及时表扬优秀、进步的学生，也能及时发现进入"小黑屋"的学生（见图 2-16）。

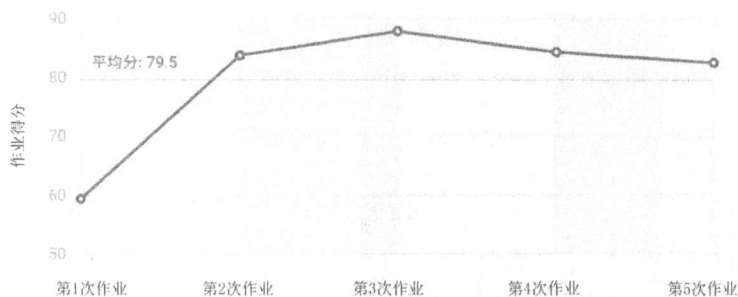

图 2-15 班级成绩变化趋势

图 2-16 各种名单情况

此外，有的学生感觉班级太小，竞争不够激烈，学海题舟为学生提供了一个很好的年级竞争平台。课余时间，学生可以利用学海题舟进行刷题，学生可以看到自己的年级排名（见图 2-17）。这在无形之中给学生的学习带来了动力。另外，教师也可以通过学海题舟看到班级的学情（见图 2-18），其能够直观地展示班级或者年级学生的知识掌握情况，以便于教师及时调整教学重点。

图 2-17 年级排名

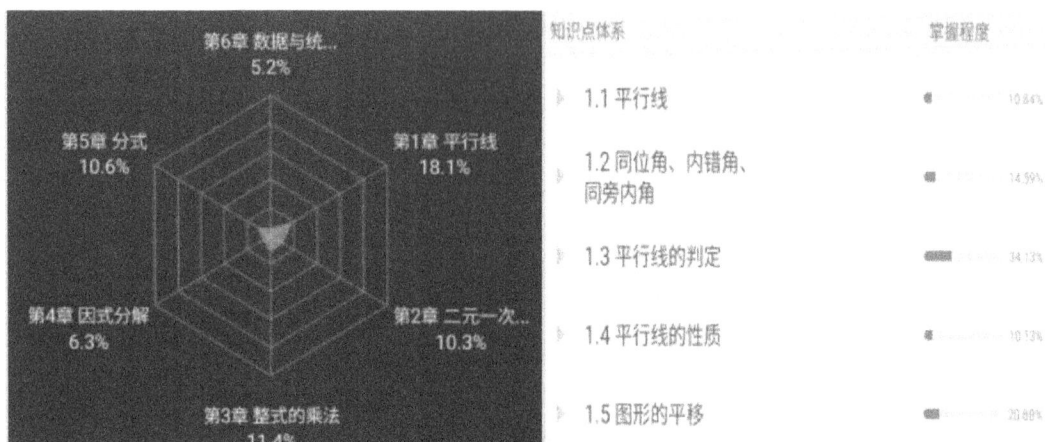

图 2-18　班级学情

三、构建模式

基于 PAD 的强大功能，它的应用可以贯穿于课堂教学的每一个环节，为学生和教师服务，助力实现精准的初中课堂教学。通过实践，可以初步构建如图 2-19 所示教学模式。

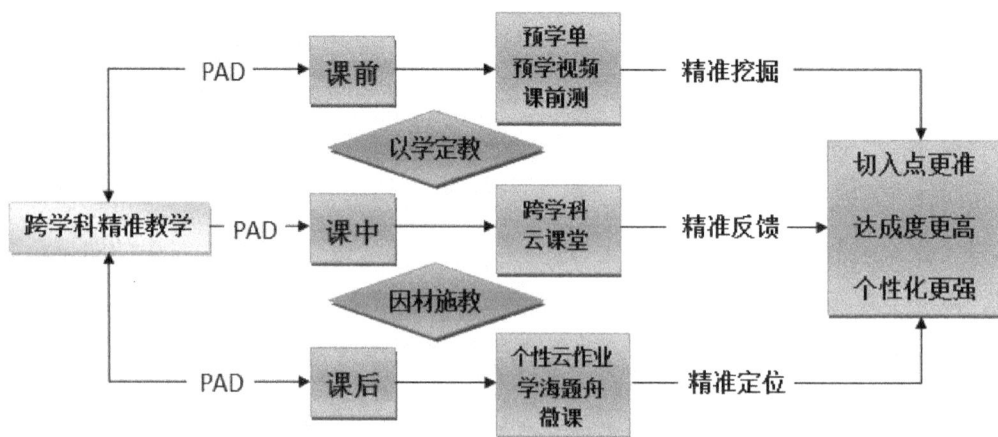

图 2-19　跨学科精准教学模式

四、实践探索

（一）学情诊断：课前预学，聚焦学情

图形的对称性是数学特别是几何领域中很重要的内容。小学时，学生已初步学习了轴对称图形的概念，学生在生活中以及剪纸手工课上也见过许多对称的事物和现象，在科学课上学习平面镜成像时，也用到了对称性，因此学生对图形的对称性并不陌生。所以，我们对教材提供的教学内容，根据其跨学科关系以及难易程度，进行重新分类，将那些学生能通过自主学习或类比学习就可以解决的问题及掌握知识点，设置为课前预学作业。这样做不仅能够培养学生的自主学习能力，还能够拓展学生思维，提高学生的综合素质。

1. 备：预学视频

利用手机或 PAD 的云课堂等 APP 进行预学视频录制。通过欣赏轴对称蝴蝶剪纸视频，在轻松、愉快的氛围中，让学生感知图形的轴对称的本质特征：把一个图形沿着一条直线折叠后，直线两侧的部分能够互相重合。

2. 习：精选习题

通过 PAD 匹配数字化教学资源，筛选出难易程度适当的精选习题，以考试测评的形式推送给学生（见图 2-20）。学生观看完视频后，立刻切换到自我测评界面，完成测评，做到即时、高效。需要特别注意的是：在课前准备中，预学视频和精选习题应根据课程需要进行取舍，并不是每课的必须环节。

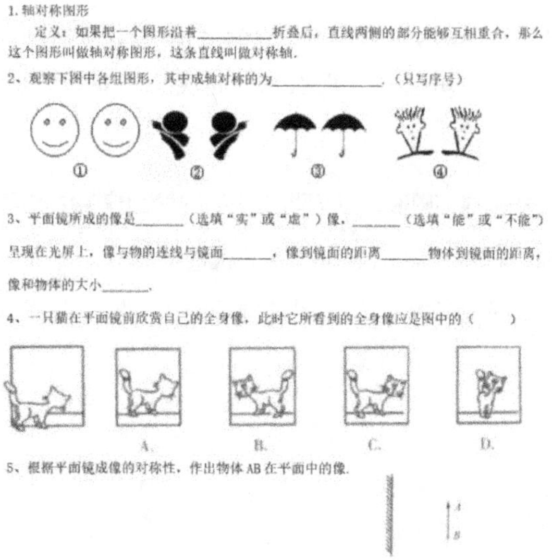
1. 轴对称图形
定义：如果把一个图形沿着__________折叠后，直线两侧的部分能够互相重合，那么这个图形叫做轴对称图形，这条直线叫做对称轴.
2、观察下图中各组图形，其中成轴对称的为______________.（只写序号）
① ② ③ ④
3、平面镜所成的像是______（选填“实”或“虚”）像，______（选填“能”或“不能”）呈现在光屏上，像与物的连线与镜面______，像到镜面的距离______物体到镜面的距离，像和物体的大小______.
4、一只猫在平面镜前欣赏自己的全身像，此时它所看到的全身像应是图中的（　　）
A. B. C. D.
5、根据平面镜成像的对称性，作出物体 AB 在平面中的像.
A
B

图 2-20 课前练习

3. 诊：学情诊断

预学视频和自我测评在新课前一天发布，预学测评批改后，平台可以快速收集、统计数据，进行数据分析，让教师提前了解学生对于知识点的掌握情况，以此定位薄弱的知识点，定制本堂课的教学重难点。

（二）课堂教学：学科整合，灵活应用

1. 温故知新，引发思考

📋 **例 2-6：你会剪纸吗？** ···

设计意图：把剪纸游戏引入课堂，激发学生的学习兴趣，提高学生学习的积极性。通过展示一系列轴对称图形的图片，让学生感受轴对称图形的本质特征，体会轴对称与现实生活的紧密联系，感知学习数学的重要性。

2. 探索新知，获得猜想

📋 **例 2-7：如何才能确保你剪出的图形是轴对称图形呢？你有什么妙招吗？** ··············

预设：通过课前视频学习，能够剪出轴对称图形。

设计意图：通过视频学习以及剪纸游戏的实际操作，让学生进一步感知轴对称图形的本质特征。

课前视频学习让师生一起找出剪纸小妙招：只需要把纸对折，把折线看作对称轴，然后在纸上画出图形，剪开，再展开，那么它一定关于这条折线成轴对称。

📋 **例 2-8：观察你剪好的轴对称图形，你能画出对称轴并找出其中的对称点吗？** ···········

预设：能画对称轴，但有些学生不知道找关键的对称点。

思考：回顾平面镜成像的原理，你学到了哪些知识呢？（见图 2-21、图 2-22）

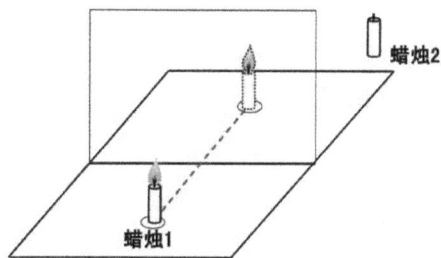

图 2-21 平面镜成像的原理

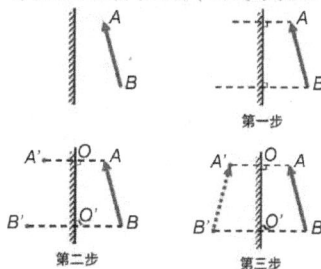

图 2-22 平面镜成像的作图方法

设计意图：学生可以类比科学中平面镜成像原理的对称性，来解决数学问题。另外，通过寻找对称点，学生们会发现，只要确定了图形的几个关键点，就能确定整个图形的形状大小，以此来告诉学生寻找关键点的重要性，也为后面画一个图形的轴对称图形做铺垫。

📅 例 2-9：连接各个对称点，沿着对称轴对折，哪些角互相重合？哪些线互相重合？ ----------

预设：通过前面几个例子的启迪，学生容易找出对应角和对应的边。

设计意图：紧随前面几个例子，趁热打铁，类比学习，由折叠后的图形直接观察重合的角和边，即可得出结论。

📅 例 2-10：如图 2-23 所示的轴对称图形，你能猜想出直线 AD 与 BC 位置的关系吗？给出证明。----------

预设：知道垂直平分的关系，但是很多学生不能证明。

证明性质定理：对称轴垂直平分连接两个对称点的线段。

已知：四边形 $ABDC$ 是轴对称图形，且 AD 所在的直线为对称轴，连接 BC，点 B 的对称点为点 C。

求证：直线 AD 垂直且平分 BC。

学生独立思考后，通过涂鸦功能写出答案，学生提交答案后可以查看其他同学的解法，对比看看谁的解法最简单便捷，并可为其点赞，同时也拓展了学生的思维（见图 2-24）。

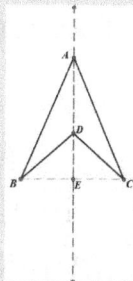

图 2-23

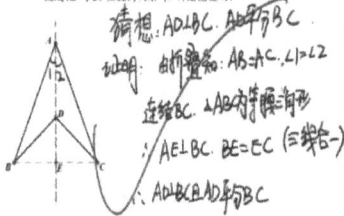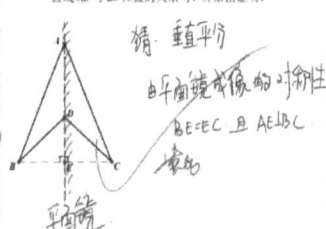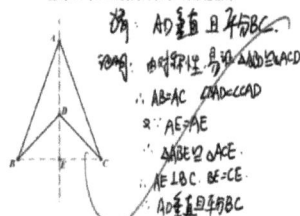

图 2-24　学生不同解答展示

通过师生一起分析、点评，共同得出以下 3 种证明思路：

法一：由折叠 → 易证 → △ABD ≌ △ACD 得出 → $\begin{cases} AB=AC \\ \angle BAD = \angle CAD \end{cases}$ 　＋　公共边 AE

$\downarrow$ (SAS)

即证直线 AD 垂直且平分 BC ← $\left.\begin{array}{l} AE \perp BC \\ BE=CE \end{array}\right\}$ ← 得出 △ABE ≌ △ACE

法二：由折叠易知 → $\begin{cases} AB=AC \\ △ABC \text{ 为等腰三角形} \end{cases}$ 　三线合一 → 直线 AD 垂直且平分 BC

法三：把 AE 看作平面镜 → 平面镜成像原理 → 直线 AD 垂直且平分 BC

设计意图：让学生独立思考得出证明方法，通过一题多解，以及类比科学中平面镜成像原理的对称性，得出本节课的重要性质，而不是直接生硬地将性质告诉学生，让学生记住，这样更有助于学生对性质的理解与应用。

3. 课堂练习，新知巩固

📋 例 2-11：如图 2-25 所示，AD 平分 ∠BAC，$AB=AC$。

（1）四边形 $ABDC$ 是轴对称图形吗？如果你认为是，说出它的对称轴，哪一个点与点 B 对称？

（2）如图 2-52 所示，连接 BC，交 AD 于 E。把四边形 $ABDC$ 沿 AD 对折，BE 与 CE 重合吗？∠AEB 与 ∠AEC 呢？由此你得到什么结论？

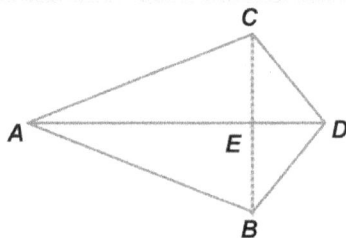

图 2-25　例 2-11 示意

　　做课堂练习时，借助 PAD 可以更加高效、快速地掌握学生的学习情况。对于练习（1）这类比较简单的题目，学生可以通过快写功能直接作答，教师可以及时了解学生对于知识点的掌握情况，提高课堂效率；对于练习（2）解答题，学生可通过涂鸦功能作答。

4.综合应用，拓展提升

　　例 2-12：如图 2-26 所示，已知 △ABC 和直线 m。以直线 m 为对称轴，求作以点 A、B、C 的对称点 A′、B′、C′ 为顶点的 △A′B′C′。---------------------------------

　　借助涂鸦功能完成作答，如图 2-27 所示。学生也可类比平面镜成像的作图方法直接作图，如图 2-28 所示。PAD 中基本的数学作图工具比较齐全，如图 2-29 所示。

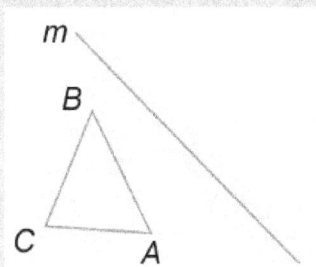

图 2-26　例 2-12 示意

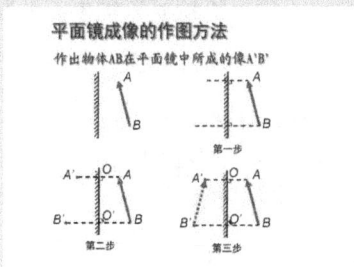

图 2-27　平面镜成像作图方法

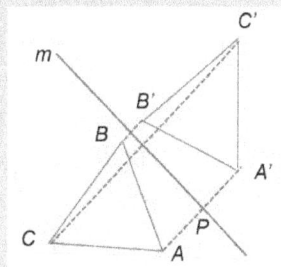

图 2-28　轴对称图像作图方法

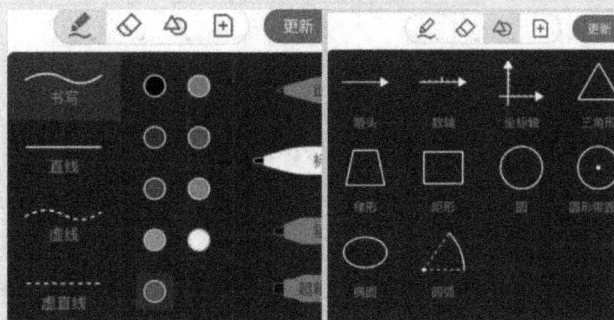

图 2-29　PAD 中的数学作图工具

例 2-13: 如图 2-30 所示，直线 L 表示草原上的一条河流。一骑马少年从 A 地出发，去河边让马饮水，然后返回位于 B 地的家中。他沿怎样的路线行走，能使路程最短？作出这条最短路线。

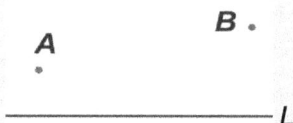

图 2-30　例 2-13 示意

设计意图：例 2-17 是对基础概念的考察；例 2-18 是图形的轴对称的一个重要实际应用，是本节课的难点，也是将军饮马的一个重要模型。前面层层铺垫，由易到难，符合学生的学习实际。通过几何画板的直观展示，如图 2-31 所示，学生可以看出，当点 A′、B、C 在一条直线上的时候，距离和是最短的。启发学生，有时候可以借助几何画板进行猜想、验证。

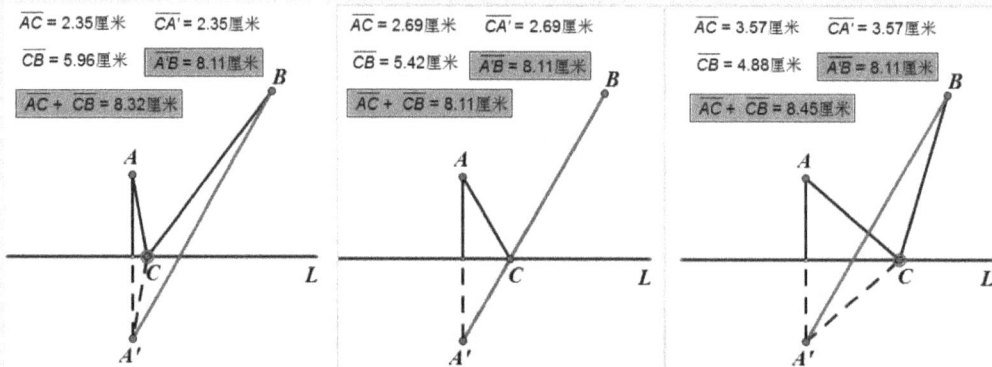

图 2-31　几何画板

新课结束后，学生是否真的掌握相关知识点了呢？教师可利用 PAD 发布几道选择题进行当堂检测，并且可以提前设置好选择题答案，待学生提交后，数据后台可直接得出答题情况的统计图，教师可以直观地看出哪些学生没有掌握好，课下可以进行单独辅导。此外，教师也可以通过小调查来了解学生本节课学习的情况。

（三）课后追踪：分层定制，精准辅导

作业布置是教学中必不可少的一个环节，也是非常重要的课后巩固环节。传统教学往往采用"一刀切"的方式，给每个学生布置一样的作业，并没有兼顾到学生的差异性。而借助 PAD 教师可以为学生量身定制个性化的作业，使之进行有针对性的练习，不仅能让优秀学生吃得饱，还能让后进生够得着。例 2-13 涉及的将军饮马模型的是本节课的重点和难点，教师可以录制相关微课推送给学生，让课堂上理解不到位的学生，课下还可以随时看，反复看。另外，PAD 上教师上课的 PPT 可以保留教师上课的痕迹（见图 2-32），学生如果在课上有遗漏的知识点，课下可以随时回看，尤其那些中后等生，以及胆小内向的学生特别受益。

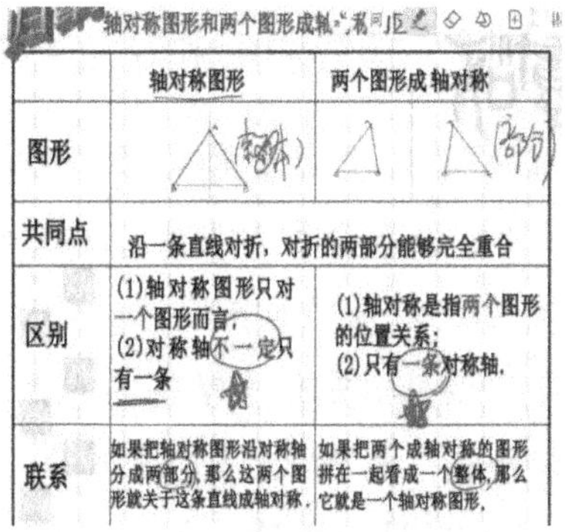
轴对称图形和两个图形成轴

	轴对称图形	两个图形成轴对称
图形		
共同点	沿一条直线对折，对折的两部分能够完全重合	
区别	(1)轴对称图形只对一个图形而言；(2)对称轴不一定只有一条	(1)轴对称是指两个图形的位置关系；(2)只有一条对称轴．
联系	如果把轴对称图形沿对称轴分成两部分，那么这两个图形就关于这条直线成轴对称．	如果把两个成轴对称的图形拼在一起看成一个整体，那么它就是一个轴对称图形．

图 2-32　保留教师上课的痕迹

五、成效与反思

新课程下的初中数学，更强调学习有价值的数学。随着社会的不断进步，数学知识不断地渗透在各门学科中，与它们的联系越来越紧密。正如尼古拉·罗巴切夫斯基所说："任何数学分支，无论怎样抽象，总有一天会被应用于现实世界的各种现象。"如果我们仍旧用过去的方法教育今天的学生，那么我们就是在剥夺他们的未来。

（一）对比记忆，理清概念，提高课堂的上课效率

一方面，跨学科教学，通过不同学科之间概念的交叉让学生对比记忆，理清概念，通过各个学科的整合，让学生学会举一反三，能够用同一个知识点解决不同学科的不同问题，这才是教师应该做到的"授之以渔"。另一方面，随着信息时代的迅速发展，将 PAD 融入课堂教学，使得每个教学环节都有大数据的支持，不仅可以课前发布预学单了解学情，还可以当堂练习、批改、纠错、修正，快速掌握学生的学习情况，及时获得学生的学习信息，使得教学更加具有针对性，大大提高课堂的效率。

（二）类比学习，迁移转化，提高学生的综合素质

不同学科的教材中，有很多内容互相联系，学生可以利用其他学科中的知识与经验，

解决本学科的问题，为新知铺平道路。本节课从生活实际中抽象出数学模型，培养学生数学抽象能力；让学生自主观察、分析、交流，培养学生自主学习能力和语言表达能力；引入剪纸游戏，培养学生的动手能力与空间想象能力；类比科学中平面镜成像的原理开展教学，培养学生的类比转化思想与知识迁移能力，让学生全方位、多角度地看待问题。因此，跨学科教学不仅能够提高课堂效率，还能够拓展学生思维，提高学生的综合素质。

（三）课程整合，博学多才，提高教师的专业素养

大数据背景下的跨学科精准教学，对于教师而言，既是机遇也是挑战。一名一线教师如果不掌握新的教学技能，不去开发自己的课堂，那么其教学必然会受到很大程度的局限。俗话说："要给学生一杯水，老师要有长流水。"传道授业解惑的师者，需终身学习，尤其是跨学科的教师，不仅要熟练掌握本学科的内容，还要学习其他学科的内容。另外，教师的学习不是单打独斗的，而是要形成教师团队，合作学习、潜心研究，创建学习共同体，一起打造精准、高效的课堂教学，这也是提升教师专业素养的重要途径。

第四节 AI 课堂的科学教学：二氧化碳的性质

借助信息技术实现高效率的科学教学，提高学生的动手动脑能力，是提高学生科学素养的有效途径之一。我们借助 PAD 的"云课堂、云作业、响应"技术，探索科学教学策略（见图 2-33）。

图 2-33 PAD 技术支架

一、PAD 精准教学模式

（一）课前发布预学任务，精准掌握现时学情

如图 2-34 所示，区别于传统的"先教后学"模式，AI 课堂提前至课前，最大的优越性在于能够对学生的课前学习（预学阶段）进行动态的学习数据分析，翻转了课堂，为教师高效备课提供了真实准确的学情概况。AI 课堂依托于 PAD 的云课堂平台，教师根据教材、课标与预估的学情，以阅读材料或录制微课的形式设计预学任务，可以预告新课重点、难点，避免学生漫无目的地预学，提高课前预学效率。同时，教师可根据 PAD 对学生预学结果的数据分析，掌握现时学情，针对学生程度差异、作业耗时、成效预估等将教学目标更进一步地"量化""精准化"。

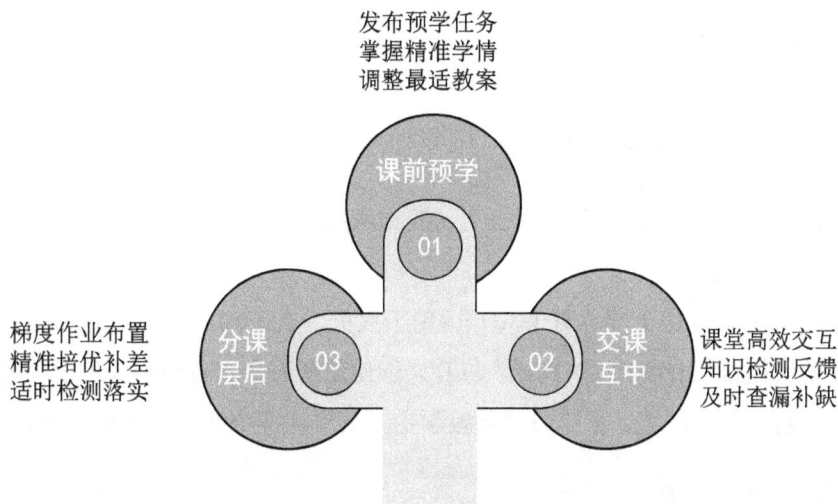

发布预学任务
掌握精准学情
调整最适教案

课前预学
01

梯度作业布置
精准培优补差
适时检测落实

分课层后
03

交课互中
02

课堂高效交互
知识检测反馈
及时查漏补缺

图 2-34　精准智慧教学模式

（二）依托平台课中交互，实现课堂知识内化

区别于传统课堂，AI 课堂上师生的任何一句话、任何一个教与学的细微之处都可以被定格，以便审视推敲其科学性、精准性或者精彩性。云课堂为师生提供了一个多元交互的平台，提问、快写、小调查等功能能够让教师及时获得课堂教学内容的反馈，了解学生的实时学习情况，实现课堂知识的内化。点赞和帮改功能则能让学生摇身一变成为"小老师"，使学生与老师、学生与学生之间的交流和分享变得更加便捷。同时，投屏可将演示实验中一些不易观察的现象投影放大，让学生更直观地参与课堂学习。

（三）课后作业分层布置，定制私人个性学习

根据课前、课中的观测与完成答题的数据分析，学生学习能力的高低、掌握知识的快慢、学习内容的难易等客观因素存在。根据学科教学目标，教师教学在整体推进学生水平共同提高的同时，要尽量缩小个体之间的差距。学科作业是新旧知识点的枢纽，能够衡量教与学行为的有效性，能够启发学生思维，引导学生解决实际问题。与精准教学相匹配，AI 课堂的课后作业也必须精准布置，但如何去做？此时，云作业就为教师提供了一个很好的作业定制平台。教师可根据云课堂中课堂检测的数字化反馈，分析班级学生对新知识的接受程度，从而分层、分梯度地布置作业，使作业更有针对性。在大数据的支持下，云作业还可生成错题库，供学生随时随地进行薄弱点巩固，也供教师了解某段时间内学生的学习情况。

二、课堂实践程式

（一）课前预学，掌握学情

教师通过云课堂向学生发布学习任务：根据所给图片，说出这是 CO_2 的什么用途，体现了相应的什么性质。

根据提交的答案，发现学生对于 CO_2 运用于灭火、人工降雨、制作碳酸饮料都比较熟悉，但是无法将石灰刷墙和"屠狗妖"与 CO_2 能使澄清石灰水变浑浊、不支持呼吸两个性质联系到一起，因此在之后正式的课堂教学中，要将这两个性质作为难点进行突破。

（二）课中教学，师生交互

1. 巧用"提问"，分享设计

本节课的重点在于 CO_2 性质的验证实验，要求学生利用教师所给材料，设计相应实验并进行验证。由于是新课内容，所以在学生设计实验过程后，教师能否及时进行点评和指导是后续实验能否顺利进行的关键。此时，云课堂就发挥了"智慧"的功能。教师可以通过"提问"功能分发实验记录表，学生分组讨论后可填入实验设计并及时上交，教师能马上看到学生提交的结果，通过投屏，还可将每组的设计分享给全班同学，便于进行对比评价和指导。

📋 **例 2-14：及时提交实验记录单** ----------------------------

师：我们通过生活中 CO_2 的用途了解了其对应的性质，那是否能运用实验来验证它的性质呢？（教师向学生介绍几组实验器材的用途）

师：接下来，请同学们以小组为单位，根据每组分到的器材，确定实验目的，并设计实验过程（教师运用云课堂中的"提问"功能，将实验记录表发送给学生，学生可在学生端界面上进行填写，完成之后上交，教师收取后便能看到每个小组上交的结果，如图 2-35 所示）。

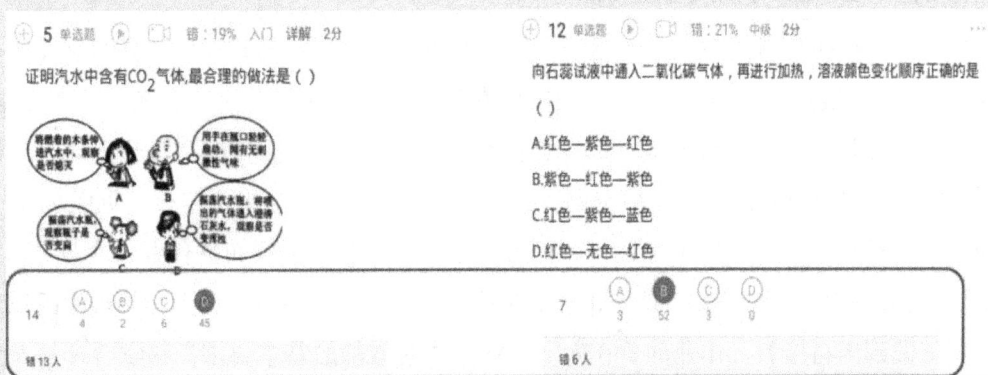

图 2-35　云课堂实验记录表学生填写界面

通过分析图 2-35 中学生的填写情况，可发现以下几点问题：

第一，前四组的学生没有完全理解教师发出的任务指令，误把预期的实验现象和实验结论也填上。第二，一些学生对实验材料的具体用法尚不清楚，譬如：验证 CO_2 能否使澄清石灰水变浑浊实验中，学生不清楚针筒在本实验中的用途；验证 CO_2 与空气密度大小的关系实验中，学生不清楚是"比较两个气球落地的速度"还是"比较两个气球谁能落地"。第三，一些学生对实验的目的还是不太了解，比如最后一组学生错把"验证"当作"探究"。以上问题在传统课堂中，教师可能无法及时发现，但是由 PAD 支撑的 AI 课堂便能将学生的"盲点"反馈给教师，以便教师及时调整教学，补上遗漏点。

2. 利用投屏，放大细节

本节课的另一个重点在于实验的展示与观察。由于学习小组较多，无法同时进行实验展示，因此教师可选取几组学生为代表上台进行操作。但与此同时另一个问题又出现了，一些坐在教室后排或侧边的同学无法清楚地观看到讲台上的实验操作及现象，而投屏恰好能解决这个问题。此外，在投屏的过程中，还可以进行录像，便于对实验结果的分析和课后反复观看学习，可提高实验教学的效率。

3.课堂小测，知识内化

新课教学完成后，教师可运用云课堂提问功能或者云作业布置课堂检测。学生完成后，后台会立刻给出做错学生的人数和错误率分析，以供教师知悉学生知识点的掌握情况，便于教师及时进行答疑跟讲解，或者后续教学的查漏补缺。

（三）课后作业，分层定制

1.根据学生个性，分层定制作业

学科作业往往是新旧知识点的枢纽，能够衡量教与学行为的有效性，能够启发学生思维，引导学生解决实际问题。云作业平台有强大的组合功能，同步训练、中考真题、错题库等应用均有若干题目，可供选择自由组合（见图2-36）。在题型组合方面，可以是单一题型，也可以将选择题、填空题、作图题、简答题等进行自由组合（见图2-37）。教师可根据教学要求和学生个性选择不同难度系数的题目，分层布置作业，实现"私人定制"（见图2-38、图2-39）。这样，优等生得以提高，中等生得以补充，困难生得以巩固，真正做到因材施教。作业的"精准"是AI课堂对教师的基本要求，科学合理地布置作业之后，本着作业批改的及时性原则，教师可使用智能化批改功能。学生"上交"后，便可根据参考答案自行进行第一遍批改，而后教师再进行第二遍批改。两遍批改，使得作业批改准确度和效率大大提升，平台会对易错题和错误率进行智能化统计，教师分析数据后即可进行针对性评讲，也可获得后续培优辅差的参考数据。

图 2-36　PAD 云教辅书城

图 2-37　教师选题界面

图 2-38　教师分层布置作业界面

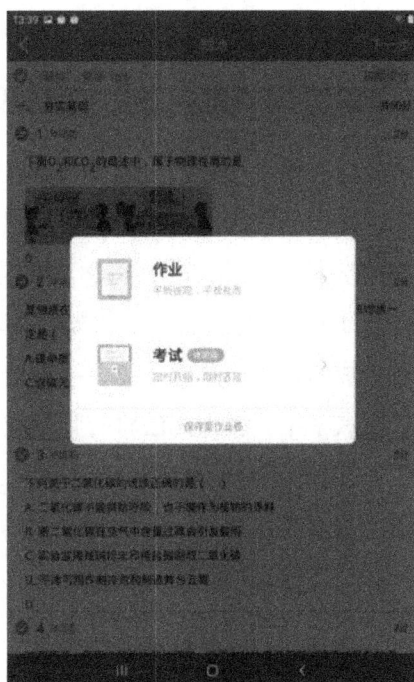

图 2-39　教师选题布置考试或作业界面

2. 学习方式多样，个性自主学习

社会飞速发展，科技日新月异，新时代的学习方式更是发生着颠覆性的变化。学校教学以普遍性为原则，无法针对性地解决学生个性差异所导致的问题。为了满足不同学习能力学生的需求，应当鼓励学生选择适合自己个性的方式进行自主学习。个性化自主学习是基于数字化学习环境如网络学习平台，让学生自己去适应一种学习模式，自主选择学习内容，主动发现问题，自我总结，最终获得解决问题的能力。对于初中生而言，知识储备与判断能力还不足，因此在个性化自主学习过程中需要教师进行助力，譬如，录制微课就能很好地帮助学生解答课堂上遗留的问题或作业中遇到的困惑，可使学生在自主学习过程中少走弯路，既高效又方便。

三、成效与反思

电子技术引入课堂，让传统教学模式发生了革命性变化，AI 课堂应运而生。知识教学本就没有既定的方法与规则，不论是传统的课堂，还是 AI 课堂，只要能达到预期的教学目标就是好课堂。要想达到教学目标，"精准"掌握学情和"智慧"运用课堂便成了教学中的重中之重。PAD 作为一种新型的教学工具，凭借其交互性、趣味性成为智慧教学的新宠儿，基于 PAD 的数字化教学能够有效发挥教师的教学能力和学生的学习潜能。

（一）智慧 AI 课堂为学生减负提效

传统教学过程中，学生需要背负很重的学习"负担"，即每天都需要将每门功课的课本、教辅、作业本放入书包中并用双肩背负。电子信息技术进入课堂教学后，PAD 便能够有效地为学生"减负"，PAD 将学习所需的资料转化为电子课件，为学生提供一种轻松且具有趣味性的新的学习方式。比如在"耳和听觉"的教学中，由于听觉是一个抽象的概念，听觉形成的过程更是看不见、摸不着，这无疑给学生理解和内化相关知识增添了难度。在传统教学中，教师无法将听觉形成的过程演示出来，只能靠讲解使学生记住该知识点。但 AI 课堂不同，教师可以将动图、视频等教学资源上传至 PAD，让声音不只听得见，更能看得见。这样，PAD 为学生的智慧学习提供丰富的资源，使课本知识"活起来"，促进学生对知识的理解和内化。

（二）交互 AI 课堂打造高效学习

PAD 不仅仅是一个资源存储库，还具备丰富的立体功能，如资料查找、检测反馈和信息交流等，是一个真正的多功能书包。教师可以通过 PAD 推送任何资料和任务，并能在第一时间得到反馈。在发布课后作业时，教师可以将作业任务上传到 PAD 中，推送给学生，也可以随时查看作业完成情况，监督学生按时按量完成作业。同时，学生在解答问题的过程中碰到不懂之处，还能通过响应及时与教师开展交流，当然教师也可以通过发布微课来为学生答疑解惑，学生可在这种交互过程中为掌握学科知识奠定坚实基础。PAD 的应用既强化了教师和学生课堂上的互动，同时也为学生课后与教师的沟通提供了畅通渠道，为提高作业完成效率打下了坚实基础。

（三）趣味 AI 课堂激发学习内动力

PAD 具有强大的资源处理和集成能力，具有传统书包无法比拟的知识容量。PAD 不仅可以将本校教师的优秀教学资源整合起来，还能够将其他学校优秀教师的教学资源集成起来，实现资源的高度共享，为学生创造一个可以恣意遨游的知识海洋。此外，PAD 还提供了学海题舟平台，学生可在该平台上选择自己感兴趣的科目进行刷题，后台会根据学生的做题量和正确率自动计算学生的个人积分。同时，学生还可在线上做"老师"，帮其他同学批改作业，赚取积分。积分高的学生可以排在积分榜上，以此激发学生比拼斗志，充分提高了学习的趣味性。

PAD 与信息技术进入传统课堂，有利于课堂效率的提高，大数据的支持也有助于学生课后对自己学习情况的了解。但事有两面，PAD 依旧面临着一些问题。如当前 PAD 的应用和功能还有待拓展，教学资源还不够丰富，做课堂笔记的功能还不够完善等。同时，教师和学生对于使用 PAD 是否会带来不良影响也存在着担忧，担心长期使用 PAD 会对学生视力、书写能力、口头沟通能力造成不良影响。因此，后续还需要进一步对 PAD 的功能进行开发，对其使用模式进行调整与改进。

第五节　AI 课堂的实验教学：物质在水中的分散状况

传统的初中科学课堂教学还主要是经验主义的教学，学生的主体地位被严重忽视。随着学生之间差异化的凸显，传统科学教学的一些问题也逐渐显露。比如：教师对学生学情的掌握有限，缺少数据支持，从而不利于后续的教学；课堂交互性有限，由于课堂时间限制，教师往往会忽略部分学生的探究成果和想法；传统作业的个性化有限，易忽略学生的个体差异，而考虑到分层作业的检查、批改、后续辅导需要教师花费更多的时间和精力，很多教师还是选择将作业"一刀切"。因此，我们着眼于精准把握学生的学情，聚焦以上出现的问题，借助 PAD 技术实现教学方式和教学结构的微翻转，助力学生高阶思维的发展，以提升学生科学学科的核心素养。

一、PAD 技术：多功能并举，大数据全面支持教学环节

PAD 紧密结合一线教学需要和先进信息技术，包含多个实用性平台（见图 2-40）。科学教师常用到的平台有云课堂、云作业、学海题舟等。借助这些平台，教师可进行实时的学情监测，为科学的精准化教学获取数据支撑。下面对这些平台常用的功能做简单介绍。

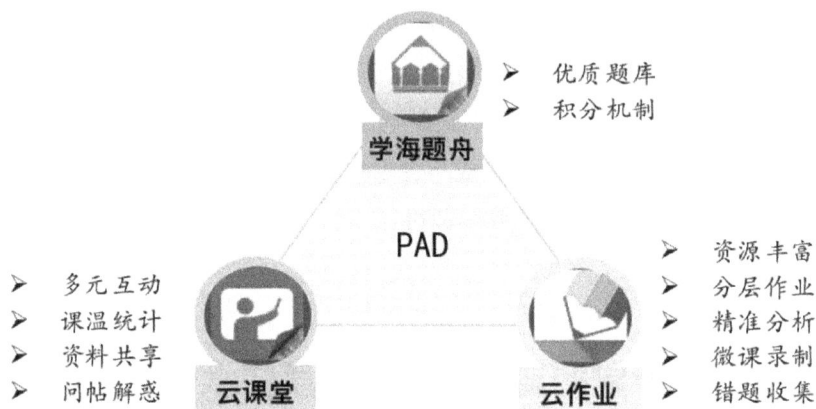

图 2-40　PAD 中科学教学常使用的平台

（一）云作业：习题个性推送，高效反馈

云作业平台可用于布置练习、考试，具有以下几个特点或功能。

1. 资源丰富

云作业平台包含丰富的教辅资源，教师可以根据需要筛选出题型、难度等符合要求的练习题。备课组自编的校本资料也可以上传至平台进行保存和共享，实现了高效的资源整合与使用。

2. 分层作业

云作业平台支持对学生进行自定义分组，教师可以根据需要开展分层作业布置或点对点推送作业，真正做到因材施教。

3. 精准分析

系统会自动统计学生客观题的答题情况，教师可以查看学生的个人成绩、用时、订正情况以及班级平均成绩、上交情况等，同时也可以了解每道题的答题情况。

4. 微课录制

针对典型题或错误较多的题目，教师可以录制微课帮助学生理解，学生可以反复观看微课，突破了空间和时间的限制，做到了课后的及时辅导。

5. 错题收集

做过的习题的分析数据都会得以保留，教师可以随时选取错误率较高的题目，形成个性化的错题集供学生使用。

（二）云课堂：学情全面跟踪，多元互动

云课堂是一种可供师生、生生之间进行课堂互动的平台，教师可以通过该平台布置课堂任务，一般常用的功能有以下这些。

1. 多元互动

云课堂支持多样的答题方式，也支持以快写或小调查的形式进行课堂练习，提交的学生可以看到其他同学的结果并进行点赞。科学课堂的探究活动较多，该功能使讨论与分享变得便捷。教师也可以邀请学生进行批改或点评。

2. 课温统计

系统可以自动统计每位学生在课堂中的参与次数（课温），学生的活跃度一目了然。

3. 资料共享

教师可以选择将课堂中所使用的课件、图片和其他资料公开给学生，方便学生课后进行复习总结。

4. 问帖解惑

学生可以将问题发布在问帖中，其他同学或老师可以在领帖后进行解答或交流。

（三）学海题舟

该平台一般用于学生课后自主练习。

1. 优质题库

系统拥有大量优质题库，教师可以根据内容、难度需要布置任务。

2. 积分机制

系统会根据学生的做题量、正确率自动计算学生的个人积分，积分高的学生可以排在积分榜上，这可以激发学生的学习兴趣。

二、PAD 支持下的科学课堂精准教学模式

基于 PAD 的强大功能，它的应用可以贯穿于科学课堂的"课前—课中—课后"整个教学环节，为学生和教师服务，有效解决科学教学中存在的问题，助力实现精准的初中科学课堂教学。通过实践，我们初步构建了如图 2-41 所示的科学课堂精准教学模式。

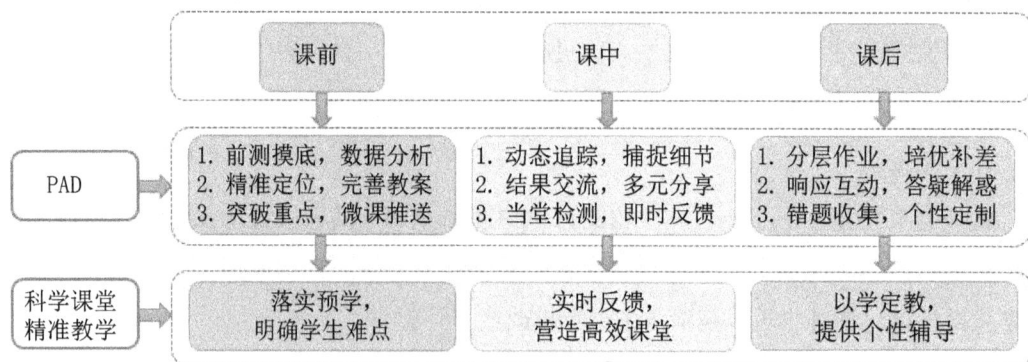

图 2-41　PAD 支持下的科学课堂精准教学模式

三、实践探索

下面以浙教版初中科学八上第一章第四节《物质在水中的分散状况》为例，阐述 PAD 支持下的初中科学课堂精准教学。

（一）课前：落实预学，明确学生难点

1.前测摸底，数据分析

学生往往不重视预学作业，教师很难了解到学生的预学情况。为了有效发挥预学的作用，准确了解学生的学习起点，教师可以利用云作业或云课堂平台布置预学单，学生完成后即时提交，教师端能够立刻掌握学生的预学情况。

📋 **例 2-15：教师通过云课堂平台向学生布置预学作业** -
题 1：通过自学，请你列举生活中常见的溶液、悬浊液和乳浊液。

这道预学题的目的是想看看学生对溶液、悬浊液、乳浊液的概念的预学程度。在教师端的批改页面，教师可以查看每位学生的完成时间、上交情况，提交完作业的学生可以看到同学其他的答题内容并可以进行点赞或交流。

通过批改，发现大部分学生基本上能理解三个概念的区别，但是对几种物质的分类还是有疑惑，比如碘酒、油水混合物、面粉加水形成的混合物、血液等，可见这几种物质是在接下来的课堂教学中需要强调的。

题2：判断正误。

（1）凡是均一、稳定的液体都是溶液。（　　）

（2）溶液都是透明、澄清、无色的。（　　）

（3）溶剂只能是水。（　　）

（4）溶质可以是固体、液体和气体。（　　）

以上4个判断题涉及的是溶液的知识点，引导学生对溶质、溶剂展开思考。系统可以在学生提交后自动统计答题情况，统计页面如图2-42所示。

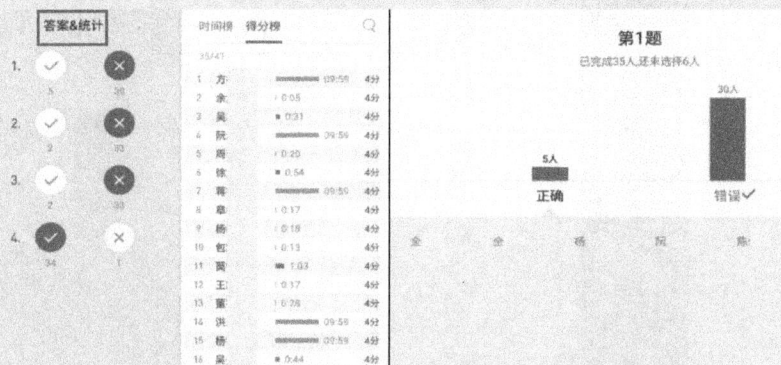

图2-42　云课堂判断题统计界面

从统计结果可以看出，这4道题的正确率都比较高。共有35人成功提交，第1题答错的略多，仅有5人答对，说明学生对溶液的均一性、稳定性的理解还不够。第2、3、4题仅有一两名学生出现错误，说明通过自学，学生对溶质、溶剂已有初步的认识。教师还可以看到每道题选择每个选项的学生，只需要关注答错的学生即可。

2. 精准定位，完善教案

教师在备课时需要对学生的学情非常了解，不仅仅要了解这个年级段学生的思维特征、已有经验，更要精确知道每个学生对内容知识点的认知和预学情况，从而更好地调整教学方案，实现精准备课。借助预学小测，教师可以进一步了解教学内容的难点所在，并对教学设计进行调整。

3. 突破重点，微课推送

学生的自学能力参差不齐，在预学过程中也难免遇到一些问题。为了帮助学生更加高效地预学，教师可以通过录制微课，简单梳理新课的内容，并推送给学生。此外，针对需要强调的重点内容或实验操作规范，教师也可通过微课让学生先自学，学生可反复观看微课，教师在后台可看到学生观看微课的情况。

📖 **例2-16：微课发布** --

本课时内容要求学生熟练掌握药品的取用、振荡等化学基本实验操作，但学生初中阶段上一次接触这些操作还是在七上。因此，如果没有事先讲过这些操作的要点，会影响课堂中实验活动的教学效果。教师通过云课堂发布关于化学基本实验操作的微课供学生学习（见图2-43）。

图2-43 云课堂微课发布界面

（二）课中：实时反馈，营造高效课堂

1.动态追踪，捕捉细节

科学活动中，观察至关重要。在实际教学中，后排学生看不清演示实验的现象，学习效果受到影响，而投屏展示可以帮助解决这一问题。此外，也可让学生用设备拍摄实验视频或照片，捕捉实验现象的细节，这有助于接下来的成果展示。对于重要的实验操作，比如显微镜的使用、凸透镜成像实验等，通过视频回放进行展示，可以高效地开展实验教学。

2.结果交流，多元分享

通过云课堂可以布置实验记录单，学生可以填写活动记录并及时提交上传。教师可以立即看到，学生也可以看到其他小组的实验结果，并对此进行评价。教师可以挑选出有代表性的小组结果进行分享展示，其作为有用的教学素材，也可以用于接下来的教学。可以说，PAD让分享变得更加多元快捷。

> **例 2-17：记录实验现象**
>
> 探究活动 1：分别在装有食盐、粉笔灰、色拉油的试管中加入约 10ml 水，振荡并静置，仔细观察现象，并在云课堂中完成实验记录单。

通过分析学生的实验结果，发现在记录"粉笔灰 + 水"实验现象时，很多学生填的是"透明，不分层"。对这样的实验记录单可以进行标记，讨论环节请学生来说一说，分析问题所在。

3. 当堂检测，即时反馈

新课内容的教学结束后，可以通过云作业或云课堂布置练习题。学生完成练习题后，系统会即刻给出数据分析，帮助教师快速掌握每名学生的学情。对于学生的有疑惑的知识点或题目，教师可以当堂再次强调或者通过课后练习加以强化。

基于数据统计，教师可以快速了解班级学生整体的答题情况，还能够看到每名学生各题的答题情况。教师在讲评时可以让学生说说自己的想法，这有利于个性化教学。此外，教师还可以录制微课，供学生课后巩固。

（三）课后：以学定教，提供个性辅导

1. 分层作业，培优补差

云作业支持分层布置作业，教师可以根据需要自行建组，为学生推送适合其能力水平的作业，这样做有利于保持学生的学习积极性。

作业提交后教师进行批改，学生的成绩、排名、用时等自动生成。对于未交作业的学生，教师可以一键催交；用时过短或得分过低，系统会认定这样的学生为抄袭或者乱做，教师可以将作业退回，让学生重做；教师批阅后，学生也可以立即看到自己的分数与排名。

2. 响应互动，答疑解惑

响应平台可以供师生或教师之间进行线上交流。学生课后可通过响应平台向教师提问，教师可进行线上答疑；教师可以通过建组，向指定学生发送信息或发布任务；教师之间也可以通过此平台进行交流或分享课件、教案等资源。

3. 错题收集，个性定制

教师可以从云作业的错题库中筛选题目，筛选时可以根据需要按照错误率排序，或者按照题型或难度选择（见图 2-44）。这对于复习阶段的教学非常有帮助，可以帮助学

生点对点击破疑难问题，而不再是"一刀切"。

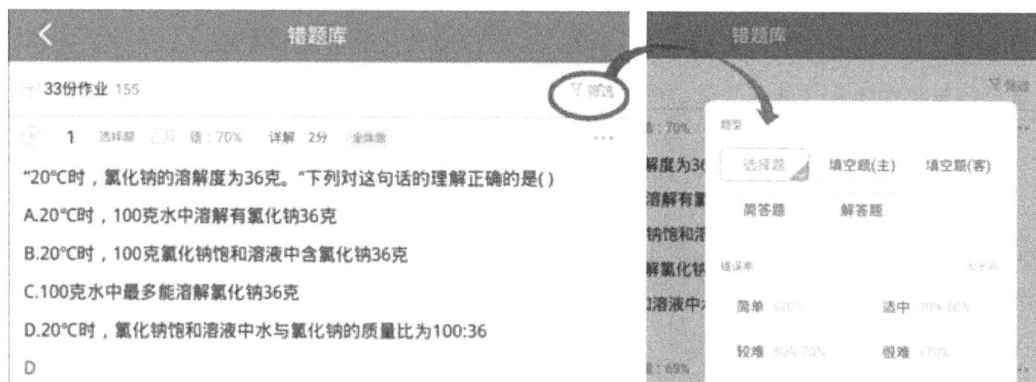

图 2-44　云作业错题库题目筛选界面

四、实践探索成效

子弹要击中靶心，先要检测风向、风速等，再找准目标，一击命中。我们的教学要做到精准，同样需要做好两件事。其一，精确掌握学生的学情；其二，正确树立教学目标。如果能借助工具帮我们完成这两件事，相信会使教师的教学工作事半功倍。而 PAD 正是这个强有力的工具。

（一）课堂激活——有序，有效，有深度

教师的教学过程和学生的思维过程都会在 PAD 中留下痕迹。从每一次活动、提问、练习中，教师可以准确掌握学生的学情。PAD 让课堂变得更有实效性，教师对学生的关注也更加全面化，确保了学生的参与度。教师可以把更多的时间用于后续的课堂练习环节，实现课堂的高效化、深度化。PAD 还促进了课堂思维碰撞，让课堂氛围变得更加活跃，学生更愿意分享自己的想法。教师对学生学情的掌握和对学生的引导，让学生真正感受科学探究带来的魅力。

（二）学生乐学——学业、素养双提升

学生的学习过程都会有及时的数据反馈，比如学生在云作业、学海题舟等平台上提交作业后，教师不仅可以立即看到得分、排名，而且可以通过文字解析和微课等方式帮助学生快速理解，提高学生的学习积极性。PAD 是学生的学习资源包、学习过程记录仪，也是答疑助手。使用 PAD 后，学生有了很大的进步，更有班级的平均分超过了区平均

分，这是很大的飞跃。学生乐于思考，乐于探究，学生的主体性被大大体现，科学核心素养有很大的提升。

（三）教师乐教——研教结合速成长

使用 PAD 后，教师在分层教学、微课教学等方面都有所突破，并且更加注重教学研究，勇于对现有的教学方式做出变革，教研氛围较好。同时，教师的个人专业素养、创新能力都有所提高。学校多位科学教师的教学案例、课题、论文拿到了区、市、省甚至教育部的奖项。PAD 使师生之间的沟通变得更加方便，学生可以将疑问直接发送给老师，教师也可以发送消息或发布任务给指定学生。教师和学生之间的关系变得更加融洽，形成了师生关系新样态。

五、存在的问题和进一步研究的建议

实践发现，PAD 对于实现科学精准教学具有极大的推动作用，但也有问题值得反思。

（一）完善技术应用，让科技与教学更好地融合

科技是把双刃剑，它为新一轮基础教育课程改革带来曙光的同时也带来了思考：如何让学生真正自主地用好 PAD？如何转变教师和学生、家长的思维？如何解决网络或设备问题？教育技术在不断地完善、更新，教师也需要转变教学方式，创新技术的应用真正让教学实现"精准"。

（二）回归教学本质，让科技更好地为教学服务

科技只是一种辅助工具，教学最终还是要从学生与教材出发。教师不应该受到科技的牵制，而应该顺应时代潮流，研究智能信息技术，让技术服务于学生，服务于教学。

第三章

AI 课堂的教学策略

第一节　AI 课堂的一般教学策略

一、"班内分层式"行政班学习范式：任务＋互学＋分层＋评估

教师在对课程标准、教材、教师用书和作业本等教学指导性资源进行深入解读和剖析后，根据自己对教学内容的理解，以及学生的情况和特点，对教学内容进行分析、整合、重组，形成相对完整的教学主题，并以一个完整的教学主题为一个单元展开教学。依托 PAD 这一技术手段和实施载体，通过"任务＋互学＋分层＋评估"的学习范式，教师可以开展契合每个学生的适性教学，从而轻负高质地达成学习目标。

（一）任务驱动

每节课围绕一个主题，设计几个任务来推动教学。任务设置由易入难，从单一到多维，从个体到小组合作，将学习任务和实践活动结合在一起。通过一系列的学习实践，培养学生的综合能力和核心素养。

1.问题先导式

通过在 PAD 中布置课前预学单，可以了解学生对即将学习的内容存在的困惑和疑问，教师可对教学内容进行及时调整，或设置相应的学习任务，帮助学生更好地解决问题。

📓 **例3-1：七上语文《植树的牧羊人》**------------------------------

案例分析：教师通过课前的预学单（见图3-1），提前了解学生的学情，及时调整教学重点和难点，真正做到以生为本，以学定教，以学促教。

图3-1 《植树的牧羊人》预学单

2. 情境体验式

教师将学习和生活紧密相连，在真实生活的情境下创设任务，让学生在真实的体验中思考、学习、探索，并在真实的情境中发现规律，解决问题，从而提高学生处理生活中实际问题的能力。

📓 **例3-2：七下数学"3.1同底数幂的乘法"**------------------------

案例分析：教师通过创设"邵老师杂货铺"和3·15"虾扯蛋"辣条新闻的情境，结合时事热点，贴合学生的生活实际，吸引学生的兴趣。让学生在日常又有趣的真实情境下，回顾幂的意义和乘方运算的有关知识，为接下来引出同底数幂相乘的法则做铺垫（见图3-2）。

图3-2 同底数幂的乘法

3.实验操作式

通过设置任务，可以让学生用动手做实验的方式，从做中学，来达成教学目标。PAD可以进行实验的同屏展示、实验的实时记录、实验的回顾和反思。

例 3-3：七下科学"2.3 耳和听觉"第 2 课时

案例分析： 这节课的教学目标是"掌握声音的三个特性（音调、响度、音色）的概念并学会区分"。教师设置了一系列的任务，让学生通过实验来探究影响声音音调、响度、音色的因素。学生在有趣的实验中操作、观察、记录，掌握了这节课的相关知识。

4.思维导图式

通过让学生在PAD中绘制思维导图的方式，可以帮助学生梳理文章内容，了解作者思路，让学生对课文有初步的整体感知。此外，在课后，也可以通过绘制思维导图的方式，复习和巩固课堂教学内容。

例 3-4：七下语文《太空一日》

案例分析： 运用PAD的涂鸦功能，可以把传统的纸质思维导图变成电子思维导图，帮助学生快速把握文章的整体思路（见图3-3）。通过PAD的同步功能，可以让所有的学生都能看到其他同学绘制的思维导图，以达到思维碰撞的效果。

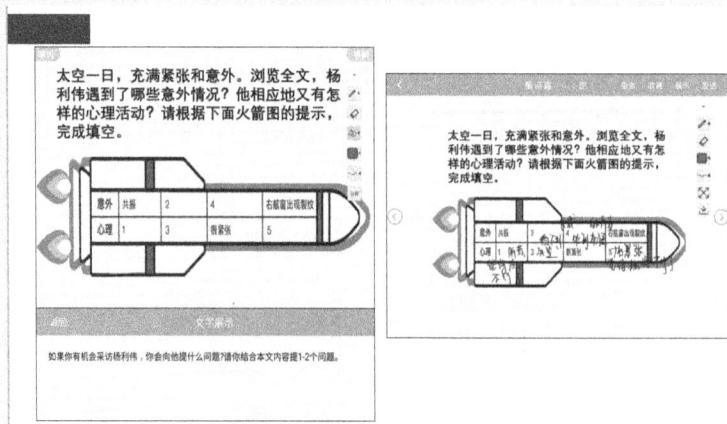

图 3-3 学生绘制的思维导图

5. 综合实践式

课内综合实践任务的设置可以让学生拓展和综合运用本课所学知识，从而达到巩固课堂所学、培养学生综合能力和核心素养的目的。

📅 **例 3-5：七下历史与社会"沟壑纵横的黄土高原"**------------------------------

案例分析：学生在 PAD 上完成"将黄土高原独特的高原文化绘制成明信片"的综合实践活动（见图 3-4），进一步了解黄土高原的自然特点和人文环境特点，并对黄土高原的自然环境寄予美好的希冀。

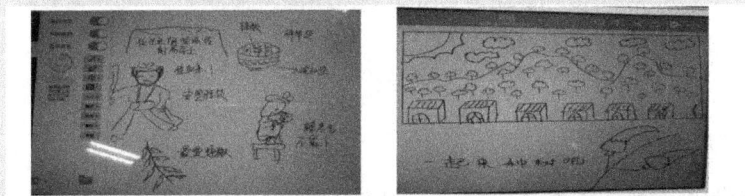

图 3-4　七下历史与社会"沟壑纵横的黄土高原"

（二）互学推进

互学推进建立在自主、合作、探究的学习方式的基础上。学生通过小组合作学习和同伴学习，解决学习中遇到的问题，完成学习任务，进而学会学习，提升自身核心素养。

1. 同伴互助教学

同伴互助式教学是在教师的指导下，依据学生体能、技能、个性的差异性，让师生、学生互相配合、互相帮助、互相激励、互相竞争的教学形式。

📅 **例 3-6：七上"物理性质和化学性质"**------------------------------

案例分析：通过师生合作，运用 PAD 同屏功能，对实验的过程进行实时的现场直播，让所有学生都参与到对实验的观察中，打破了传统实验演示"距离远，学生看不清楚"的困境，充分发挥了现代信息技术的作用（见图 3-5）。

图3-5　运用同屏功能直播实验的过程

2.小组合作式教学

小组合作式教学指的是通过小组合作的方式，学生进行思维碰撞、分工合作，共同完成一个学习任务。

📖 **例3-7：八下语文《蒹葭》**--

活动：探究——悟情感美

诗中主人公苦苦追寻的那个美丽的、朦胧的、若有若无的伊人是否有更深一层的含义？

小组合作：

（1）小组讨论，把你们组的观点提炼成关键词，由组长写在PAD上。

（2）展示交流。

案例分析：通过小组合作的方式共同探寻"伊人"的形象，运用PAD的涂鸦和同屏功能，分享学生发现，在思维碰撞和交流中，加深对"伊人"形象的理解。

（三）分层落实

依托PAD和大数据，通过任务分层、作业分层等，在课前、课中、课后向不同层次的学生发送不同的学习任务，使学习更有针对性、实效性。如此，每个学生都能学有所得，学有所成，从而真正实现对学生的适切性教学。

1.任务分层

课内任务的分层设置，让不同层次的学生选择合适的任务，在各自的能力范围内加以实践，并获得成就感。

📋 **例3-8：数学"一元二次方程"解法复习** --------------------------------

案例分析：教师在课堂上设置了三个层次的挑战题（见图3-6），让各层次的学生各取所需。学生运用 PAD 的涂鸦和同屏功能交流各自的挑战成果，让各个层次的学生都能有所收获。

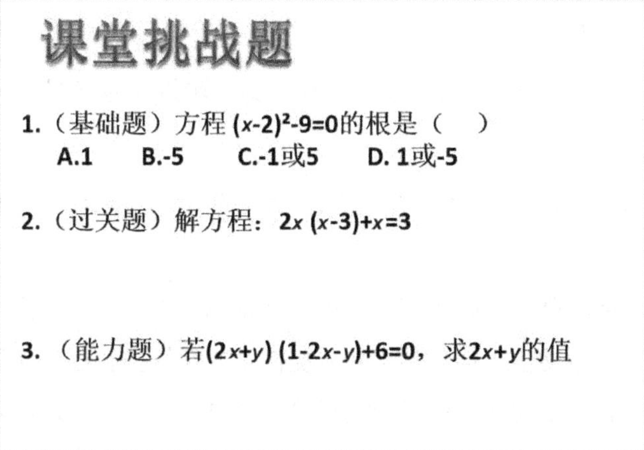

课堂挑战题

1.（基础题）方程 $(x-2)^2-9=0$ 的根是（　　）
　　A.1　　　B.-5　　　C.-1或5　　　D. 1或-5

2.（过关题）解方程：$2x(x-3)+x=3$

3.（能力题）若 $(2x+y)(1-2x-y)+6=0$，求 $2x+y$ 的值

图3-6　数学"一元二次方程"解法复习

2. 作业分层

教师可运用 PAD 的分组功能，将不同层次的学生分成不同的组，在课后给他们布置不同的作业。教师也可以布置不同难度的几种作业，让学生根据自己的能力自主选择作业。

📋 **例3-9：八下语文《蒹葭》分层作业布置** --------------------------------

课后请自选任务完成：

任务一：完成课作本上《蒹葭》的相关练习。

任务二：以《蒹葭》为例，试分析异曲同工的现代诗歌名篇《雨巷》的音乐美、意境美与情感美。

案例分析：教师通过布置不同难度的作业，让不同层次的学生各取所需，各有所得。

以上的教学策略并不一定单独使用，而是可以在各环节中交错使用、灵活使用、视需要使用。

（四）评估到位

充分运用排行榜、积分榜、层级达标组，精准评价学习状况。借助 PAD 中的学习数据，对学生进行精准化评价，以评促学。利用 PAD 的实时数据分析和单元式学习中的目标达成度，对学生进行动态评估和多元评估，对学习的学习水平和学习过程进行评估，从而实现对学生的发展性评价。

1.学习水平的数字化评估：促进学生差异化学习，推进精准教学

（1）"四单"数据

预学单、学习单、检测单、固学单，基于 PAD 的这些学习单，无论完成得如何，都留下了各自学习的痕迹和数据。

这些学习痕迹与数据既为教师了解学生的学情信息、设计学习方案提供起点依据，又为教师改进教学方式、帮助学生优化学习效果提供了决策依据。这些学习痕迹与数据既是每一个学习环节学生自主学习或合作学习的评价，又是整个学习闭环的互相评价及后一个环节对前一个环节的评价。这种学评教结合、互相促进的学教机制，优化了课堂教学。

（2）学科个人雷达图

个体的差异性决定了学生学习过程与结果的不同，因此在学习的过程中，其评价数据的分布呈现不同的状况：既体现了同一学科不同知识点的掌握程度和学习效果（见图 3-7），又体现了同一个体不同学科的学习状况和效果；既体现了自身纵向发展的不同数据分布，又体现了同一群体（班级或年级）的不同数据分布。举一个明显的例子：同样 80 分的学习成绩，其各自的得分点、失分点是不一样的，而了解这些信息对个性化的学习却是大有裨益的。

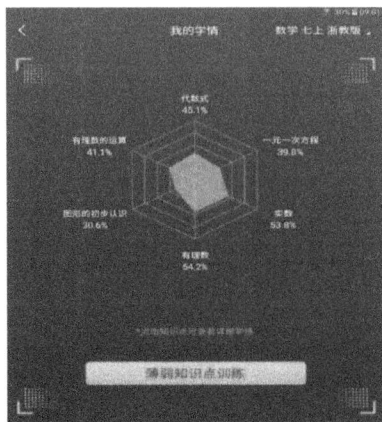

图 3-7　个体单科学情

（3）学业水平检测

学生的学业水平检测，无论是作业、单元检查还是期中测试，都是有分数的，而分数恰恰反映了学生一段时间内或具体知识点的学习状况，这部分数据的功能不言而喻。

2.学习过程的数字化评估：改进学生的学习方式，促进主动学习

（1）在线学习

对于学习过程的评价，除了"四单"留存的数据以外，还有一些诸如在线时间、微课学习情况，还有做题量、点赞数等，都体现了对学习过程的评价，而这些评价有利于增强学生的正向情绪和积极性态度，提升学习效率。

（2）评价方式

同一学习过程或结果，进入不同人的视野，其得到的评价是不尽相同的。在一个开放的学习过程中，评价视角的差异，改变了以往教师主体单一的评价，变得更有利于促进学生的学习进步，因为其得到了多个角度的肯定评价。

二、"分层走班式"走读班学习范式：主题 + 探究 + 展示

走读班指的是下午的 4 节分层选修课。学校主要开设了学科类和综合类的拓展性课程。学科类的拓展性课程根据学生在行政班里的学习情况及能力水平进行分层，分科开设相应的拓展性课程，是对行政班教学内容的补充、巩固、拓展和延伸。综合性拓展课程则致力于发展学生的综合能力和核心素养，分为艺术类、体育类、科技类、人文类等，如陶艺课程、木艺 STEM 课程、太极功夫扇、默默书法轩、我爱图书馆、无人机社团、白鹭合唱团、西溪船拳等，都是备受学生青睐的。学校依托 PAD 和西溪地域文化，采用"主题 + 探究 + 展示"的学习范式，开展适合每个学生的个性化教学，从而达成选修课程的学习目标。

（一）主题：任务选择 + 跨界整合

学科类拓展性课程每节课围绕一个主题展开，可以是学生的困惑点、疑难点、兴趣点，通过 PAD 任务单的形式加以推进，争取一课一得，提升学生的学科素养和能力。

综合性拓展课程利用学校毗邻西溪湿地的地理和人文优势，充分发掘地域文化内涵，将学校的综合类拓展性课程和西溪湿地的地域文化相结合，开展跨学科的主题式教学。不同学科围绕同一主题设计教学内容，开展教学活动，并进行跨学科的学生作品展示。学校围绕西溪的地域文化设置系列主题，如西溪的动物、西溪的植物、西溪的风景、西

溪的典故、西溪的历史名人、西溪的民俗、西溪的文学作品等，各门拓展性课程围绕系列主题开展跨界整合、特色鲜明的探究活动，并形成各自的成果。

1.主题研究式

学科类拓展性课程和综合类拓展性课程每学期确定几个主题，围绕主题设置一系列的活动，并开展主题式研究。

📅 例3-10：七下科学拓展课"光和颜色"--

案例分析：本节课围绕"光的传播"这一主题，设置了一系列的活动（见图3-8），让学生去探究光的传播路线，在动手操作中观察、思考，明确"光是直线传播的"。

探究主题：光是直线传播的			
活动设置	活动内容	实验器材	实验结论
活动一	光在空气中的传播路线	激光笔	是直线传播的
	光在水中的传播路线	激光笔、一杯清水	是直线传播的
	光在玻璃中的传播路线	激光笔、一块玻璃	是直线传播的
活动二	小孔成像实验	硬纸片、小刀	是直线传播的

活动描述：
活动一：（1）将一束激光射到空气中，观察激光在空气中传播的路径。
（2）将一束激光射到水中，观察激光在水中传播的路径。
（3）将一束激光射到玻璃中，观察激光在玻璃中传播的路径。
活动二：取几张硬纸片，用小刀在纸片上刻出各种不同形状（三角形、正方形、菱形、梯形等）的小孔，把刻有小孔的纸片放在阳光下，观察阳光通过不同形状的小孔后在地面上形成的光斑形状。

图3-8 光和颜色

📅 例3-11：溪绘画社"水彩画的画法"--

案例分析：溪绘画社围绕西溪的主题进行水彩画教学，开展了围绕西溪的一系列水彩画实践（西溪的植物、动物、风景），让学生熟练掌握水彩画技巧，同时对西溪的地域特点更加了解和热爱（见图3-9）。

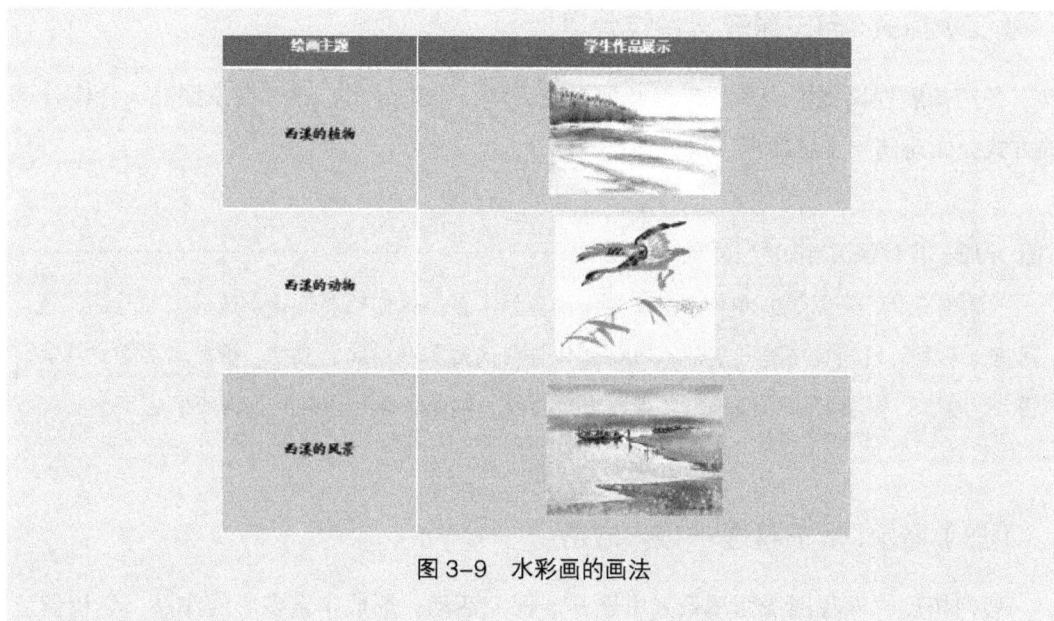

图 3-9　水彩画的画法

2. 跨界整合式

围绕同一主题，不同学科进行跨界整合，开展探究实践活动，有助于培养学生综合能力。

📋 **例 3-12：语文和音乐跨界整合学习** ----------------------------------

活动缘起：暑假是学生自我提升的黄金期。利用假期时间巩固知识、查漏补缺尤为重要。但是，暑假也是学生难得的休息时间。那么，怎样才能把学习和休闲巧妙结合起来，让学生在玩中学呢？学校新初一的暑假作业"抄评经典歌词"做到了。

设计理念：抄评经典歌词包括"抄"和"评"两部分。抄写主要是为了积累，优秀的歌词是诗歌式的语言，柔美含蓄又婉转多情，多多积累这样的好词好句对记叙文写作有很大的益处。但是光有抄写可不够，点评是对歌词的阅读分析，类似于看文章时的写批注。而更进一步画画则是考查学生对歌词意境的理解：这首歌的歌词营造了什么样的意境？这样的意境需要用怎么样的画面表现？这样的画面又需要通过哪些关键景物表现？因此，抄、评、画，环环相扣，阅读、积累、分析、理解，一步到位。

案例分析：从学生的反馈看，教师们针对此项作业的设计意图已全部实现，甚至还有意外收获。有的学生从这项活动中积累了很多优美的、蕴藉深刻的好词好句，甚至直接在作文中引用；有的学生更深刻地了解了中国传统文化，包括宣纸、蜀绣、凄美婉转的红楼故事等；有的学生通过"中国风"的歌词，接触到了中国诗词的常见意象，甚至通过画画学会了抓住诗歌关键意象，以及抓住意象的关键特点。

（二）探究：自主探究 + 合作分享

各门拓展性课程围绕系列主题开展探究活动，学生分组，通过自主探究、合作分享的方式完成对同一主题的深入探究活动。

📋 **例 3-13："演讲与口才"拓展性课程活动** ------------------------------------

案例分析：学生以组为单位，推荐作品参加比赛。他们既要选择合适的文学作品，运用课上学到的朗诵技巧进行朗诵，还要制作与朗诵内容相匹配的 PPT。这就需要合作收集图片、音乐，还要排版、编辑，学生各方面的能力都能在合作中得到很好的锻炼。

（三）展示：反馈整理 + 成果展示

各门拓展性课程围绕西溪系列主题开展探究活动，形成丰富多彩的作品。学校创造条件，为作品提供展示的平台，如摄影展、书画展、歌舞晚会、文学作品展等。

第二节　"四智四学"语文学习策略

基于 AI 技术的初中语文"四智四学"模式中，从智推预学、智慧合学、智启探学到智设拓学，AI 技术与课堂深度融合，实现智慧、精准、高效、灵动、综合，大大提升学习效率（见图 3-10）。

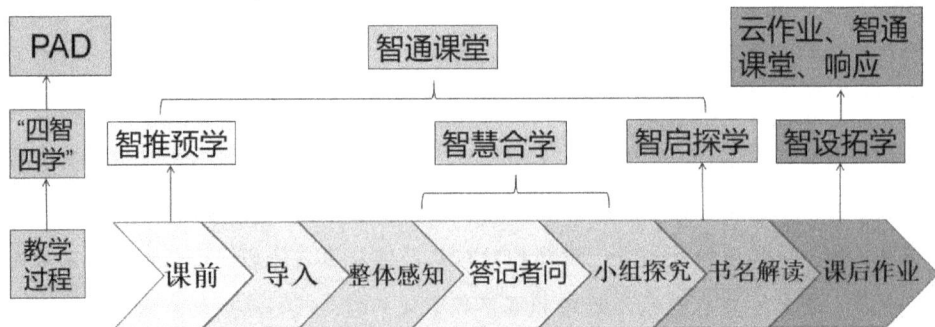

图 3-10　"四智四学"模式

一、"四智四学"模式的基本内涵

基于 AI 技术的课堂使用到的 PAD 的 APP 包括：云作业、智通课堂、响应、美文与写作、语文基础知识、学海题舟、悦读。

在本节课（《太空一日》）的教学过程中，我们主要使用了云作业 3.0、智通课堂 3.0、响应。

二、"四智四学"模式的实践举措

（一）智推预学，精准设计

1. 精选推送

课前预学是每节课必备的项目，一般由三个部分组成：第一部分是掌握生字词，第二部分是针对文章的重难点进行探究，第三部分是学生读完整篇文章后存在的疑惑。

智推预学，就是我们能在海量教辅资源中了解近几年与该文章有关的考点，并根据文本内容和学生学情，有选择地向学生推送预学内容。在智通课堂中，可以方便地导入一张图片或一个表格或一页 PPT，彩色的内容更加形象生动，更易激发学生的兴趣，学生能在图片上直接书写。本节课，在"神舟五号火箭"上直接梳理文章内容（见图 3-21），加深了学生对本节课的印象。

2. 及时提交

智推预学还体现在学生能及时向教师提交预学作业。如果学生在传统的预学单上书写，教师就无法在当晚收到学生的预学反馈，第二天的课堂来不及结合学生的预学作业。在这种情况下，学生的预学是无效的。如果教师第一天布置预学作业，第二天收到学生作业并批改完后，再在第三天教授该课，中间隔了一天，作业反馈不够及时，讲评效果就会减半。

而在智慧课堂中，学生的课前预学作业可以在 PAD 上提交，教师在当天晚上便可以收到学生提交的作业，这解决了传统课堂中学生预学作业无法及时提交的难题。

3. 精准设计

当天晚上教师通过批改作业，了解学生的学情和错误点，从而安排教学重难点，串联整节课的教学设计并反馈自主预学情况。利用智通课堂向学生推送预学内容，就解决了学生的预学作业无法及时反馈、教师的教学设计与学生的学情脱离的问题。

📋 **例 3-14 :《太空一日》的预学** ------------------------------

　　预学由两个任务组成，第一个任务是整理火箭图（见图 3-11）。整理火箭图的目的是让学生梳理本篇课文中杨利伟遇到的意外以及他相对应的心理活动。利用智通课堂，在批改学生火箭图的过程中，我们发现学生的第二个意外多写成"没看到长城"，而"没看到长城"并不属于意外，这是杨利伟意料之中的事情。因此，我们把几个学生的典型答案呈现在预学反馈教学环节中，通过呈现学生的错误点并进行分析，既解决了学生的问题，又引出本单元的重点：浏览时要关注小标题。

　　第二个任务是创设情境，让学生结合本文内容提出自己的疑问。大部分学生都可以结合文本提出自己的疑惑。我们将出现频次最高的疑惑作为本节课的重点，并以此为"答记者问"环节中小记者的问题，让学生在文章中寻找相关信息，以杨利伟的口吻回答小记者的提问。

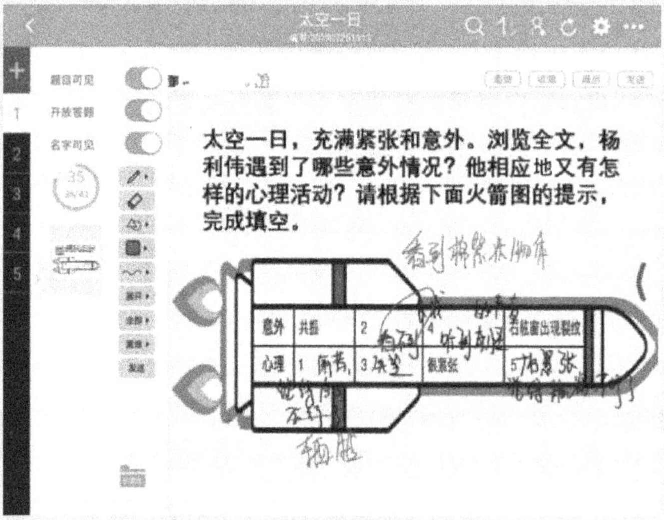

图 3-11　《太空一日》课前预学

（二）智慧合学，高效分享

　　在《太空一日》教学中，"答记者问"环节和"小组探究"环节都使用了智通课堂。智通课堂在合作学习中能起到生生共享和师生共享的作用，这样的合作学习才是智慧的，才是高效的。

1.生生共享

　　合作学习不仅仅是小组讨论交流，学生的展评和汇报还能促进其他学生的思考，也属于合作学习。"答记者问"环节是让学生先在文中寻找相关信息，并扮演杨利伟来回答问题。其他学生在吸收汇报学生的意见后，在智通课堂上补充、完善自己的答案。在传统课堂中，由于发言人速度快，学生无法记录他们的精彩发言。现在，教师可以将发言学生的优秀答案一键添加到展板，和其他同学分享，课上没记完的学生课后可以再补充。在这样的生生分享中，学生的学习效率得到了有效提高。

📋 **例 3-15：角色扮演** ----------------------------------

师：接下来教师请同学来扮演杨利伟，到讲台上来回答这位小记者的提问。请用下面的格式来回答。

我觉得是因为 ____，例如 _____。

例：我觉得是因为我沉着冷静，例如我遭遇"本末倒置"的错觉时我能靠意志克服。

生1：我觉得是因为我有为理想牺牲的精神，例如在共振发生的时候，我真的以为自己要牺牲了。

生2：我觉得是因为我热爱祖国，例如我在每次经过祖国上空的时候都会仔细观察，而且虽然经过祖国上空的时间很短，但是每一次飞行后，我都期待着下一次。

生3：我觉得是因为我有大公无私精神、集体意识、协作意识，例如我把我此次飞天的经验详细地跟工作人员和神舟六号、七号的战友讲了，而这么宝贵的经验，其他国家是不和我们分享的。

---

2. 师生共享

在语文课中，针对一个问题展开小组合作探究，能够集众人的智慧，碰撞出思维的火花。如果只说不写，学生看似都掌握了知识点，实际上还无法形成文字答案，这样对于学生来说是远远不够的。如果写在纸上，教师一般课下也很难再有时间去进行批改。而如果在智通课堂上作答，每个小组就能把答案分享给教师，教师就能够及时查看每一个小组讨论的结果，进行当场批改。此外，教师也可以在学生提交的讨论结果中留下书写痕迹，进行点评。即使课上时间有限，无法让每个小组都上台分享讨论的成果，教师也可以利用智通课堂将典型错误的点评分享给全班，实现师生共享。

📋 **例 3-16：答记者问** ----------------------------------

师：现在让我们来听听杨利伟先生会怎么回答这位小记者的提问。

杨利伟（选择头像）：我觉得我只是达到了航天员最基本的要求。对航天员最基本的要求是严谨。

师：在这么多品质中，杨利伟觉得自己能成为中国飞天第一人的主要原因是严谨的科学态度。课文中哪些地方体现了杨利伟严谨的科学态度？请同学们找一找。

分小组合作，呈现要求：分析＋朗读。

生（智慧课堂中提交，未在课堂上展示）："它急剧减速，产生了近4G的过载，我的前胸和后背都承受着很大压力。我们平时已经训练过如何应对这种情况，因此身体上能够应付自如，心理上也没有为之紧张"，体现出杨利伟的训练有素。

案例分析：在这道题的回答中，有一个小组获得了如上讨论结果，教师查看后在上述答案上点评"不符合题目要求，这体现了杨利伟的精神品质，但没有体现杨利伟严谨的科学态度"，并分享给全班同学，相信学生看完后会明白该小组的错误点。

3. 高效互动

当堂批改学生的讨论结果，将优秀答案和典型错误一键添加到展板展示，批改痕迹和点评也可以一键分享，还可一键查看未交名单。这些都让学生与学生之间的互动、教师与学生之间的互动更加高效。

（三）智启探学，灵动思维

1. 启发有道

智启探学即探究课文的难点。经过前面几个环节的学习，学生感受了杨利伟的精神品质，教师可以进行总结并引入下一个问题。通过大部分学生提交的答案，教师可以发现学生探究结果集中在"天地九重"是指太空距离地球非常遥远，以及代表杨利伟"旋归"等方面，说明从第一则和第二则材料中学生不难得出"天地九重"的含义。因此，教师只需要继续追问从第三则材料中还能得出什么，就能引导学生深挖第三则材料，而不用对每一则材料都仔细分析。

📖 **例3-17：《天地九重》**--

师：正是这样一种集体协作、大公无私、为理想牺牲的精神，这样一种爱国情怀，以及科学严谨的态度，成就了中华民族跨越千年的飞天梦！这逐梦的过程，就浓缩在课文的出处《天地九重》中。

那同学们知道为什么杨利伟把这本书取名为"天地九重"吗？这个书名有什么含义

吗? 我们一起看一看。

师: 看到同学们提交的答案 (见图 3-12), 教师发现你们都能得出"天地九重"具有太空距离地球非常遥远, 以及杨利伟"旋归"的含义。这是你们从第一则和第二则材料中得出来的, 那从第三则材料能得出什么呢?

生: 杨利伟此次旋归意义重大, 具有里程碑的意义。

师: 你的思维很快, 但是还需要再深入。我们再来读一读。

生齐读。

师: 同学们, 为什么这次旋归意义重大? 人类为什么要探索太空呢?

生: 为了我们以后对太空能有更加深入的了解。探索太空是人类一直以来的梦想, 因为它具有很多未知性。

师: 是的, "天地九重"也象征了人类对未知世界的探寻、对自身挑战的成功。

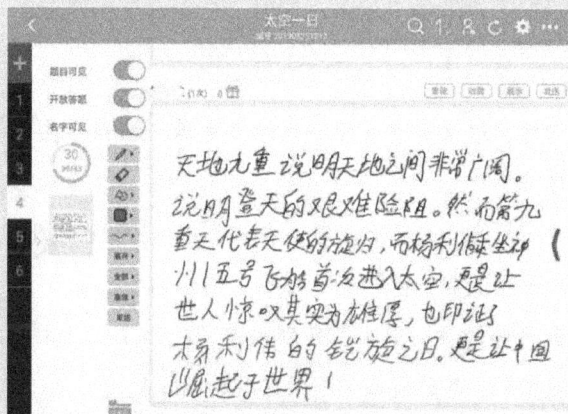

图 3-12 学生回答页面

2. 灵动课堂

教师不只是知识的搬运工, 也是学生课堂活动的设计者和引导者。这个探究设计是为了让学生通过本节课的学习以及分析材料, 探究"天地九重"的含义。从学生在智通课堂上提交的答案来看, 大部分学生都能理解"天地九重"的含义。教师在课堂上便能掌握学生的学习动态和探究情况, 根据实时学情灵动教学, 舍弃学生已经掌握的, 聚焦学生未掌握的, 大大节约了时间。

3. 关注个体

我们的教学对象是全体学生, 每个学生的学情不同, 思维方式也各有差异。所以在探究问题的过程中, 我们既要关注学生的整体学习状态, 也要关注每一个个体的动态发展。在传统的课堂中，由于时间的限制和个人性格的差异，能发言的往往只是少数几个学生，这就限制了教师对学生每一个个体的关注。而在智通课堂中，每名学生都能在自己的答题板上写下自己个性化的思考和解读，教师从中能了解到每个学生的思考及其对本节课知识点的掌握情况。每一个学生都应该被关注，都应该在课堂中获得存在感。

（四）智设拓学，综合拓展

1.素养先行

智设拓学是对课堂教学内容的综合拓展。本节课的拓学作业是：请你通过对杨利伟的采访和本文的学习，发一则朋友圈。这个作业主要是为了让学生回顾本节课的所学内容，有所概括和提炼，并在此基础上，发挥创造力。这样的题目不是机械性的训练，而是让学生在语言建构与运用、思维发展与提升、审美鉴赏与创造、文化传承与理解等方面都有所发展，全面提高学生的语文素养和文字运用能力。

📅 **例3-18：朋友圈** --

屏显：这么惊心动魄，这么有意义的一天结束之后，杨利伟在书中写道："我是代表所有中国人，甚至人类来到了太空，我看到的一切证明了中国航天技术的成功，我认为我的心情一定要表达一下。我拿起了太空笔，在工作日志的背面写上了一句话：为了人类的和平和进步，中国人来到太空了！"

师：为了人类的和平和进步，中国人来到太空了！为了人类文明的延续，电影里一个又一个人选择了自我牺牲！这就是我们中华民族的精神！

作业：请你通过对杨利伟的采访和本文的学习，发一则朋友圈（见图3-13）。

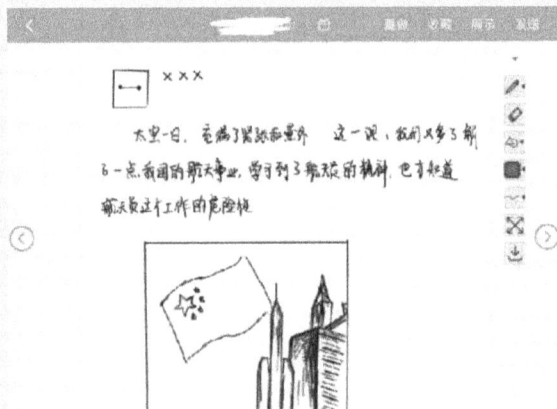

图3-13 学生发的朋友圈

2. 综合提高

发朋友圈的作业对于 A 层的学生来说还不够，因此教师在云作业上还给 A 层学生布置了一道阅读提高练习题。在云作业中，我们能清楚地看到学生作业的上交情况，例如提高练习布置给 50 个学生，共收到 48 份作业。点进去，还可以看到未交作业的名单，一键便可以催交作业。云作业上有海量教学资源，包括近几年各省市的期中期末试卷、近几年的中考题、各单元的练习题。我们从题库中找到了一篇与本篇文章主题相似、体裁相同、长短适宜的文章，布置给 A 层的学生，作为另外的拓展提高练习，希望能增加学生的阅读量，提高学生的阅读能力和理解能力，使之将本节课学习到的阅读方法学以致用，举一反三。

3. 智慧辅优

在云作业中，教师可以根据自己的需要选择题目进行组卷，既方便又高效快捷。教师根据学生的学习情况，自由创建 A、B 分层小组。创建完分层，布置作业时就可以轻松布置分层作业。

但是，分层作业在传统课堂中又存在一个问题：只有一部分人有的作业，应该找什么时间讲评呢？这个问题一直是困扰我们的难题。但在云作业中，这一点完全不用担心。我们可以选择题目旁边类似视频标志的小图标进行微课录制，一边讲一边留下书写痕迹，花几分钟便可以录好一个微课，省时省力。

三、"四智四学"模式的反思

（一）学习目标，基本达成

通过本节课的学习，学生较好地达成了本节课的学习目标：①明确本章单元目标：学习浏览，关注小标题；②学习杨利伟身上的精神品质；③体会杨利伟严谨的科学态度。本堂课的教学设计与学习目标紧密关联。

（二）形式新颖，创新激趣

在"答记者问"环节，我们让学生扮演杨利伟，以杨利伟的口吻回答小记者的问题，激发了学生的兴趣，活跃了课堂气氛。尤其当学生听到男声的杨利伟的录音播放的时候，都露出惊奇的表情。

"发一则朋友圈"的作业可以调动学生多方面的语文能力，且贴近学生的生活，易激发学生的表达欲望，让学生有话说。学生发布的作业，教师可以收藏并展示给其他学生，大大增强学生的兴趣，也大大加强了学生之间的互动学习。

（三）智慧课堂，"四智四学"

在这节课中，教师主要使用了 PAD 的智通课堂、云作业、响应。这三个 APP 也是我们平时在语文学习中使用频率最高的。PAD 的使用，让本节课的课堂智慧、精准、高效、灵动、综合。

智通课堂上的课前预学作业，通过精选预学内容推送和学生的及时推交，帮助我们及时了解学生的学情与疑惑，通过学情安排教学，可使之更符合学生的实际情况，做到发现问题，充分备课，精准教学。

智通课堂在智慧合学和智启探学两个环节中，让课堂更加高效、灵动。合学实现了生生分享、师生分享，让学生与学生、教师与学生之间的互动变得更加高效。探学让教师对学生的引导启发更有针对性，教学更加灵动，并实现了对学生每一个个体的关注。

在智通课堂中发朋友圈的作业中，教师利用展示将优秀作业分享给其他学生，让学生的学习兴趣大增，印象更深刻。云作业中的综合提高作业让我们实现了分层作业和智慧辅优。

第三节 "三维融合式"初中语文写作教学策略

目前初中语文写作训练形式僵化，往往通过当堂作文或课外布置作文题进行习练与讲评，学生"被写"的成分比较多。作文的批改呈现"拉锯式"批改，无论是教师批改还是学生自评或互批，时间长，时效慢。作文训练形式单一，写作成效不高，一直困扰着语文教师。因此，我们借助互联网技术，尝试"三维融合式"的语文写作教学策略，期待能改变学生疲惫的写作态势，促进语文素养的提升。

一、"三维融合"：现代信息技术助力初中语文写作教学的策略

"三维融合"即立足写作教学的课前、课堂、课后三个阶段，交互利用 PAD 的三大功能（云作业、云课堂、美文与写作），促进写作教学的三个环节"写、批、评"的相互融合提升，探寻适合学情和教学改革的写作新样态（见图 3-14），改变传统写作教学中疲累低效的现象，提升学生的写作水平和核心素养。

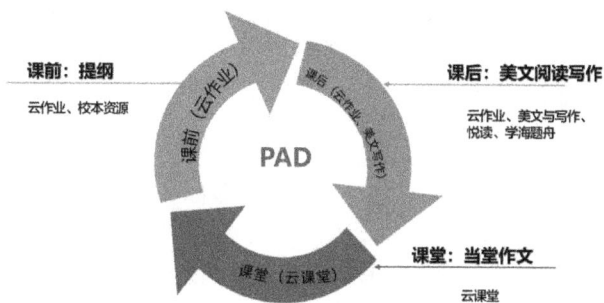

图 3-14　三维融合式写作模式

（一）学生"写"——写作形式丰富化

1."云作业"课前写——同步时空，预知写作难点

教师在云作业中发布作文的提纲写作任务，可以预设学生的行文构思，便于写作教学有的放矢（见图 3-15）。

图 3-15　学生写作提纲

2."云课堂"当堂写——实时交互，提升思维能力

（1）立足教材，确定写作基点

利用云课堂，教师可以直接在文本教学过程中就切入写作课堂，展开微写作训练。

📝 **例 3-19：《木兰诗》人物形象微写作** ------------------------------------

　　任务：选择一句诗，可以发挥你的想象，重现场景，描摹出木兰的人物形象。（100字左右）（描写方法：修辞、语言、动作、神态、心理、细节……）

　　图 3-16 为学生微写作成果。

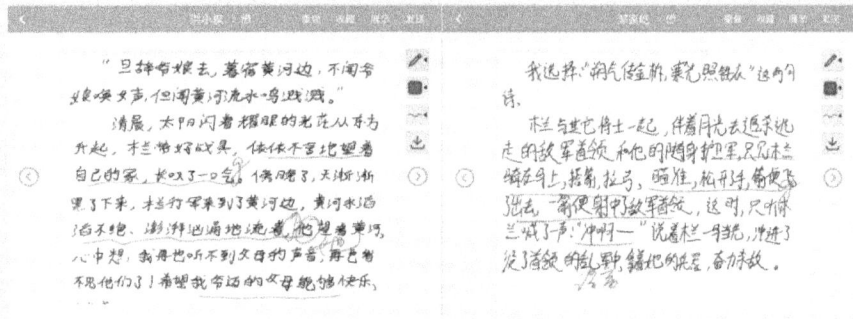

图 3-16　学生微写作成果

案例分析： 教师在云课堂里直接开设微写作的小课堂，学生直接在 PAD 上进行片段写作，完成后教师可立即进行投屏和展示。这样做，训练了学生在有限的时间里的思考和组织语言的能力，也达成了课堂教学目标。

（2）立足学生，确定写作"趣点"

语文课堂教学中的知识点，会形成写作"趣点"，云课堂的实时交互功能能抓住"趣点"，随时进行写作训练。

📔 **例 3-20：《如梦令》填词游戏** --

情境创设：已经进入深秋了，教室外的银杏叶正黄得热烈，同学们设想一下，如果李清照看到这样的景色，她会发怎样的诗情？请大家运用学过的词的知识，用"如梦令"的词牌填一首"秋词"（见图 3-17）。

实时交互让师生可以同时、同步看到同学们的作品，评价和修改当堂完成，提高了课堂写作的实效性。表 3-1 是学生统一修改的示例。

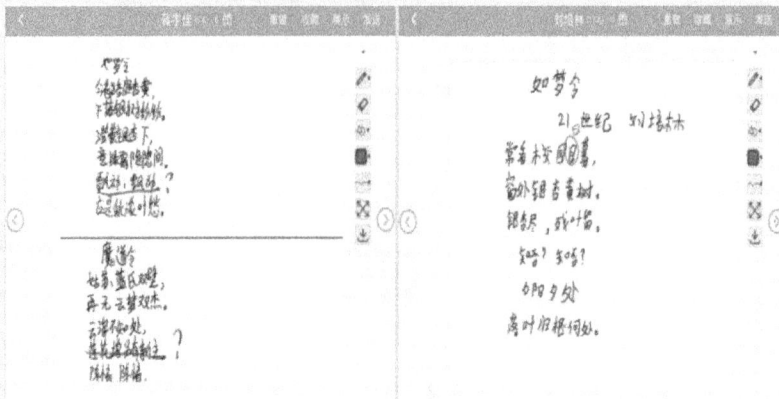

图 3-17　学生填词

表 3-1 学生习作修改对比版

学生当堂原作	共评修改作品
如梦令 常看校园日暮， 窗外银杏黄树。 银杏尽，残叶留。 知否？知否？ 夕阳西处， 落叶归根何处？	如梦令 常看校园日暮， 窗外银杏叶黄。 银杏落，残叶尽。 知否？知否？ 夕阳西处， 叶落归根何处？

案例分析：通过课堂直接他评和教师的指导，学生的填词处女作得到了师生的关注，激发了学生写作的兴趣，同时还有部分学生做了创新，发挥自己的想象，拓展了填词的内容。

（3）立足课堂，找准训练抓点

云课堂将教学环节和目标细化，教师可根据课堂教学的更新，随时开设课堂，将细化的知识点在 PAD 里呈现，让学生在有限的时间里集中精神，有效训练思维能力。

3."美文与写作"课外写——延伸时空，提高语言能力

（1）课内"拓展式"写作

网络技术以其时空上的超越性构成了全新的学习环境，就像是一个柔性的空间结构，为学生提供了更开放的学习环境。比如，在教学风景专题之后，我们在"美文与写作"里布置课外拓展任务，实现了个体和群体的沟通，提高了学生的语言能力。

（2）课外"随笔式"写作

学生喜欢描写生活，写随笔式作文。传统的随笔是记录在纸质介质上的，很多学生都将自己的心情随笔作为自己的成长印记而保存，但是时间一长，纸质文稿很容易丢失或者毁坏。PAD 是电子媒介，能及时分享并保存作文，有助于提高学生写作兴趣，真正锻炼语言能力。

（二）师生"批"：批改方式的多样化

1.同屏批改"个例"

云课堂实现了实时同屏，教师和学生可聚焦学生作文，呈现一位或者多位学生的文

章，进行小组讨论和批阅打分，不仅减小了教师的任务量，也促进了学生合作交流的能力的形成。

2. 实时聚焦"病例"

教师实时在 PAD 直接圈点批阅典型作文，缩短了学生理解的时间。教师直接针对作文病灶，有针对性地讲解，学生就能立即进行修改，也可以以例文为切入口，修改自己的文章。语文的理解、写作、鉴赏等要求在这一项活动中都有体现和穿插，有利于学生语文素养的真正提升。

3. 延时精批"典例"

教师课后批阅作文，可以全批阅，也可以有选择性地批改，挑选典型作文，将其作为下次作文讲评中的示例。云课堂可以让批阅的文章上传至线上，供学生交流，也为之后的作文讲评打好基础。

（三）师生"评"：评价方式的多元化

1. 教师"评语式"点评

美文与写作的课外写作任务中，学生上传习作后，教师会在教师端收到，后台可以统计出作业量、时间及上交人数，教师的反馈及时、有效、细致、明确，并能长时间保存（见图 3-18）。学生可以回复教师的指导，特别利于考试前的复习，从而进一步掌握知识。

图 3-18　课外写作任务的教师评价

2.师生"合作式"点评

课堂即时写作，再进行小组合作交流，选择出自己小组中较好的文章同屏讲评。一位学生直接在 PAD 书写要点，一位学生在黑板书写要点，能较好地发挥学生主动性。教师做补充点评。作文课在 PAD 的介入下，改变了作文讲评方式，提升了写作实效。

二、技术助推写作，兴趣形成能力

（一）云课堂的实时性提高课堂"写作"的实效

传统的语文教学把教学或学习视为知识传递的过程，教学被窄化为知识囤积和技能训练，学生学习的责任全部放在教师身上。云课堂将现代信息技术与初中语文写作课堂深度融合，真正实现了新的信息时代下实时有效写作课堂的生成，同时利用相关技术，实现实时学情追踪，延展了语文的课堂，提升了学生的写作兴趣。

我们对八年级的学生和教师做了个调查，对比在云课堂介入前后学生对写作的态度和教师对教学的态度。结果显示，之前喜欢写作的学生只占 5%，之后上升到 50%（见图 3-19）。教师利用 PAD 进行网络作文教学后，也更愿意开展微写作和作文点评，批阅频次从每学期 10 次上升到每学期 32 次（见图 3-20），多练多讲让作文训练真正练到实处。

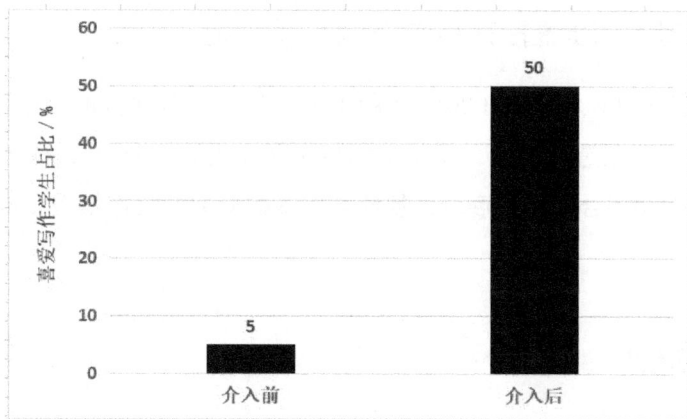

图 3-19　云课堂介入前后学生兴趣对比

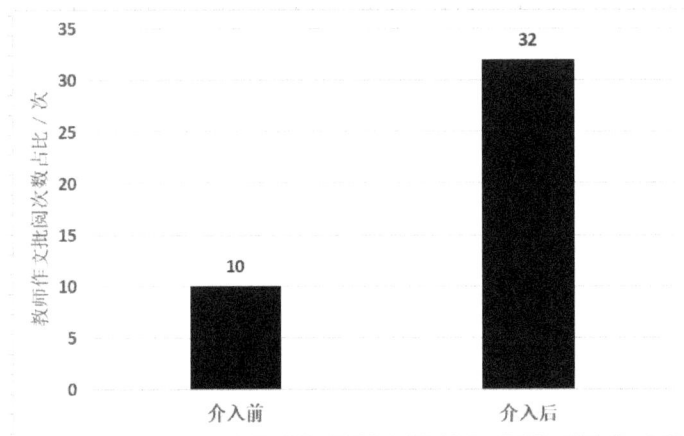

图 3-20　云课堂介入前后教师批阅频次（每学期）比较

（二）云课堂的同屏功能提高写作"批改"的效率

云课堂让学生的作文提交时间缩短，可以分批次上传，教师不用集中批阅，提升了教师的工作效率。教师也可直接布置微作文题目，学生可以直接写出微作文，继而教师同屏展示作文并进行讲评，缩短作文评改周期。实时评价可以最大限度保留学生的思维热度和评价热情，有利于写作教学效果的优化。

（三）云课堂的同步性提升写作"评价"的效能

在《义务教育语文课程标准（2011 年版）》中，写作教学较高的目标是"激发学生的写作兴趣，增加学生创造性表达、展示交流与相互评改的机会"。云课堂实现了教师讲评、自评、他评、小组合作评价展示，促使学生掌握必要的写作知识，也提高了学生的写作和评价能力。

三、实践反思

（一）为学生写作打开另一扇门

《义务教育语文课程标准（2011 年版）》关于写作教学的实施建议要求："为学生的自主写作提供有利条件和广阔空间，减少对学生写作的束缚，鼓励自由表达和有创意的表达。"美文与写作、云课堂、云作业为教师和学生提供了更加方便、及时、有效的写作教学的平台，也重新建构了更广、更新的评价体系，真正增强学生的自主写作意愿，提供更有利的条件和空间，为学生写作打开了另一扇门。

（二）为学生文学素养的提升奠基

新一轮基础教育课程改革的最终目标是一致的，要"提高学生的思想道德修养和审美情趣，从而全面提高学生的语文素养"。在这个方面，现代信息技术的引入可以更好地为学生的展示和交流提供平台，学生由被动的"完成"转变为主动的"表现"，教学也就达到了最高层级，能够真正培养学生的创造性表达，从而提升学生的文学素养。

第四节　"问题链式"数学学习策略

"问题链式"教学是以学科核心思维为依据，找到知识间关联点，由浅入深地引导学生发现知识困惑点，并学会提炼问题。把问题链作为教学载体，能促进学生进行深度学习，从而建构自己的知识体系。我们从"知识学习肤浅""思维发展受限""学习空间狭窄"等现实问题入手，初步研究深度学习和"问题链式"教学的基本理念，借助 PAD，尝试在前人的基础上改善教学模式，并设计了"代数式的值"一课的问题链，研究"问题链式"教学引导下的深度学习实践策略，期许能为教学实践提供借鉴，也能让学生在情境中深挖数学知识，发现数学趣味，产生数学学习热情。

一、问诊：初中数学课堂学生学习的现状

"代数式的值"属于"数与代数"内容，是字母与数、代数式与数之间转化的纽带。《义务教育数学课程标准（2011 年版）》的实施建议中要求"在教学中，应注重让学生在实际背景中理解基本的数量关系和变化规律，注重使学生经历从实际问题中建立数学模型、估计、求解、验证解的正确性与合理性的过程，应加强方程、不等式、函数等内容的联系"。

因此，我们在教学过程中，设计了如下内容（见图 3-21）。

例 3-21："代数式的值"引入新知环节

教学环节	课堂活动
创设情境 引入新知	**环节一：** 如图表示同一时刻的英国伦敦（夏时制）时间和北京时间。 （1）你能根据下图知道北京与伦敦（夏时制）的时差吗？ （2）设伦敦（夏时制）时间为 X，这样用关于伦敦（夏时制）时间 X 的代数式表示同一时刻的北京时间？ （3）第 30 届夏季奥运会定于当地时间 2012 年 7 月 27 日 20 时 12 分在伦敦举行开幕式，开幕式开始的北京时间是几时？ 04:30 伦敦（夏时制）　　11:30 北京 **环节二：** 第一个同学任意报个数给第二个同学， 第二个同学把这个数加 1 传给第三个同学， 第三个同学再把听到的数平方后传给第四个同学， 第四个同学把听到的数减去 30 往下传， 第五个同学把听到的数乘以两倍往下传， 第六个同学取整个数的绝对值往下传， 最后一名同学说出结果。

图 3-21　"代数式的值"课堂活动设计

案例分析： 本节课的学习目标是在探索现实世界数量关系的过程中，帮助学生建立符号意识，体会数学中抽象概括的思维方法，提高数学表达能力。但学生将大部分时间用在了规范操练上，没有积极主动探究数与式间的关系，学生的学习过程只停留在了浅层的知识技能上。而这一教学结果与教师的问题引导息息相关。

（一）知识学习肤浅

在代数式学习过程中，经常需要当堂练习，学生时常感到重复练习比较枯燥。教师往往只重视解题规范和运算技巧，常常忽视题目背后的探索性和趣味性，导致学生被动学习，只停留在知识技能学习层面，没有达到深度学习的目的。

📖 **例 3-22 ："代数式的值"当堂练习环节** ·······························

　　案例分析：在初次课堂练习（见图 3-22）时，教师选用了书本上的课内练习题，该练习设置有梯度，有广度，注重考察本节课的知识点和计算能力。但若只是单纯计算，学生只需较低认知水平即可完成，因此教师需要进行引导。①变式运算，感受整体思想。在拓展提升时，改变值所对应的字母和代数式，让学生感受整体代入思想。②改变形式，感受变化趋势。用列表格的形式，让学生感受不同的数值对于代数式值的影响，初步感受函数思想。③设计问题，引导主动学习。在填表时教师要稍加引导，帮助学生感受变化趋势，引导学生深度理解代数式值的概念。

课堂练习 巩固知识	当 x 分别取下列值时，求代数式 $20（1+x\%）$ 的值. 　　（1）$x=40$　　　　（2）$x=25$ 当 $x=-2$，$y=-13$ 时，求下列代数式的值 　　（1）$3y-x$　　　　（2）$\mid 3y+x\mid$ 当 $a=3$，$b=-\dfrac{2}{3}$ 时，求下列代数式的值

图 3-22　"代数式的值"课堂练习

（二）思维发展受限

　　在教学过程中，教师很容易跟着表面的教学环节走，而忽视了各个环节间的关联性，使得学生思维不连贯。例如在例 3-21 中，两个情境都各具特色，让学生从不同角度感知代数式值的变化，但是两个环节间的联系教师设计得不到位，这会影响学生学科核心素养的培养。教师在教学设计时，应设计一条主线，将课堂中的各个环节串连起来。

（三）学习空间狭小

　　在实际教学中，很容易出现"满堂灌"的现象，或者练习过多，变成学生和教师的负担，又没有教学效果。

📖 **例 3-23 ："有理数的乘法"课堂练习** ·······························

　　案例分析：本节课的课堂练习中，教师设置的题目重复，学生很容易感觉枯燥（见图 3-23）。虽然课堂容量很大，但是教学效果不佳。课堂时间有限，这样的设计使得学生面对重点题目时反而没有足够的思考时间，不易找到解题方法，限制了其深度思考的空间。教师应该精选课堂练习，把有限的时间用在刀刃上。

课堂练习 巩固知识	**1.**（口答）先说出积的符号，再说出积： （1）$(+12)\times(-5)$；　　（2）$\left(-\dfrac{4}{3}\right)\times\left(-\dfrac{1}{2}\right)$； （3）$(-25)\times(-4)$；　　（4）$(-2)\times\left(-\dfrac{3}{2}\right)\times\left(-\dfrac{1}{3}\right)$。 **2.**（口答）说出下列各数的倒数： （1）-1；　（2）-2；　（3）$\dfrac{4}{5}$；　（4）$-1\dfrac{1}{2}$。 **3.** 计算： （1）$(-25)\times(+4.8)$；　　（2）$\left(-\dfrac{5}{12}\right)\times\left(-\dfrac{8}{15}\right)$； （3）$0\times(-9.5)$；　　（4）$(-2.5)\times\left(-\dfrac{2}{5}\right)$。

图 3-23　"有理数的乘法"课堂练习

二、追问：以问题链促进数学课堂深度学习

（一）借助"问题链式"教学推动学生主动深入思考

"问题链式"教学中的主干问题是激发学习兴趣、引发困惑、体验意义的重要载体。学生的兴趣是在认知冲突和解决问题的过程中被不断激发的，而问题链是帮助学生提出和提炼问题的重要教学模式。当学生的认知水平与知识有内在联系，但又无法完全匹配时，问题能使两者之间建立联系，而让学生又参与其中，让学生深度参与问题解决的过程又充分体现自身的价值。这样做，可以正面引导学生积极动脑，逐步深入对问题的思考和解决，在知识的探索过程中找到学习的乐趣。

（二）借助"问题链式"教学促成学科核心思维发展

培养学生学科核心思维是数学深度学习的重要目标，而问题链的主干问题的设计应以学科核心思维为基础。"问题链式"教学为学生参与深度学习提供脉络，引导学生构建知识结构，并在此过程中培养学生的数学学科核心思维，并使学生掌握相应方法。

（三）借助"问题链式"教学为深度学习提供空间

"问题链式"教学并不是简单地将问题填满整节课堂，而是强调"少而精"，选择少量但是具有一定挑战性的问题，为学生深度学习指明方向，但又保留其自由延伸问题的空间。"问题链式"教学还强调为学生留有充分的思考和探索时间，若面对有挑战性的问题没有充足的时间，学生很难真正找到最优的问题解决方法。因此在"问题链式"教学中，

问题的设计很重要，要精选适量内容，为学生深度学习铺路架桥。

三、探索：以问题链促进数学课堂深度学习的策略

以问题链为载体的数学深度学习是以问题链为教学方式的深度学习课堂的目标，教师借助问题链的设计帮助达成数学深度学习的理念，进而营造数学深度学习的课堂。依据对深度学习和"问题链式"教学的理解，借鉴深度学习路径和基于问题链的深度学习模型，我们构建了基于问题链的数学深度学习的课程环节（见图3-24）。其按照教学进程，一共分为三个环节：课前准备、课中实施和课后评价。

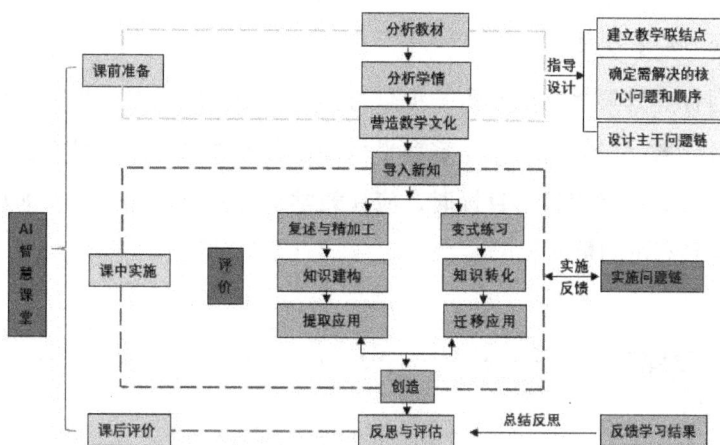

图 3-24　基于问题链的数学深度学习的课程环节

（一）问题精准设计——全面关联，搭建合适内容

首先，教师分析教材内容、学情和教学目标等，以此深刻而全面地把握知识之间的联系，从宏观上设计教学方案。在设计方案时，应创设生活化的数学情境，让学生自然地探索知识的脉络体系。问题链的设计应明晰教学主题与其他主题之间的关联，构建贴合教材和学情的教学联结点。其次，明确教学中需解决的核心问题及其顺序。最后，结合学生的认识水平，设计富有层次的问题串，为学生解决核心问题搭建台阶。

1. 分析教材，找准脉络

全面分析教材内容，找到与本节课相关联的前后知识，然后才能建立知识关联点，为后续设计主干问题和帮助学生建立知识脉络打下基础。

📖 例3-24：教材分析 --

　　学生在学习"代数式的值"内容之前，已经体会到用字母表示数的意义，并且能使用代数式表示许多实际问题中的数量关系。《义务教育数学课程标准（2011年版）》中对本节课的要求为："会求代数式的值；能根据特定的问题查阅资料，找到所需要的公式，并会代入具体的值进行计算。"由此可知，学习代数的首要任务是研究字母表示式子的变形规则和解方程的方法，而代数式的求值是学习代数的基础，它承接着列代数式，也为"公式"、解方程的验算和函数做好铺垫。

2.设定目标，明了方向

　　确定教学目标是开展教学的起点，也是检测教学成果的重要依据。在传统的教学案例中，教学目标一般比较笼统，比如掌握平行四边形的性质等，但是掌握到何种程度并没有详细量化。因此在确定教学目标时，应让教学目标具有可操作性，即尽可能地量化目标，使得目标具有可测量性。

📖 例3-25：教学目标 --

　　知识与技能

　　①了解代数式值的概念，会求代数式的值。②掌握代数式求值的书写格式。③清楚代数式求值过程中易出错的地方，会解决简单问题。

　　过程与方法

　　①通过学习，经历观察、比较、归纳、提出猜想的过程，提升提出问题和解决问题的能力。②初步体会代数式的值在实际生活中的应用。③在拓展应用中感受整体代换的数学思想方法。

　　情感态度与价值观

　　①通过实际情景，明白数学来源于生活，学习数学可以帮助解决实际问题。②通过练习，体会到数学是严谨的，改善自身科学的学习态度。③通过活动，实现师生互动、生生互动，提高团队协作、相互促进的人文素养。

3.建立联结，明确核心

　　在分析教材、分析学生和营造情境的基础上，构建知识关联点（见图3-25）。

📅 **例3-26：知识关联点** --

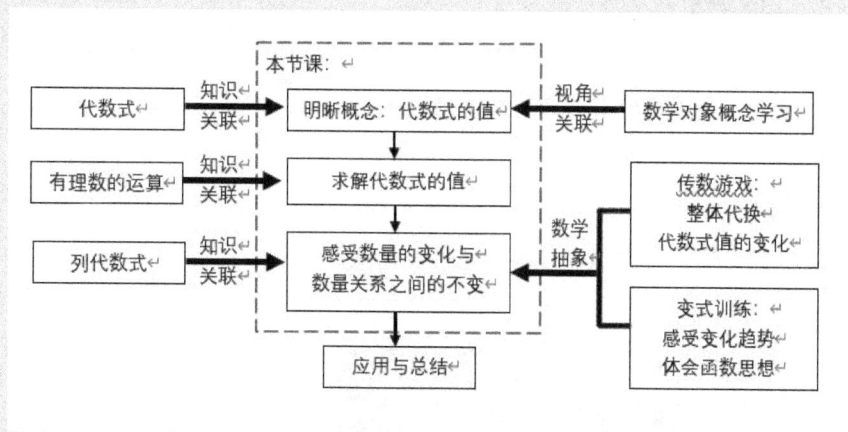

图 3-25　已有知识基础与本节课的关联点

　　案例分析：学生在实际情景和数学游戏中，感受到代数式和数值的变化过程，猜想变量之间的对应关系，初步对函数有主观认识，从而将求代数式的值进一步理解为一种转化过程或计算方法。学生经历观察、比较、归纳和提出猜想的过程，在有切实的感受后再加深对知识的理解。

（二）主干问题推进——两线并行，深化思维

　　在教学过程中，新课导入后，知识的深度加工分为两条支线：陈述性知识经过复述与精加工，使得知识结构进行重组，以便学生在解决问题时应用知识；程序性知识通过不同情境下的变式训练，被学生转化为技能，以便迁移运用。这两种类型的知识共同实现深度学习。特别地，教学过程中，对于知识的加工并没有一个固定顺序，各种加工方式在教学中循环交错使用。同时评价贯穿整个教学过程，问题链不断落实，并通过问题解决等过程及时反馈学生的学习成果。

　　1.主干设计，引导学生

　　在分析知识关联点的基础上，结合本土文化创设的问题情境贯穿整个教学过程，让学生的数学学习过程在有趣又富有层次的问题串中展开。

（1）本土文化，贯穿课堂

📅 **例 3-27：设计花坛** ···

　　每年 4 月，西溪湿地都会举办花朝节。从绿堤到福堤，各种精彩的活动让春天"玩出花儿"。花匠们用花盆摆放成正方形作为装饰，请同学们观察并思考以下问题，并完成表格（见图 3-26、表 3-2）。

　　（1）若每条边有 2 个花盆，需要花盆总数是多少？

　　（2）若每条边有 20 个花盆，需要花盆总数是多少？

　　（3）100 个花盆呢？

图 3-26　西溪花朝节花盆摆放示意

表 3-2　每边花盆数与花盆总数

单位：个

每边花盆数	2	3	…	20	…	n
花盆总数						

　　案例分析：在引入代数式的值的概念时，学生通过观察图片得到第（1）问的答案，而随着每边花盆数的增大，部分学生无法使用观察的方式得到后续问题的答案，从而去寻找规律，进而用代数式的方式求解，这是从特殊到一般的过程，代数式刻画了一般的数量关系，而将数值代入代数式时，是一个从一般到特殊的过程。填表过程既是操作过

程，又是感受数量变化的过程，最后得出变化中的不变代数式"4n-4"。

通过实际情景，学生经历观察、比较、归纳、提出猜想的过程，并感受到解决实际问题时常常需要求出代数式的值。整个问题解决过程也从"操作"层面提升到了"思维"层面，有助于学生体会模型思想。用学生熟悉的实际情景引入，可使学生更加有代入感，激发学生的学习热情。

（2）典例解析，规范格式

📖 **例 3-28**：当 n 分别取下列值时，求代数式 $\dfrac{n(n-1)}{2}$ 的值。-------

（1）$n=-1$；（2）$n=4$；（3）$n=0.6$。

教师示范第（1）小问，学生模仿并类比有理数运算的格式，完成后续问题的解答，并总结求代数式值的格式。

案例分析：用例题的练习引导学生总结计算的注意要点。首先，代入数值时必须把原来省略的乘号添上。其次，负数、分数代入时要根据情况适时加上括号。最后，计算时应注意运算顺序。初一学生的数学学习习惯还需要教师的规范和纠正，因此设计例题的示范和纠错。

（3）数学游戏，感知变化

📖 **例 3-29** --

花朝节游园活动中，设计者设计了一个"击鼓传数"游戏（见图 3-27），现在邀请同学们一起来体验。

第一组到第七组同学的起始值分别是 -3、-2、-1、0、1、2、3。每组的第一位同学将数代入第一个代数式计算后传给第二位同学，第二位同学把这个数代入第二个代数式计算后传给第三位同学，第三位同学把这个数平方后传给第四位同学，第四位同学把这个数据乘以 2 后报出答案。答案正确且速度最快者获胜。

案例分析：用游戏的方式加强学生的计算能力，并初步让学生体会整体代换的思想。用分支问题引导学生逐步画出流程图，直观体会整体代换的思想，总结解决问题的一般方法，培养学生的数学思维。

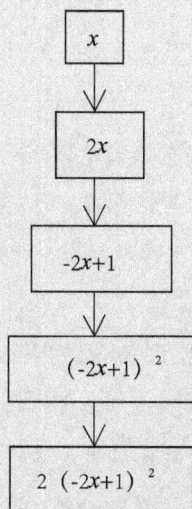

图 3-27　击鼓传数

（4）实际应用，回归生活

📖 **例 3-30**

在某次花朝节中，设计者想在室外放置一个圆柱形观赏鱼缸（见图 3-28），若用 h 表示圆柱的高，用 r 表示底面半径，用 V 表示圆柱的体积。

（1）请用字母 h、r 表示圆柱的体积 V。

（2）求底面半径为 50cm，高为 20cm 的圆柱的体积。

图 3-28 鱼缸

案例分析：在本例中，数学知识回归实际生活，学生在解决实际问题的过程中运用代数式的值相关知识。学生在实际情境中，理解了代数式和代数式的值的实际意义。此外，本例让学生明白公式也是代数式的一种，并进一步培养学生的代数意识和实际问题解决能力。

2. 复述加工，建构体系

多数学生的认知水平还未达到解决复杂的例题和重点问题的程度，需要教师的演示和指导。教师引导演练后，学生需要进行精细加工和复述应用新知，才能将新知融合进自己已有的知识体系中，实现对新知的深度加工。

📖 **例 3-31：跟踪练习一**

1. 当 x 分别取下列值时，求代数式 $4-3x$ 的值。

（1）$x=1$；（2）$x=\dfrac{4}{3}$；（3）$x=-\dfrac{5}{6}$。

2. 当 $x=-2$，$y=-13$ 时，求下列代数式的值。

（1）$3y-x$；　（2）$|3y+x|$。

案例分析：本例选自书本的课内练习，该练习设置有梯度，有广度，考查了对本节课的知识点的应用，要求学生对代数式的值的意义理解到位，能做到精准计算。练习时，请学生黑板板书，并根据巡视中学生出现的错误进行总结和归纳，进而夯实学生的计算基础。

📖 **例 3-32：跟踪练习二**

设一长方体的底面是边长为 a 的正方形，高为 b，体积为 V，用关于 a、b、V 的代数式写出该长方体的体积公式，并求当 $a=2cm$，$b=3cm$ 时该长方体的体积。

案例分析：学生切实感知理解公式与代数式间的关系，进一步感受代数式求值的实际意义，达到回归生活的教学目标。

3. 变式练习，内化新知

对于程序性知识，学生容易掌握，而教师需要改变题干条件或者形式，引导学生迁移新知，使之真正内化知识并实现灵活应用。

📋 **例 3-33：变式探究** ---

在例 3-26 的传数游戏中，我们发现取不同的起始值会让代数式的值不一样，请同学们填表（见表 3-3）。

表 3-3　击鼓传数游戏数值

x	−3	−2	−1	0	1	2	3
$2x$							
$-x+1$							

根据所填表格思考以下问题（小组讨论）：

(1) 当 x 为何值时？代数式 $-x+1$ 的值等于 −1。

(2) 随着 x 的值增大，代数式 $2x$、$-x+1$ 的值怎样变化？

案例分析：本例旨在引导学生感受代数式是确定的，但是代数式中字母的值是可以变化的，只有当代数式中字母的值确定时，代数式的值才能确定，所以代数式的值随着字母的取值变化而变化，且不同代数式变化趋势也不同，在此基础上初步体会函数模型。

4. 拓展提升，迁徙应用

📋 **例 3-34：若 $a^2=1$，则 $3a^2=$_____** ---

变式一：若 $a^2+a=1$，则 $3(a^2+a)=$_____

变式二：若 $a^2+a=1$，则 $3a^2+3a-5=$_____

变式三：若 $a^2+a+3=1$，则 $3a^2+3a-5=$_____

变式四：若 $a+2b^2=1$，则 $3a+6b^2-5=$_____

案例分析：本例的设计意图是渗透"整体代换"的思想方法，让学生体会"整体代换"的思想方法不同于技能知识，需要在较长的认知过程中逐步理解和掌握。此外，代数式的变形也是本例的难点，需要教师稍加引导。

5. 总结归纳，设置悬念

📖 **例 3-35：思考题** --

请同学们分组计算不同取值下，代数式 $(a-b)^2$ 的值和代数式 $a^2-2ab+b^2$ 的值，并总结你的发现。

案例分析：学生通过本节课的学习对代数式都有了自己的认识，教师让学生发表自己的看法，可以培养学生的数学表达能力，最后用导图总结本节课的重点内容，培养学生的逻辑思维能力。作业布置中，设计思考题，让学生自主发现不同代数式之间的关系，为后续学习做铺垫。

（三）问题评价跟进——反馈分享，活化学习结果

1. 回顾教学，明确要求

数学是对理性思维要求较高的学科，教师要帮助学生借助现实情境和活动经验，构建自己的知识体系，进而实现深度学习。本节课在学生熟知的现实情境中，采用问题链的形式，让学生具体操作并感受代数式与代数式的值之间的关系，初步感知函数思想。

在本节课的学习后，应使学生达到以下几点要求：①增强代数意识。对于用字母表示数有进一步的感受，用字母表示数是代数的基本特征，也是代数式产生的本质，它能将数学关系一般化，而代数式的值是代数式的特殊化。②感知函数模型。传数游戏和变式探究中使学生初步感知函数的模型，明白代数式的值是随着字母的变化而变化的，而不同的代数式变化趋势也不同。③体会整体思想。在拓展活动中感受整体代换的思想，将某部分代数式当作一个整体，从整体入手，从高处着眼，观察代数式的结构和变形。

2. 反思教学，发现问题

在本节课中，由于分支问题的设计较为详细，难免出现教师主导过度的现象，尤其是在例 3-28 中，教师直接示范书写格式，限制了学生的独立解答的空间。在教学中，教师可引导学生类比有理数运算的格式，根据学生的反馈进行有针对性的引导，帮助学生深刻理解易错点，而不是"手把手"教学生。在例 3-29 的传数游戏中，教师固定了代数式，削弱了题目的开放性，在教学中也可让学生自行设计或者采用课堂中涉及的代数式来开展传数游戏。此外，评价也是教学中不可或缺的，及时评价可让学生对知识主题有更深和更广的思考，最终实现对本节课知识及数学思想的深刻理解。

四、思考：以问题链促进对数学深度学习的反思

（一）创设情境交互，推动学生主动参与

数学源于生活也用于生活，数学问题往往也源于生活，因此数学深度学习强调创设贴合实际生活且具有开放性的数学情境，以此激发学生的问题意识。如在导入阶段，以学生熟知的本土文化为背景，帮助学生感知知识。在例 3-29 中，结合初一学生好动的特征设计数学游戏，让学生切身体会变量的变化。在例 3-30 中，数学回归实际生活，引导学生运用数学知识解决生活中的实际问题。数学深度学习既要求学生对知识主题有深入的理解，也强调个体在情境中的互动交流，以此发展个体的团队协作能力和有效沟通的能力。

（二）设计层次问题，帮助学生建构知识

"问题链式"教学强调浅入深出的问题设置，要求教师立足于学生的认知起点，结合知识主题设计具有梯度性的问题串，推动学生有效建构知识体系。如例 3-29 就是在推动阶段性的提升，其整体代换以及流程图的表示有一定难度。在问题的层层推动下，学生的数学思维得以激活，从而真正理解代数式的值的本质和体会数学模型思想。

（三）及时反馈评价，促进学生自我反思

在深度学习中，教师及同伴的评价对学生的学习热情、意志力和思维启发都有一定的正面意义。学生的自我评价及自我监控也能帮助自己发现不足，并进一步提升自身的数学素养和思维，促成学生学会学习。但初中阶段的学生对自己的认知还是有一定的偏差，因此教师和其他人的引导还是十分重要的。教师需要从多方面观察学生的心理和学习行为，进行综合评价，从而帮助学生养成良好的数学学习习惯，为终身学习打好基础。

第五节 "三环三用"英语学习策略

课程改革对学与教的精准化程度提出了越来越高的要求。初中英语教学要以英语学科核心素养为指导，旨在培养学生的语言能力、思维品质、文化品格和学习能力。我们试图在课前、课中和课后三个环节使用 PAD，来精准地培养学生初中英语学科核心素养。

精准学教是基于斯金纳的行为主义学习理论而提出的，信息技术是其操作的基础与助力。PAD 是一款基于 PAD 学习终端（网络封闭）、采用先进的信息技术的移动教育辅助工具。我们将 PAD 应用到英语阅读学教的课前预学、课中学习、课后复习的三个环节中，精准地培养学生的英语学科核心素养。

一、PAD 在课前预学环节中的运用

根据动作系列学习策略，在学习时，要了解学生已经具备基本的知识和技能，从而确保学生能进行更高一级的任务。课前预学环节主要涉及"听""说""写"这三个技能的训练，以提高语言能力。

（一）一用——练听力

学生的听力是提高语言能力的基础。很多学生听力不好的原因是不知道单词的正确发音。我们利用 PAD，将文章里生词和难句的音频发送给学生，让学生进行自主听读。

1.预测发音: 录制口语任务

📅 **例 3-36 :** "Crossing the river to school"的课前口语作业 I --------------

执教前，我们利用 PAD，将本堂课的 17 个生词和本篇阅读材料里的 3 个难句的音频（见图 3-29）发送给学生，让学生进行自主听读。

图 3-29　生词和难句

学生在 PAD 上收到教师发布的词句口语任务后,可以根据音标和语音知识,先自行进行发音预测,并且将预测的发音进行录音。这为鼓励学生张口说英语打下了很好的基础。

2. 发音对比:发现发音不足

📋 **例 3-37:"Crossing the river to school"的课前口语作业 Ⅱ** -----------------------------

学生将自己预测的发音利用 PAD 进行录音后,可以将自己的发音和音频里的发音相对比,发现自己发音上的不足。这对于提高学生的口语和听力水平有非常重要的意义。

对比了自己的发音和 PAD 上的正确读音后,学生可以将自己发错的音整理成笔记(见图 3-30)。

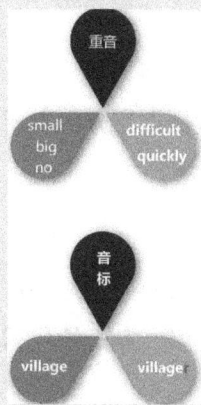

图 3-30 笔记

3. 校对改正:提高发音听力

📋 **例 3-38:"Crossing the river to school"的课前口语作业 Ⅲ** -----------------------------

在学生进行预测发音和发音对比之后,学生可以进行自我练习,从而改正发音和提高听力。发现自己发音上的不足之后,学生可以进行反复练习,改正错误的发音,使自己的耳朵适应正确的发音,提高听力。

进行预测发音和发音对比之后,上述学生的 6 个发音错误已经减少为如图 3-31 所示的 2 个。

图 3-31 错误发音

（二）二用——促表达

口语能力是学生进行观点表达的基础。利用 PAD 智通云的听说功能，教师可以对学生的口语进行打分评判，对于其读错的单词进行标红，指出学生的错误并给出正确的示范，这有利于学生口语表达能力的提高。

1. 自主练习：掌控练习次数

正式上课前，学生在 PAD 上完成了单词和句子的自主练习。

PAD 会对学生的练习进行打分。学生根据打分情况，确定自己练习的次数，分数低则多练几遍，分数高则可以少练几遍。

2. 读音测试：确保朗读质量

学生在 PAD 上完成了单词和句子的自主练习之后，可以进行读音测试，PAD 会对学生的发音进行打分。教师可以设定最低上交分数，对于分数不达标的学生，可以让其再次练习直至分数达标，以确保读的质量。

3. 高分优展：展现自我风采

教师可以设定优展（优秀展示）的分数，达到该分数的学生可以进行优展，班里的学生都可以听到他们的口语作业。优展一方面给优秀的学生以表现的机会，另一方面给其他学生树立了学习的榜样。

（三）三用——记单词

在英语学习过程中，记单词是让很多学生头疼的一个问题。可以利用 PAD 的"我爱记单词"功能记单词，让学生的听写练习就像是做游戏一样有趣。

1. 游戏听写：增加单词趣味

正式上课前，学生在 PAD 上完成"我爱记单词"听写任务。学生每完成一次"我爱记单词"任务就是一次游戏通关。根据其准确率，PAD 会给学生一定的积分。同学间可以进行积分的竞争，以增强记单词的趣味性。

2. 错词词库：提高记忆效率

正式上课前，学生在 PAD 上完成"我爱记单词"听写任务，PAD 根据学生的听写情况，给每位学生生成错词库。等到复习时，学生只需去记忆错词库里的单词即可，提高了记单词的效率。

3. 专攻错词：反复多次记忆

在正式上课前，由于生成了错词库，PAD 会让错词库里的单词重复出现，让学生进行单词拼写。多次有规律的单词记忆，能够让学生更好地记住单词的拼写。

二、PAD 在课堂学习环节中的运用

经过课前预学，学生已经具备了基本的知识和技能来进行更深层次的文本学习。在课堂上，教师设计一系列的教学活动，使学生在完成这些活动的过程中提升用英语获取信息、处理信息和传达信息的能力，以及分析问题和解决问题的能力、用英语进行思考和表达的能力。同时，学生的跨文化意识、跨文化交际能力得到发展，有自己的文化立场与态度、文化认同感和鉴别能力。

（一）一用——分层任务

由于不同英语水平层次的学生进入课堂前的知识储备是不一样的。在课堂上借助PAD，可以根据学生各自不同的水平，布置不同的学习任务，使学生的思维品质和文化意识都得到较好的发展。

1.合理设问：积极引发思考

📅 **例 3-39："I'm more outgoing than my sister" Section B** --------------------------

正式上课时，为了培养学生的批判性思维，我们给学生发布了一项任务"Should friends be the same or different? Why?"（见图 3-32）来引发学生思考。

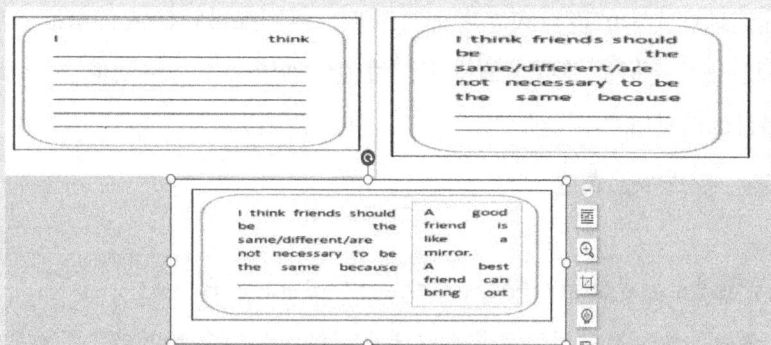

图 3-32 "Should friends be the same or different? Why?"

引发学生思考是培养学生思维品质、发展其批判性思维和创造性思维的第一步。通过 PAD，可以给不同英语水平的学生布置分层学习任务，积极引发学生思考，从而促进学生思维品质的发展。

2. 不同支架：发展思维品质

📋 **例 3-40："Do you want to watch a game show?" Section B** ------------------

正式上课时，为了培养学生的批判性思维，我们给学生发布了一项任务"In the passage, the writer thinks Mickey was unlucky. Do you agree? Why?"来发展学生的批判性思维（见图 3-33）。

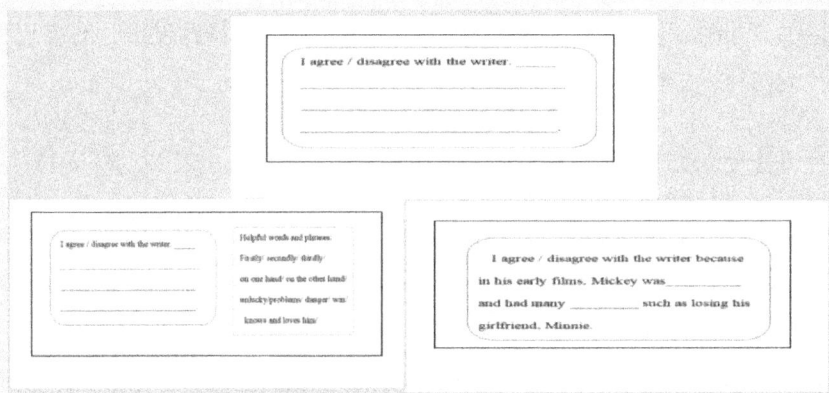

图 3-33　"In the passage, the writer thinks Mickey was unlucky. Do you agree? Why?"

英语水平较高的学生在理解了文本的基础上，可以比较容易地对问题进行自主思考；英语水平一般的学生需要一些支架的帮助，来使他们的思考更加全面；而英语水平较低的学生可能连理解文本的观点和态度都有困难，更别提进行深入、全面思考，对于这些学生，教师应该给他们提供更多的支架，使他们理解文本，帮助他们进行独立思考，并且能表达出自己的见解。

3. 个性启发：促进个性表达

📋 **例 3-41："Is there a post office near here?" Section B** ------------------

正式上课时，在学习完阅读文章后，学生已经学习了如何介绍位置关系与如何指路。为了培养学生的创造性思维，让学生迁移所学知识，我们设计了"Let's introduce"的环节。

英语水平较高的学生可以很容易地利用所学知识表达自己的想法和观点；英语水平一般的学生的表达能力要稍微差一点，对于这些学生，应该给他们提供更多的个性启发，来确保他们能顺利迁移所学知识，进行个性表达；对于英语水平较低的学生，教师应该提供更多的适合他们的启发，使他们学好新知识，并且能在教师的帮助下进行自我表达。

（二）二用——模拟对话

模拟对话是培养学生文化意识的一个重要举措。教师不但要帮助学生了解一些文化现象，还要帮助学生理解情感、态度与价值观，意识到语篇反映的文化传统和社会文化现象。在此过程中，学生会形成自己的文化立场与态度、文化认同感和文化鉴别能力。

1.创设语境：提供真实情景

📅 例3-42："Students who volunteer" ------------------------------

在正式上课时，因为这篇阅读材料主旨是介绍志愿者Mario Green和Mary的基本事迹，并倡导学生积极参与志愿者服务工作。在阅读后，教师在PAD上创设了一个相似的文化语境：现在要招聘一些学生志愿者，需要学生自愿报名并进行简单的自我介绍（见图3-34）。

图3-34　自我介绍练习

人教版英语教材每个单元都是一个话题，在学习完每个单元的阅读文章后，教师可以结合本单元话题和阅读文章的主题，创设一个贴近学生生活的文化语境。

2.视频学习：加深文化理解

📅 例3-43："My name's Gina!" Section B I ------------------------------

这篇阅读材料主旨是介绍家庭成员的基本信息，于是在阅读后，教师在PAD上给学生提供了一段外国人介绍家人朋友的视频，来加深学生对相关文化的理解。

视频资料在学生的 PAD 里，对于自己不太会读的句子学生可以自己控制学习节奏，反复练习。学生可以更好地理解介绍家人时所使用的表达，以及当别人向自己介绍时，该给出怎样的回应。

3.模拟表演: 增强交际能力

📋 **例 3-44 :"My name's Gina!" Section B Ⅱ** --

学生在 PAD 上学习了一段外国人介绍家人朋友的视频后，会有一个展示的机会，就是自己进行模拟表演，以及观看他人模拟对话并进行点评。这可以加深学生的印象，提高其跨文化交际能力。

在模拟表演练习中，学生不仅可以模拟语音语调等基本信息，还会模拟肢体语言，真正地将所学到的文化知识用起来，提高跨文化交际能力。

（三）三用——阅读评论

在学习了文化知识后，不同的学生会产生不同的文化理解。为了更好地让学生体会到文化的独特性与不同文化间的差异，可以使用 PAD 的阅读功能，给学生提供更多相关的阅读材料。

1.阅读材料: 提升知识广度

📋 **例 3-45 :"Do you have a soccer ball?" Section B Ⅰ** --------------------------------

这篇阅读材料主要介绍了 3 位学生对足球、篮球等球类运动的看法。在学生学习完书本的阅读材料之后，为了让学生更加了解足球文化，热爱运动，我们让学生在 PAD 里阅读和文本有关的文章"The greatest sport in the world"（见图 3-35）。

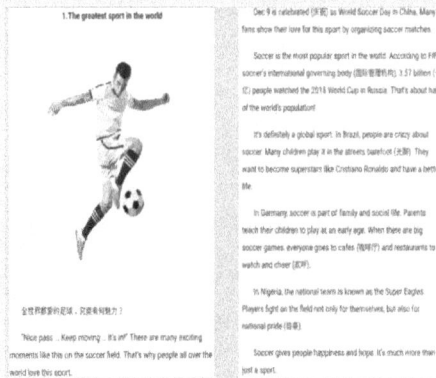

图 3-35 "The greatest sport in the world"

　　PAD 的阅读功能可以给学生提供大量的阅读材料，教师可以为学生挑选和上课内容相似的阅读文章，拓展学生的阅读面，加深文化理解。

　　2. 发表观点：展现文化立场

> 📅 **例 3-46：** "Do you have a soccer ball?" Section B Ⅱ ------------------------------
> 　　学生阅读了文章 "The greatest sport in the world" 后在 PAD 上进行了文章评论（见图3-36）。

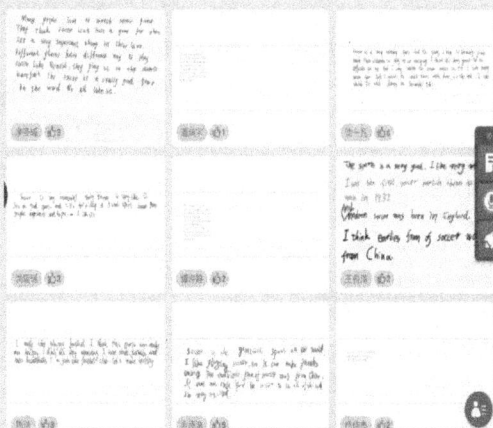

图 3-36　文章评论

　　学生进行阅读后，教师鼓励学生将自己的想法表达出来。这个是对阅读内容的一个精细加工的过程，在此过程中，学生展现自己的文化立场，加深文化理解。

　　3. 交流讨论：加深理解

> 📅 **例 3-47：** "Do you have a soccer ball?" Section B Ⅲ ------------------------------
> 　　学生在 PAD 上进行文章评论后，其他同学都能看到自己发表的评论，自己也能看到其他人的想法并且给自己喜欢的评论点赞。

　　由于学生发表的评论大家都可以看到，学生之间可以在 PAD 上进行交流讨论，了解别人的想法并且给自己喜欢的评论点赞，在交流讨论中加深文化理解。

三、PAD 在课后巩固环节中的运用

英语学习能力指的是积极规划自己的学习，主动运用和调适英语学习策略，增强英语学习的意识和能力。在课后巩固环节，学生通过平板作业进行查漏，接着利用学习资源来解决自己的学习难点，这是学习能力提升的过程。

（一）一用——自主查漏

1. 自主复习： 回顾上课要点

📅 **例 3-48 ："How was your school trip?" Section B** -------------------------------

正式上课时，教师会在 PAD 上写下很多知识重点，图 3-37 是上该堂课时在 PAD 上写下的重点知识。

图 3-37　学习重点

这些痕迹不会像黑板上的笔记一样，擦掉就没有了。学生可以在课后再次打开 PAD 进行自主复习，回顾上课要点。

2. 完成习题： 进行自主检测

📅 **例 3-49 ："Is there a post office near here?" I** -------------------------------

执教阅读课后，我们利用 PAD 给学生发送了一份平板作业，要求学生在系统复习上课笔记之后，完成该练习（见图 3-38）。

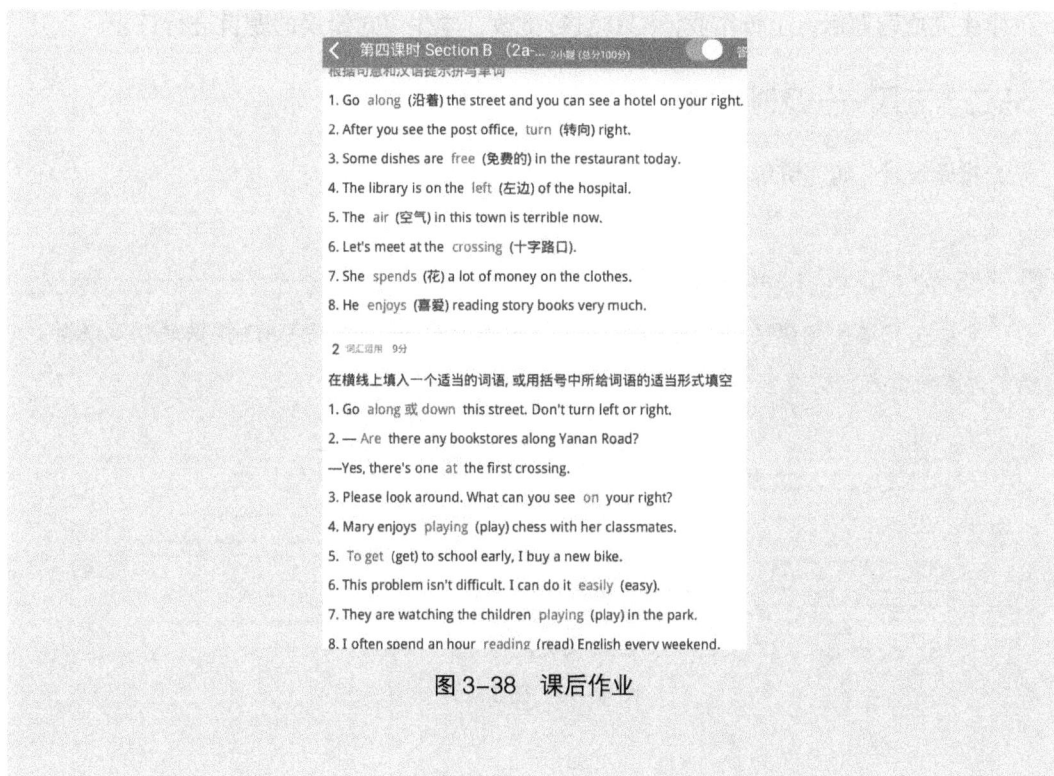

图 3-38　课后作业

　　在自主复习的基础上，学生在 PAD 上完成教师发布的课后习题，进行自主检测，找到自己尚未掌握的知识点。

　　3. 批改订正：找到知识漏洞

📖　例 3-50 ："Is there a post office near here?" II -------------------------

　　学生在完成这节课的平板作业后，PAD 会进行批改并给学生反馈，学生可以在 PAD 上直接订正（见图 3-39）。

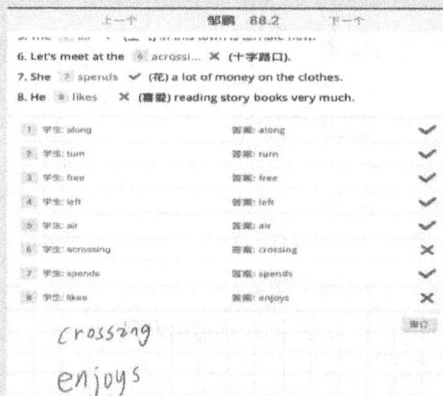

图 3-39　批改与订正

学生完成习题后，上传作业，PAD 进行批改，学生可对错误的题目进行订正。

（二）二用——及时补缺

1.错题统计：确定讲解要点

📓 **例 3-51："Don't eat in class" I** ---

　　学生在完成阅读课的课后习题后，我们根据如图 3-40 所示 PAD 提供的错题统计，确定讲解的重点。

图 3-40　错题统计

　　学生在完成课后习题后，PAD 会进行批改，教师马上可以知道每道题目的错误人数以及名单，进而确定讲解要点，给学生提供其真正需要的微课资源。

2.微课制作：提供学习资源

📓 **例 3-52："Don't eat in class" II** ---

　　执教阅读课后，我们根据学生的作业完成情况，录制了 5 个微课（见图 3-41）。

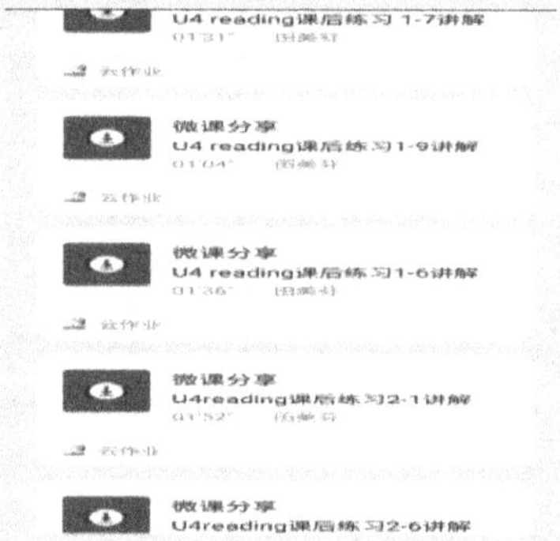

图 3-41　课后的微课

学生可以根据自己的需要，选择自己需要的微课进行观看，这可以培养学生对学习资源进行选择的能力。

3. 微课学习：进行自主补缺

学生根据自己的实际情况，有选择性地观看教师录制的微课。图3-42为学生在观看完微课之后给教师的反馈，还要求教师讲一下阅读题。

图3-42　微课观看反馈

（三）三用——主动探究

学生如果在学习的过程中遇到问题，就可以通过PAD的响应功能向教师提问，打破了时空的限制，提高了学习效率。

1. 深入思考：转为主动学习

例3-53："Can you play the guitar?" Section B ┃ ----------------------------------

执教该课后，我们引导学生进行主动思考，化被动学习为主动学习。图3-43是一名学生提出的疑问，他提出的已经不是某一道题怎么做，而是用什么样的方法对英语词组进行区分以更好地记住词组，说明他已经是一位很主动的英语学习者。

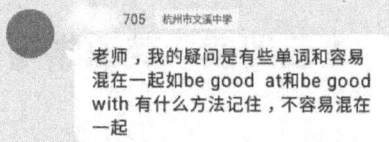

图3-43　学生的提问

学生在完成课后习题和微课学习后，深入思考，响应功能让每个学生都能向教师提问。学生能主动思考后提出问题，说明已经是主动学习者。

2. 实时提问：突破时空限制

学生有了学习困惑以后，通过 PAD 的响应功能实时向教师提问，教师也通过响应功能及时向学生进行解答。

3. 资料查阅：充分使用资源

PAD 可以给学生提供丰富的资料（见图 3-44）。

图 3-44　PAD 上的学习资料

如果学生对相关知识仍然有疑问，则可以查阅 PAD 的云课堂上教师上传的资料，并且利用电子词典、搜索等功能进行资料查阅，消除疑惑。

信息技术的引入使英语课堂变得高效、有趣。如何科学有效地使用部分技术，使其为阅读课堂服务，值得探索。在英语课堂中，课堂的主体是学生。信息技术是为了更加高效地服务学生学习而使用的，教师更要关注课堂上师生与生生间的互动交流。社会迅猛发展的今天，个体的视野在一定程度上决定了学习或教学的高度，PAD 对英语核心素养的培养来说是颇具价值的一种资源。

第六节　"云阅读"英语学习策略

针对当前初中英语阅读教学中存在的学生兴趣不高、阅读反馈不足、课外阅读有限等问题，我们从"智联课堂：精心开展课堂阅读教学""云端阅读：巧妙实施课外阅读活动""科学展示：持续推行课内外阅读活动"三方面开展实践研究，促进了高效英语阅读课堂的生成，促进了生生、师生课内外英语阅读的互动，培养了学生英语自主阅读和分享阅读的习惯，增强了学生英语阅读能力。

一、智联课堂，精心开展阅读教学

（一）智促爱好，激发阅读兴趣

1.选材有趣，资源整合

学生对阅读材料是否感兴趣，将直接影响到学生的阅读效果。PAD 自带丰富的库资料，教师可以单元教材的主题为依托和选材标准，进行合理的阅读资源选材与整合。教师应以学生的理解程度和感兴趣程度为选择标准，尽量选择学生喜闻乐见的材料，由易入难，循序渐进，满足学生多元化要求。

📋 **例 3-54** --

　　"If you go to the party, you'll have a great time!"阅读课的话题是建议方法，为了拓展学生的阅读，我们就在 PAD 上选取了有趣的并且贴近学生生活实际的建议方法类的文章。

2.创设情境，难度适当

英语阅读教学可以充分地利用 PAD 视听资源及大容量的阅读资源，创设一些阅读材料特需的情景，例如短视频或音频，快速地感染学生的情绪。使用 PAD 后，教师能够更便捷地增加难度适中的内容，对教材的难度进行合理的中和。

📋 **例 3-55** --

　　在 Who's got talent? 这篇阅读文章的课堂导入部分，学生观看了多个 talent show 视频，我们让学生在 PAD 的智通课堂上投票选出自己最喜欢的一个。利用 PAD 的数据分析功能，马上就可以获得柱状图，可以知道最受欢迎的是哪一个 talent show。这个过程不仅能及时反馈学生的选择，还与本篇文章中由观众选出最受欢迎的 talent show 一致，有利于学生对文章的理解。

3. 优展作品，点赞推送

教师可对各个阅读教学环节进行跟踪，可以通过响应功能、点赞、送积分、微信家长群推送等，激发家长与学生的共同兴趣，通过点赞个体表扬、体会学习乐趣、优展作品、班内线上表扬鼓励、学生集体学习等方式，形成人人爱阅读、人人都发展的阅读氛围（见图 3-45）。

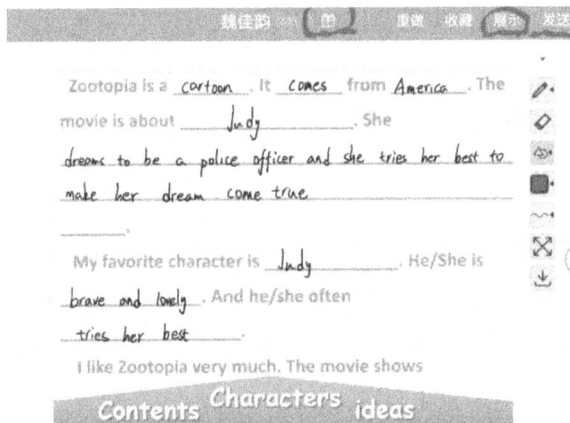

图 3-45　PAD 优展作品

（二）智用导学——规范阅读习惯

1. 落实规则，科学使用

教师将 PAD 用于英语阅读的目标之一，是帮助学生养成良好的读书习惯。在使用初期，教师需要设计统一的使用要求与规范，帮助学生养成良好习惯，为以后的阅读思维培养打下基础（见表 3-4）。

在 PAD 使用初期，教师要对学生使用的时间、数量、作业质量（集赞数）、内容等做出详细规定，每一点都有其用意。

表 3-4　PAD 使用规范要求

时间要求	在规定环节中可开启 PAD，且在规定时限中完成相关内容
数量要求	每个环节均努力参加，勿胆怯，及时提交
集赞要求	视学生自身能力而定，突破自我的优秀作品即可获赞
内容要求	对文本的理解、赏析； 对细节的体会、感悟； 对结构的揣摩、领悟； 对修辞的感受、运用； 对观点的支持、质疑等

2.重视预学，掌握学情

课前，教师设计课前预学资料，其形式是多样的，如填空、选择、涂鸦等，主要目的是抛出一个与本节英语阅读课相关的话题，让学生与此话题有思想碰撞的机会。学生收到的是一份容量小（不加重学生课业负担）但质量高的英语阅读预学资料。

> 📋 **例 3-56：" Do you think you will have your own robots?"** ----------------------------
>
> 在课前，教师让学生在 PAD 上填写一份关于机器人的调查问卷。该课前调查不仅促使学生收集有关机器人的各方面信息，也让教师在课前就获得学生的学情，并且根据学生的学情准备相关知识以便在课上讲解，使教学更加精准。

（三）智推方法，提升阅读意识

教师可以结合 PAD，在英语阅读课堂中使用多种教学方法（见表 3-5）。

表 3-5　在英语阅读课堂中的使用

教学方法	PAD 的相关功能
判断正误	PAD 可以直接反馈
播放文本录音	PAD 有语音优美标准的范例
根据标题或图片预测故事结局	PAD 可以保留学生预测留言，阅读后重新检视
给文章的几个时间或相关语句排序	PAD 可以直接反馈
重点单词或词汇挖空练习	PAD 可以直接反馈
回答细节性的问题	部分设置成选择题，PAD 可以直接反馈
寻找文本主题句	PAD 可以直接反馈
推测生词意义	部分设置成选择题，PAD 可以直接反馈
画思维导图	PAD 绘图工具强大，节省学生时间

1.培养语言意识

语言始终是教师在进行英语阅读教学时需要优先考虑的因素。在 PAD 的帮助下，我们可以让传统教学环节与现代技术进行融合，将语言要素更多地渗透在学生文本解读与信息输出的过程中，更及时更精准地感知到学生语言领悟的情况，让课堂语言教学更有效，也培养了学生良好的语言意识。

📖 **例 3-57 :"Thanksgiving in the United States"** --

教师在云作业中设计了一份限时 2 分钟的阅读作业，要求学生对制作感恩节火鸡各个步骤的图片进行排序，结合该课的语言关键词，考查学生语言理解与读图的能力。2 分钟之后，教师将作业关闭，精确地控制时间，超过时限的学生将不能进行作答。利用 PAD 的数据反馈，教师马上可以知道哪些学生还有所欠缺，并在课后进行有针对性的练习。

2. 增强策略意识

教师在英语阅读教学中可以借助 PAD 的优势，培养学生的阅读策略意识。学生掌握好英语阅读策略知识，就能利用好文章的上下文、已有的相关背景知识及自我阅读经验，去理解阅读文本内句内句间、段内段间、文字表面内在之含义，提升阅读速度，提高阅读效率，加强语用能力。例如：教师要努力让学生掌握好略读和跳读两大阅读策略。英语阅读能力是发展其他语言技能的基础和前提。英语阅读不仅能培养学生的语感，还能促进词汇积累。

📖 **例 3-58 :"Do you want to watch a game show?"** ------------------------------------

教师让学生在智通课堂里对米老鼠的发展画一条时间线，该过程不仅检验了学生对文章的理解，训练了学生速读能力，更重要的是，通过优展，班级里的每位学生都可以看到其他学生制作的优秀的时间线，可以在无形中形成一种相互学习、相互切磋的学习关系，学生也会更加认真地对待这项学习活动。

3. 强调思维意识

文本信息加工，从字面信息的捕捉到深层含义的推断，再到批判性思维，三个层次的思维培养要有序。有了 PAD 的辅助，教师在阅读教学设计中要关注教学环节的关联性、层次性和渐进性，培养学生预测、分析、分类、比较、判断、推理、综合、质疑等思维意识。

📖 **例 3-59 :"What were you doing when the rainstorm came?"** --------------------

在教学过程中，教师先为学生搭好语言支架，共同画了一份马丁·路德·金遇刺事件的思维导图（见图 3-46），而后利用 PAD 快速地设置了一份课堂作业——讨论后半部分"9·11 事件"。让学生分析比较前后两个事件，并用思维导图的方式说明文章后半部分的大意，由此，教师了解了学生对"9·11事件"的认识程度。

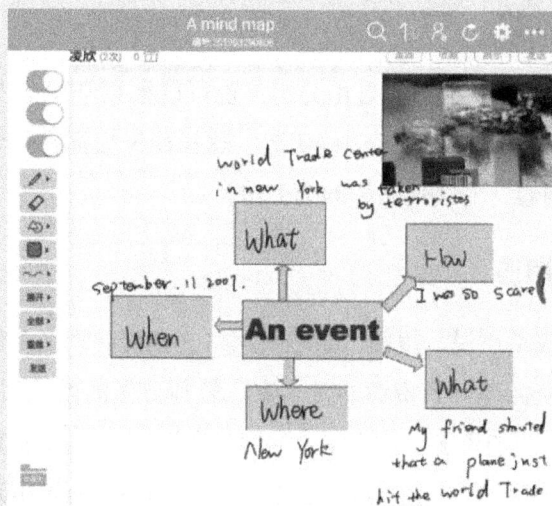

图 3-46　使用 PAD 绘制的思维导图

4. 孕育文化意识

语言是文化的载体，教师应努力从文化的角度阐述文本，在文本的语境的帮助下，有意识地渗透文化知识，让学生感受到英语语言带来的多国文化的魅力，更好地孕育学生的跨文化交际意识与能力。

📅 **例 3-60** --

教师要求学生注重文化习惯，在智通课堂上书写符合英美文化的一封邀请函、一封邀请的拒绝信和一封邀请的接受信，实现阅读知识向写作知识的迁移，读写整合。学生上交邀请函后，教师使用同屏功能，实时向学生展示典型错误，及时进行讲解，使学生改正错误，还可以对优秀的作品进行展示。

5. 扩大交流，积分竞赛

学生的 PAD 里有每次英语阅读学习的轨迹，他们的学习效果以及课堂小竞赛的分数均实时录入，并且每一个分数将组合成一个总分。总分实时更新，学生可以看到自己在班级里、年级里的总积分排名，互相之间可以横向比较，非常有竞争性和趣味性。

二、云端阅读：巧妙实施课外阅读活动

（一）巧设阅读小组

教师可以在 PAD 上对学生进行自由分组，也可以根据学生的实际阅读水平调整分组，形成阅读水平一级组、二级组、三级组等。这样便于根据每个学生的能力，指定适合其能力水平的阅读内容，持久地做好阅读工作。

（二）巧供阅读资源

PAD 的阅读资源包括小说、报纸、杂志及网络文化资源以及各地区各类同类学校编制的阅读内容、阅读资源库等。资源非常丰富，教师要做的就是根据全班的整体水平，勾选适合他们阅读的相应的资源，放入学生的阅读资源库中。如图 3-47 所示，教师根据学生的阅读能力，选择适合的内容发送给学生，学生进行相应的阅读。

阅读理解	373	26	68.35%
等级1	50	6	73.33%
等级2	55	3	69.00%
等级3	60	4	70.00%
等级4	65	7	67.86%
等级5	73	6	62.50%
等级6	70	0	-

图 3-47　PAD 阅读资源难度分级

（三）巧选阅读书目

教师从海量题库当中筛选出适合本班的阅读材料之后，每位学生还要根据自己的情况和自己的阅读爱好，选择适合自己的阅读书目。例如教师提供十个材料，那学生只要从中选择两种就可以了。学生根据自己的兴趣和时间选择性阅读，不同的学生选择的内容并不相同，阅读的数量也由学生自主规划。

（四）巧定阅读书单

经过课堂上的引导和动员，教师发动学生通过小组讨论、商议选定并进行辅助审阅，可以找到大家都喜欢读且可坚持读的英语阅读资源，整理出相应的阅读书单。

（五）巧录阅读脚步

学生在阅读的过程中，还要填写英语课外阅读记录卡（见表3-6）。卡的格式可以参照教师给的范本，也可以使用学生自己喜欢的格式。一般来说，需要学生填写清楚所读材料的篇章名或书名、页码或字数以及阅读的起止时间、每日的平均阅读量，还可以加入好词摘抄、好句仿写、读后体会等内容。

表3-6 英语课外阅读记录卡

题 目		起始日期		完成日期		每日阅读时间	
吸引你去读的理由（读前）							
吸引你读下去的理由（读中）							
猜对的生词或使用的策略							
收获与思考（读后）							

（六）巧成阅读笔记

不动笔墨不读书，学生需要根据他读的内容，完成一定的阅读后记，并共享在他的阅读小组内或班级内。

三、科学展示：持续推行课内外阅读活动

（一）"包"含读书卡展，提取阅读关键

读书卡是学生课内外英语阅读记录的书面载体（见图3-48）。学生将自己喜欢的好词、好句做好摘录，并写上自己的个性化感悟。读书卡是学生与阅读文本连接的纽带，是学生在与作者对话。教师将这些读书卡收录进PAD，并定时向其他学生开放。以读书卡为媒，以PAD为界，学生能借鉴其他人阅读的种类、速度、感悟等，共享其他人在这日积月累的小小卡片上提取到的阅读。

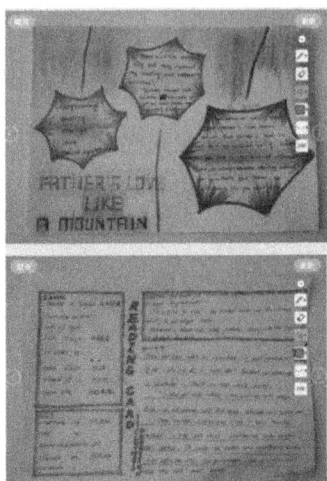

图 3-48　PAD 内的读书卡

（二）"包"含思维导图，提升思维能力

思维导图是英国学者东尼博赞依据大脑的放射性特点发明的一种可视性的发散性的思维工具。PAD 拥有功能强大的绘图工具，学生能使用 PAD 较快地制作思维导图（见图 3-49）。喜欢手绘的学生可制作手绘版本并上传。学生通过这个载体可以锻炼自己对整份阅读材料进行分析、整理的能力，对阅读材料中的人物特征、事件发展始末、观点的表达等做系统的分析。同时，PAD 有强大的分享功能、储存功能、交互功能，学生根据同一份阅读材料所绘制的思维导图能快速上交至教师端，并再回传到各位学生手中，大家的思想可以相互交融，取长补短。

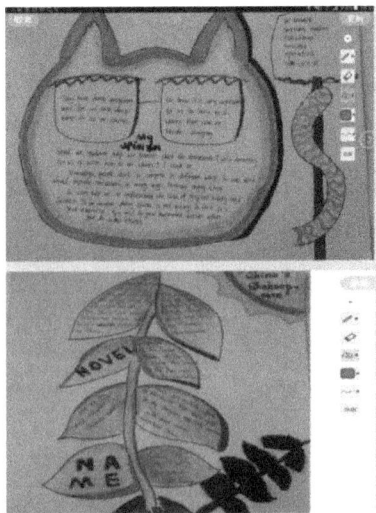

图 3-49　PAD 内的思维导图

（三）"包"含阅读竞赛，梳理阅读技能

我们在全年级范围内举办了有一定广度的 PAD 阅读竞赛，主要考查学生运用阅读技能对一定量的阅读材料进行分析、理解的能力。PAD 阅读竞赛的普及面大，批阅及时，主要是为了鼓励学生，学生可以第一时间知晓竞赛结果。

（四）"包"含个人专场，介绍优秀经验

在综合展评阶段，教师可以让学生录制微课，并通过教师端发送给所有学生，包括如何坚持阅读、对名家名篇的赏析。这让学生有了公开小演讲的平台，展现了学习的成果，同时对其他同学而言，也是一个很好的范例。

（五）"包"含阅读展评，整合集体观点

根据各个阅读活动反映的问题，教师定期在课堂上请学生对英语阅读进行专题讨论，包括发现了什么问题、采用了什么解决途径、收获了哪些好的方法（包括对生词的处理方法、对主题思想的把握、阅读速度的提升以及对作者观点的质疑反思等），所思、所得、所谈可以用文字或微课的方式及时、批量地记录到 PAD 中，有效整合集体的观点。

四、实践成效

（一）培养阅读积极性，激发学生阅读兴趣

1.提升学生阅读兴趣

结合 PAD 的英语阅读教学方式提升了学生对英语阅读的兴趣（见图 3-50）。学生通过参加各种基于个体情况而设计的英语阅读活动，开始喜欢英语阅读。对于学生而言，英语阅读不再是枯燥的阅读理解题目，而是和自己水平适切的阅读活动。英语阅读和语文美文赏析一样，让学生体会到了更多情感的升华。除了辅助考试、提高学业成绩外，有兴趣地去阅读成了教师与学生的共识。

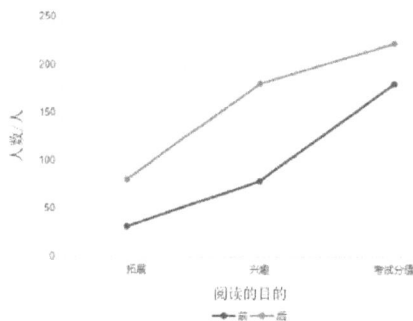

图 3-50 学生英语阅读兴趣调查问卷结果

2.丰富教师教学方法

教师动员各阅读小组在 PAD 中选择小组成员们感兴趣和适合初中学生阅读的电子书资源，让学生多多运用阅读策略，还组织开展小组交流，并定期公示阅读时长及竞赛积分，为课后阅读创造条件。教师可以通过自己的终端，在家中或学校里观察孩子们的阅读是否在开展、是否有卡顿、有什么问题需要教师协助解决等。这促进了英语阅读课堂教学的有效开展，也促进了学生课外阅读的有效开展。

（二）优化阅读思维，师生互动反馈及时

1."包"中展示提升思维

PAD 运用在英语阅读教学中，有利于教师引导学生进行多方位的实践，促进其优化阅读思维。在运用 PAD 的英语阅读教学过程中，教师仍旧和在传统教学中一样，承担着对学生的评价作用。有所不同的是，教师会更注重对过程的评价，在学生多维的展示过程中，教师可结合对学生的过程性评价，提升学生对阅读的信心，让学生更重视各个阅读小组及组员们参与阅读学习交流活动而获得感悟和体验，重在肯定学生阅读思维方面的进步。

2."包"中交流反馈及时

教师注重 PAD 预学环节，因为其可以不受时空限制，拉近了师生之间的距离，有助于教师有效地了解学生的阅读学情，指导学生英语阅读活动。在课堂活动的开展过程中，教师将各项数据反馈到每位学生，及时准确；不仅提高了学生学习英语的兴趣，还帮助学生具备了初步的英语阅读理解能力。依靠 PAD 强大的数据阅览记录功能，教师也节省较多精力，能将指导课外阅读的工作持续下去。

在教师及时反馈、及时评价的关怀下，绝大多数学生自觉地阅读了一些材料，并认

真地做了阅读笔记。学生遇到生词不再一律查字典了，在阅读中开始采取主动猜测和提问的方法，以快速地深入到这些课外阅读材料中去，同时与班里的其他同学及教师做好深度的交流，形成了"交流—反馈—再交流"的良性循环。

（三）重视课堂内加外，英语阅读量大增

1.智通课堂精准有效

借助于PAD的大数据分析，教师对英语阅读教学设计的各环节的检查、反馈、评价等更有效，使这些数据在后续使用上更具精准性，能促进学生英语学科核心素养的有效形成，从而达到学校育人目标。大数据将结果反馈给教师和学生后，教学中一些不用到PAD的后续环节也可以更加有效的方式开展。

教师们通过此次教学探索，引导学生进行英语阅读实践。教师通过看学生的预学作业，明白了学生预学的程度，有助于提供自己的指导意见，并及时微调课堂步骤，让课堂更好地为学生服务，也能同步感受到各个小组共读的进步，并为小组课后阅读中出现的问题提供建议，提供了相应帮助。

2.云端阅读数量大增

问卷调查反映，由于学生阅读兴趣的增强以及教师在PAD辅助下的及时督促，学生的阅读量有了显著的提升：每学期阅读100~120篇英语文章的学生由前测22位增加到61位，增加了将近2倍；每学期阅读80~99篇英语文章的学生由前测的45位增加到70位；阅读60~79篇英语文章的学生由前测的93位减少到68位；每学期阅读40~59篇英语文章的学生由前测的71位减少到32位。总体上，学生的英语阅读量有了大幅增加（见图3-51）。

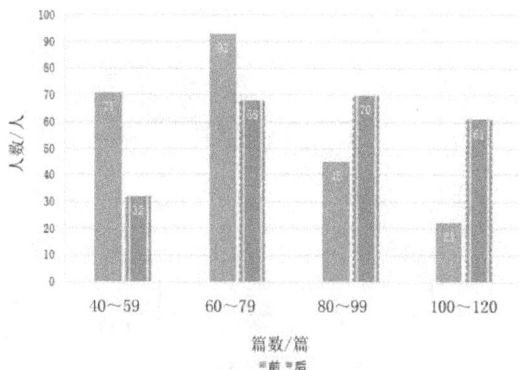

图3-51 学生英语阅读量问卷调查结果

五、实践思考

（一）智联课堂为学生英语阅读插上了科技的翅膀

教师将 PAD 资源丰富，数据精准，反馈及时，让师生互动充足，评价有据，合作加强运用在英语阅读课堂教学中，为学生英语阅读插上了科技的翅膀。

（二）云端阅读为教师阅读教学提供了广阔的空间

信息技术在英语阅读教学中的运用，为教师阅读教学提供了广阔的空间。在未来的英语阅读教学设计中，教师不仅需要利用 PAD 已有的功能进行线上操作，而且要实时理解信息技术最前沿的知识和技术，结合使用感受提出自己的有效意见，让信息技术适应博大精深的英语阅读教学。归根结底，科技服务于师生。

第七节 "3D 式"英语口语学习策略

人本主义心理学主要强调学习过程中对学生的尊重，重视学生主体，即必须重视学生的意愿、情感、需要和价值观。基于以上理论，我们提出了一对一、面对面、点对点三个学习途径。D 是一"对"一、面"对"面、点"对"点三个"对"的拼音首字母。"一对一"重视语音感知，"面对面"落实体验，"点对点"指向学习策略的形成（见图 3-52）。

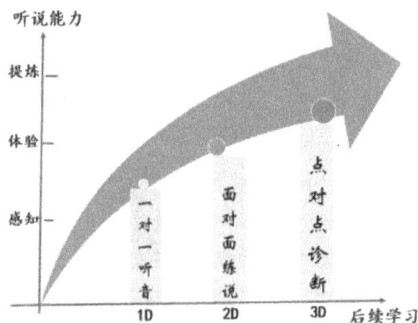

图 3-52 学习策略

一、"3D 式" 英语口语学习策略介绍

（一）重感知——一对一自主练音，翻转听的方式

PAD 里有很多听读资源，教师根据学生学情需求，选择性地利用这些资源，让动态交互个性化的听读训练成为可能。另外，教师也可以对这些资源包就某个教学主题进行归类，通过智通课堂互动和云作业，合理利用这些资源。

1. 课上课下听单词，扩大练的尺度

语音是英语学习的基础，但课堂时间短，无法满足每个学生的学习需求。有些学生一堂课上完，单词读音早已忘记，不会学导致不想学的现象在实际教学中屡见不鲜。

（1）以听纠音，延伸时间

为了更好地利用 PAD 中的听读资源，我们可以把每个单元的单词上传到平台，让学生课上课下都可以听音，突破时间的限制，学生可以根据自己的需要，在自己有时间时听音记单词。

> 📋 **例 3-61：纠音辨形** --
>
> 七下 Unit 5 有很多单词，如 giraffe、Australia、ivory 等，对于七年级的学生来说难度很大，很多学生在拼读上有一定的困难。利用我爱记单词平台（见图 3-53），通过听单词的录音，学生可以纠正自己的发音。
>
>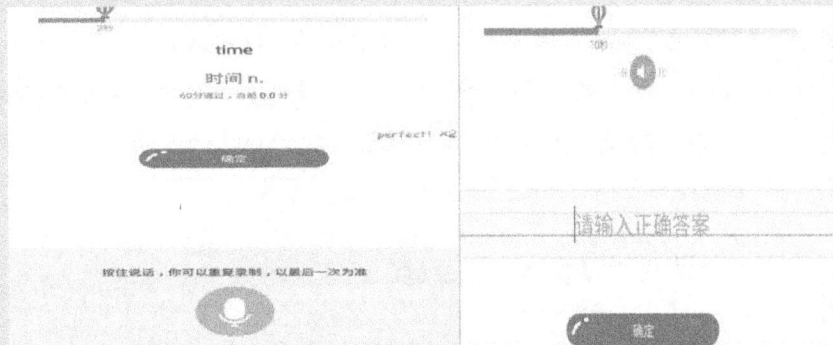
>
> 图 3-53　我爱记单词界面
>
> **案例分析：** 从单词出发，借助 PAD，可以拓宽学生的学习渠道，帮助每个学生及时、准确了解自己的语音现状，正确朗读本单元的单词，从而避免有些学生因为不会读单词而放弃记忆，或死记硬背不按音节记忆。

（2）以听仿音，突破空间限制

借助 PAD，学生可以练习发音并根据读音逐渐形成拼读的意识。学生可以根据自己的实际需要，自由选择在家里或在学校里练习，增加了自由练习的空间，提高了开口练音的自由度。

📋 例 3-62：仿音记形 ---

学生通过对单词的逐个的操练，根据音节及词性记忆单词，录制单词读音并上传后，可以查到练习的得分。教师可以把读得好或读音有进步的学生的作品展示给全班同学。

案例分析： 优展让学生可以互相学习，增加他们的学习兴趣和信心，为学生个性化学习和自主学习创造有利条件，为学生提供了适应信息时代需要的新的学习模式。

2. 前置后置听句子，提升学的厚度

教师根据自己班的实际教学情况和实际教学内容的需要，积极利用 PAD 里的音频、视频以及其他网络教育资源等作为学生的前置性或后置性学习任务。

（1）以听记音，启发语感

教师利用 PAD 上的教学资源，鼓励学生根据学习目的和需要，自己选择适合自己的学习资源，积累输入的量，增加记音的机会。

📋 例 3-63：拓展记音 ---

七下 Unit 1 涉及的单词和句型等内容，很多在小学阶段就出现过。这个单元一般用 2 个课时就能完成教学任务，教学进度相对来说能快一点。教材里的听说材料不能满足学生学的要求，教师可以布置课外口语作业，让学生利用 PAD 上的课外补充听力材料，进行单句的练习，拓展课外口语的训练，增加积累（见图 3-54）。

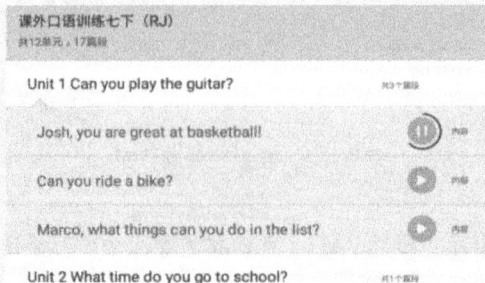

图 3-54　口语训练

案例分析：口语训练围绕句子练习，学生根据自己的目标进行练习并获得积分，可以增加学生的语言实践的机会，帮助他们纠正语调、节奏，增加根据语音、语调表达自己的观点和情感等方面的认识。

（2）以听录音，激发语用

PAD 的智通云听说，可以为学生提供语音实践活动，学生课内课外无缝对接听说。大量的听的材料使学生学会逐步借助语音知识有效地理解说话人的态度、意图、观点和情感，同时表达自己的意义、意图、观点和态度。

📖 **例3-64：练习录音** ---

教师将电影 Big Hero 中精彩的音频材料逐句进行分解，把录音发给学生；学生通过云作业，完成句子跟读模仿练习。云作业上的录音提供示范，学生逐句进行模仿朗读。学生还可以在课前或课后自己完成录音，把录音的练习分享给其他同学（见图3-55）。

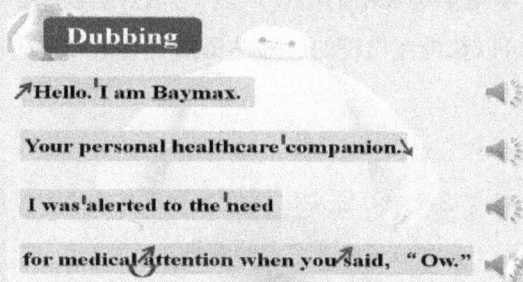

Dubbing

↗Hello. I am Baymax.

Your personal healthcare companion.

I was alerted to the need

for medical attention when you said, "Ow."

图3-55 分享成果

案例分析：从句子入手，通过口语训练平台，可以纠正重音、连读、弱读等听说技能，促使学生尝试自我组织语言，综合运用已学的词汇和句式，实现听说技能的迁移。教师利用口语训练平台，鼓励学生模仿语调，根据对话重音和语调变化，感知语言的规律和语言的美。

3.课内课外听语篇，降低教的强度

PAD 自带英语短故事，教师用后台也可以录入校本阅读资料，丰富的课程资源有利于学生对听的选择，也有利于他们模仿真实的语篇、观察语言的规律，在一定程度上减小教师帮扶的力度，让学生独立学习成为可能。

（1）以听配音，鼓励自练

每个学生的学习基础、性格爱好不同，他们的学习方式也不同，有些学生听读一遍就能学会，有些学生需要几次努力，PAD 的课内配套资源给学生提供自由学的平台，增加他们配音的机会，使他们掌握语音知识。

📅 **例 3-65：配音优展** --

PAD 配套的课内课文朗读资源，为学生提供学习听的平台，让学生自主选择听的遍数。一段时间下来，学生可以看到自己以及全班甚至全校练习的平均分、总分以及自练配音和优展的篇数。

案例分析：放手让学生根据自己的情况，选择听的进度，让他们学会有针对性地调整自己的听读行为和状态，鼓励他们为自己的学习行为负责，引导学生关注自己的学习过程。

（2）以听播音，放手自管

PAD 里有很多原版的英语短篇故事，学生可以自主选择自己喜欢的故事。教师在一段时间后统计数据，让学生了解自己的听读进度，并鼓励他们对学习的计划进行调整，自我练习得分高的学生可以获得在学校的广播站里播音英语故事的机会。

📅 **例 3-66：自主练习** --

案例分析：学生根据自己的学习进度，调控和管理自己的学习过程，有助于他们自主学习习惯的养成和迁移，提高他们终身学习的能力。

（二）抓体验——面对面自由表达，开辟说的途径

听可以促进学生的输入吸收，说为学生提供输出机会；听是说的基础，说是听的再创造。PAD 辅助听说教学为仿真的情景语言交际活动提供条件，打破传统单一的交流方式，利用好 PAD 中的技术，使其为我们的听说教学服务，对提升听说实效有很大帮助。

1. 虚拟互动自己说，注重参与人数

PAD 上的虚拟互动能够保证学生参与互动的数量和质量，对学生的主体地位提升和个体学习有很大帮助。

（1）图片诱说，个体交谈

PAD 中的课外阅读资料有很多封面，封面上的彩图很有故事感，我们利用这些栩栩如生的图片，采用云课堂的弹幕功能，让学生根据所看到的封面设计读前问题（见图3-56）。

📓 **例3-67：看图提问** --

图3-56　设计读前问题

案例分析：图片可以激发学生读的兴趣，在弹幕中学生提出读前问题，让他们不仅能学会预测，而且能借助虚拟的空间表达看法。几秒钟内，每个学生的回答都呈现在大家面前，避免了传统课堂中只能让几位学生发表看法的情况，让每个学生都有表达的机会。

（2）随机练说，全体参与

PAD中的数字化资源、图片、音频、视频等，有利于促进学生的多模态学习，强化学生的主体地位，调动他们参与和学习的积极性。更重要的是，这些资源可以让全体学生都动起来，参与到活动中。

📓 **例3-68：虚拟配音** --

教师将电影 Ratatouille 中 Dad 和 Remy 之间的对话音频输入PAD，让学生选择一个角色和原版的另一个角色进行对话练习，教师可以随机检查学生的配音情况（见图3-57）。

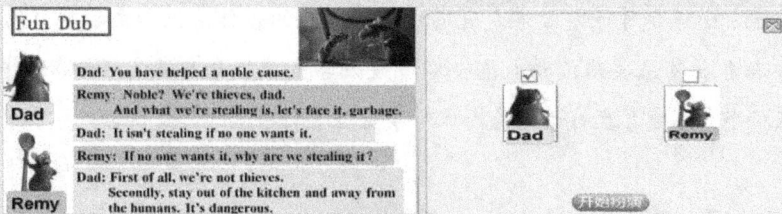

图3-57　随机抽查配音情况

　　案例分析：学生可以根据自己意愿，选择其中一个角色，实现与学习系统之间的互动，并将录音上传到 PAD。这样的对话训练避免了传统课堂上时间有限，学生参与度不够的弱点，让全体学生都有机会说、敢于说、学会说。

2.人际互动合作说，关注学习过程

　　合作学习实现了生生之间的相互学习和促进，分工合作可以培养学生独立思考和人际交往的能力。生生之间的互相学习和互动，不仅有利于学生之间的交际和交流，确保共同进步，而且能满足个体的发展需要，避免学生完全沉浸在虚拟的学习氛围中。

　　（1）故事叙说，激发合作

　　英语故事一般都由几个情节和不同的场景组成，课堂上，学生分小组开展合作配音活动，每个小组成员自主选择一个角色进行配音。和组员的合作可以激发学生的参与意识，丰富学生语言实践的体验，帮助学生形成合作的精神和包容的性格。

　　📅 **例 3-69：参与分配** --

　　教师把影片 *Sleeping Beauty* 分成若干片段，上传到 PAD，每个片段里有 3~5 个角色。学生根据教师布置的片段，自由寻找组员，商量角色分配，小组内成员参与任务分配（见图 3-58）。

6.Sleeping Beauty	共9个篇段 ⌃
A baby is born in King's summer castle	已布置次：1次 ⌄
Ready for the party	已布置次：1次 ⌄
Special presents from Flower Fairies	已布置次：1次 ⌄
Bad Fairy Weed gets a present for princess Aurora	已布置次：1次 ⌄
Destroy all the spinning wheels	已布置次：1次 ⌄
Princess Aurora grows into a young woman	已布置次：1次 ⌄

图 3-58　学习任务分配

　　案例分析：小组合作等学习方式有助于培养学生的合作意识和主动学习的品质，让他们敢于参与各种英语实践活动。这个环节鼓励学生根据自身的实际情况，自行分工，教师尽量不插手，尊重学生自己的选择，为学生自主和个性学习提供条件。

　　（2）成果优展，享受成功

　　我们通过对优秀合作成果的展示和分享，搭建学生小组间互相学习的平台，加强学生之间的真实互动，链接合作机会和交流，引导学生自主学习，提高他们的合作能力。

📋 **例3-70：成果优展** --

以例3-82为例，每个小组根据每一个篇章讨论角色的分配，进行配音并上传至PAD，学生可以根据后台数据得到自己小组和其他组视频配音的总得分和篇段数。教师将配音分数高的小组进行优展，让学生互相学习。

案例分析： 完成合作配音后，优展作品的分享让学生对自己小组和其他小组的成果进行对比与分析，适时总结经验，反思小组合作的学习过程，提高团队合作能力。

3.人机互动创新说，重视思维锻炼

PAD中学生作品上传功能能为人机互动提供了另一种方式。学生可以互相分享感受，从不同的角度去思考问题，提升他们的听说能力和对事物的分析、评判能力，发展他们的思维。同时，互动环节促使学生养成认真听的学习习惯，激发他们的学习兴趣，为他们今后走出校门后的持续性学习奠定基础。

（1）观点辩说，实践应用

对于有争议的话题，我们设计了交流结构图让学生自由辩论，发表自己的观点。这样的活动能激发学生英语阅读的兴趣，也能引导学生从不同的角度去思考问题，发表自己的想法，提升他们对语言的实践运用能力。

📋 **例3-71：辩论观点** --

学生在看完"The power cut"这个故事后，发现Wilf一家住的地方根本就没有停电，是爸爸为了让大家更好地度假，故意把电源切断了。教师让学生根据篇章的信息结构图进行交流，把自己的观点和想法发到PAD上（见图3-59）。

图3-59　阅读启发和观点

　　案例分析： 学生通过 PAD 即时发表自己的意见和观点，所有的学生可以通过平台看到自己的观点，也可以看到别人的想法。学生可以依据所梳理和提炼的信息结构，基于主题对阅读内容进行分析，应用自己所学的语言，表达自己的观点，内化所学语言和相关信息。

　　（2）投票评说，迁移创新

　　表演可以促进学生深入文本展开阅读，挖掘信息，内化语言，是学生很喜欢的一种学习方式。把阅读材料转化为剧本是学生创作的过程。我们可以让观看表演的学生利用 PAD 给自己喜欢的表演投票，让每位学生参与到活动中。

　　📅 **例 3-72：投票** --

　　学生读完 "Charlotte's web" 后，分小组改编剧本，准备表演，表演时间为 10 分钟。每个节目结束后，观看的学生在 PAD 上给剧本打分（见图 3-60）。

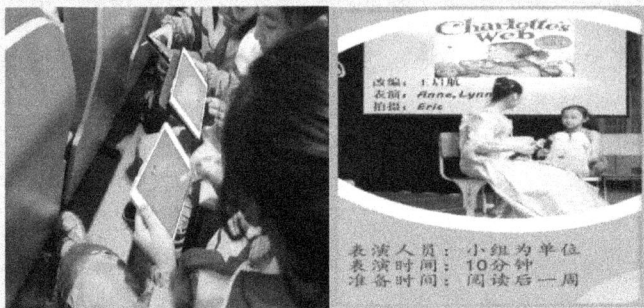

图 3-60　给剧本打分

　　案例分析： 每位学生参与评选最佳表演，享受阅读后分享和创造的乐趣，这个过程也是学生创造思维发展的过程。通过打分，学生还可以反馈自己的评分标准，学生观察、分析和评判的能力可得到一定程度的发展。

（三）促提炼——点对点自动诊断，重视学的持续性

　　PAD 里的个人数据对学生起到不可否认的影响作用，我们要利用这些数据有效地报告主体的英语学习状况，引导学生针对自身的差异和不同特点进行学习，促进他们的自主发展。

1.诊习惯，引导自我反思

PAD 的测评功能给学生提供学习的量化数据。教师通过让学生自查以及成果展示，让他们把握自己的学习方向，以便于学生能够因势利导，反思自己的学习方法，让个性化学习策略的养成成为可能。

（1）可视助学，发现不足

我们可以鼓励学生经常查看自己一段时间以来的学习得分曲线，作业的上交、迟交和缺交的次数。

PAD 的作业统计数据可视性强，每隔一段时间教师可以引导学生自己去查看作业统计情况，这有利于他们的自我管理，养成自主学习和反思的习惯。

（2）量化促学，优化计划

每个学生的听读都有学习活动轨迹，教师可以定时利用屏幕或公告栏展示后台数据，让学生知道自己在一定的时间内掌握了多少单词，直观地让学生了解自己甚至整个班集体的学习进度，以及自己是否按照既定的计划进行学习。

📅 **例 3-73：比较数据**

在七下教材的 12 个单元的学习进程中，教师可以通过我爱记单词让学生背单词，平台会出现每个学生学习单词的名次、总得分和篇段数（见表 3-7）。学生可以查到自己的数据，也可以看到其他同学的数据。

表 3-7　学生学习单词的相关数据

名次	姓名		总得分	篇段数
1	马 × ×	801、802 基础班	1405	17
2	周 × ×	荣誉班 706、706	454	6
3	徐 × ×	荣誉班 706、706	332	4

案例分析：这些动态的数据让学生有了评价一个学期的学习时间和学习效率的依据，可以利用这些数据，查找自己的学习方法存在的问题，同时对比别人的数据，分析自己的不足。

2.诊方法，调整学习策略

学生之间互相诊断学习问题所在，能够最大限度地让学生互相借鉴学习方法，有利于个体之间采用适合自己的方法，优化学习策略，调整学习方式，提高学习效率。

（1）互助他评，探索方式

同伴的观点和相互评价可以促进学生之间的相互学习，帮助他们形成有效的认知策略和调控策略，提高英语的听说学习效率。更重要的是，他们的自主学习能力得以提升。

📖 **例 3-74：组内他评** ---

教师把全班分成若干小组，每位学生把指定的 3 段朗读材料录音后上传至平台，小组成员之间可以互相听到上传的录音材料。学生通过听同伴的录音材料，观察他们的朗读表现与任务完成情况，可以从是否跟上原文语速、单词发音正确率、朗读流畅度等维度给出客观评价与建议（见图 3-61）。

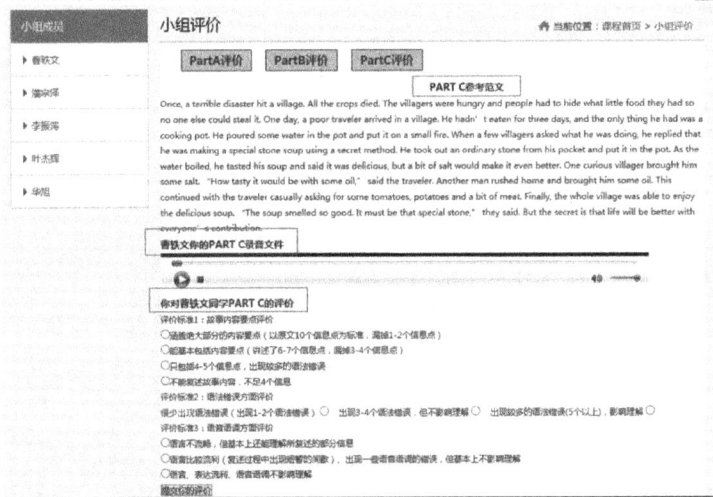

图 3-61　小组成员互评

案例分析：教师组建互评小组，让学生更全面地了解与认识自己及他人的听读情况。小组可以互评促进学生之间的互相借鉴和学习，取长补短，有助于激活学生已有的学习经验，帮助其调整今后的学习策略。

（2）家长参评，整合途径

PAD 可显示已添加的学生信息，包括学号、姓名、小组等信息，智能化数据记录每一位学生的动态学习过程和自己的问题所在，让多元的评价成为可能。

📖 **例 3-75：家长参评** ---

利用 PAD 的听说资源，教师可以定性、定量地布置作业，也可以让学生根据自己的情况进行自练。平台记录学生听说时长、学习篇数、听说测评总分，教师定时截屏向家长汇报学生听说学习的情况，家长参与反馈学生的学习近况（见图3-62）。

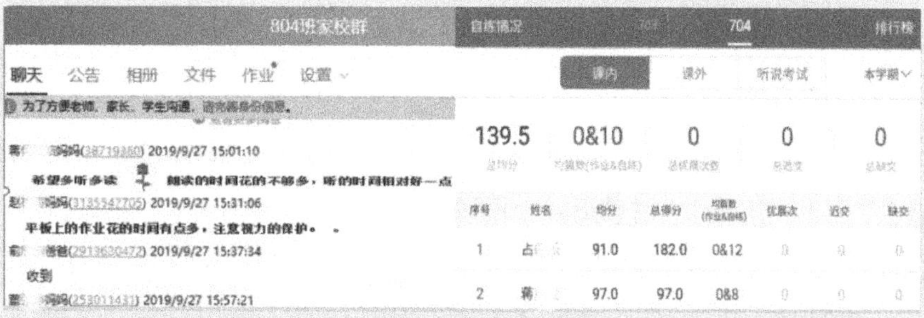

图3-62　家长参与

案例分析：邀请家长参与指导和反馈，让教师、家长、学生在相互了解的过程中形成合力，结合家长意见，教师可以及时调整教学设计，也让学生及时发现学习上的问题和不足。多元化评价让学生在自觉总结和认真反思的过程中获得更多的感悟，归纳自己的学习方法，调整学习策略，形成主动探学的习惯。

3.诊情志，延续学习热情

（1）智能分诊，驱动求知

利用PAD布置学习任务的时候，教师可以为不同的学生布置不同的学习任务，这些任务依据学生的不同层次和不同学习类型进行分层布置。

📅 **例3-76：分层竞赛** --

　　教师把804班学生分成若干小组，有选择性地设计口语训练的达标分数，有些学生的达标分数是90分，有些是30分。达标分数可由学生自己选择，若达不到分数，则要重复练，达标后才能上传成功。达标分数在一段时间后可以申请升级。得分如果超出达标分数，小组就会有拿前几名和优展的机会。

　　案例分析：每一个小组的达标分数不一样，不同的学生有不同的挑战，达标分数是30分的学生也有拿小组第一和优展的机会。难度分层和数据分诊给不同的学生以不同的学习目标，在最大限度让学生排除学习障碍，感受挑战成功的喜悦。

（2）引导自诊，享受学习

学习动机的强弱与人格特质密不可分：有些学生是视觉型，有些是实践型；有些学生喜欢合作学习，有些更倾向于独立学习。独立型学生独自一人完成学习任务时效率高，合作型学生在群体学习时效率高，混合型学生有时喜欢独自完成学习任务，有时喜欢小组讨论。

📋 **例 3-77：方法寻求** --

我们利用云课堂小调查功能，让 803、804 班的学生选择喜欢的学习方式（见表 3-8）。

表 3-8　不同性格的学生

班级	人数（参与）		独立型	合作型	混合型
803	44	选择人数	14	18	12
		比例	31.82%	40.91%	27.27%
804	42	选择人数	7	22	13
		比例	16.67%	52.38%	30.95%

结合调查结果，教师可以引导学生在学习中反思适合自己的学习方式，积极运用和调适自己的学习策略，提升学习效率和能力，研究自己的个性特点，寻求学习方法，自主高效地开展学习，学会享受学习的乐趣。

二、"3D 式"英语口语学习策略之成效

（一）听说教学范式不断更新

经过一年的实践，课题组转向了 PAD 辅助教学的听说方式，转变了教师的教学理念，课堂以每个学生的个体差异为出发点，最大化地运用了 PAD 的辅助功能，课堂效率得到提升。

1. 拓展听说渠道，拓宽了听的"宽度"

个性化听说教学以学生为中心，以课外资源为线，拓展课外听说，引导学生探索听的渠道。PAD 所选用的听说材料源于课本、基于课本、高于课本，开拓了学生的视野，为其以后的学习打下基础。多渠道的学习让学生在一定时间内获得更多的信息，提高听说的实效。

2. 关注听说策略，挖掘了说的"深度"

我们积极构建以学生为中心、以思维为核心、以活动为载体的策略模式，引导学生去"听""说""学"，让学生反思自己的学习方式，调整学习策略，为后续学习奠定基础（见图 3-63）。

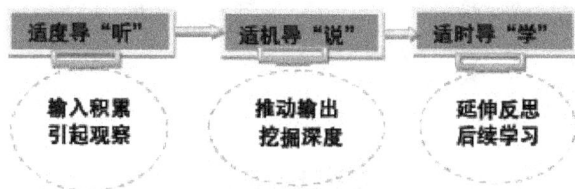

图 3-63　平板促说

3. 优化听说方式，提高了课的"效度"

个性化听说结合 PAD 的优点，以学生为出发点，根据课程标准和学生的学习需求，不断调整和更新教学。课堂的氛围活跃了，课堂的效率也有所提高。更为重要的是，多元的听说方式使学生提高了对已学的语言知识、语法结构的运用能力，大大提高课堂效率和学生满意率（见表 3-9）。

表 3-9　学科满意率调查（2019 年 11 月）

项目	满意 /%				基本满意 /%				不满意 /%				作废 /%			
学科	本学期		上学期		本学期		上学期		本学期		上学期		本学期		上学期	
	学生	家长	学生	家长	学生	家长	学生	家长	学生	家长	学生	家长	学生	家长	学生	家长
英语	97.0	96.0	93.1	94.6	3.0	4.0	7.9	9.4	0	0	0	0	0	0	0	0

（二）课题组教师综合素质显著提升

1. 挖掘听说，创编能力强了

课题组经过一年的实践和研究，通过听课磨课、专家讲座，教研组内越来越多的非课题组教师加入到个性化听说教学的探索队伍中。原来对听说教学资料的收集，只停留在收集听说考试题，考试考什么，课堂就练什么，初一到初三，学生接触到的听说资料都是考试题型。通过本课题的实践研究，我们构建了"多元式听说、实践式活动"课程内容的可操作体系。在此基础上，我们收集了 PAD 辅助听说教学资源并上传至 PAD，使之成为学校英语组的校本听说作业（见图 3-64）。

图 3-64　PAD 辅助听说教学资源

2. 立足课标，科研成果增了

在实践过程中，课题组学习了很多关于个性化学习的理论和期刊文章，认真对照课程标准，从学生的实际情况出发，深化每一单元的听说资源，从语音、词汇、情景对话等入手，搜集、挖掘、加工整合相关资料，提炼对听说有益的学习方式，研究 PAD 辅助听说教学模式。从无到有，从不会用 PAD 上课到合理利用 PAD 资源，从教学反思到磨课修改，教师的研究能力得到了极大的提高。一年下来，教研组内开出 7 节 PAD 辅助听说教学研究课、5 节校际交流课、2 节区级公开课。课题组的案例获区级奖项 1 项，论文获市级奖项 1 项，在省级刊物上发表 2 篇。科研成果质量提升的同时，课题组及教研组的科研能力和团队建设也得到了促进。

3. 提升专业度，教学效率高了

个性化听说教学促进了课题组教师教育观念的更新，学生观、教师观、人文观的重新建立，大大改变了教师旧有的听说教学课堂模式。课题研究对象为实验班 2 个（84人），在 2018 学年第二学期期中进行了教学质量检测，并与 2019 学年第一学期期中教学质量进行跟踪比对，实验后学生的期中成绩有了显著的变化。将实验班学生 2018 学年第二学期期中成绩和 2019 学年第一学期期中成绩与该年级 7 个班（312 人）的平均分、优秀率及排名做成比照表格（见表 3-10）。

表 3-10　2019 级实验班学生实验前后两个学期期中成绩数据及名次比较

实验前 / 后	类别	平均分	名次	优秀率	名次	及格率	名次
2018 学年第二学期期中	实验班	74.03	4	12.24%	5	57.56%	4
	全校	76.26		14.39%		56.45%	
	与全校比较	−2.23		−2.15%		+1.11%	
2019 学年第一学期期中	实验班	77.82	2	10.67%	1	70.12%	3
	全校	73.90		8.86%		71.15%	
	与全校比较	+3.92	+2	+1.81 百分点	+4	−1.03 百分点	+1

（三）实验班学生学习能力逐步提升

1.兴趣在听说中激发

对于初中学生来说，激发他们的学习兴趣和学习动力非常重要。个性化学习强调兴趣，避免传统的应试化听说教学，激发了学生的表现欲望和个性学习潜能。教学内容重视每个学生的参与，以及适合学生个体的学习目标和内容，提供学生喜闻乐见的原版文本，为激发学生兴趣爱好和能力搭建平台，满足学生的需求，体现个性的发展。基于学生的基础和教材的听说主题，拓展课外听说，激发学生探究兴趣的同时，促使学生听说输入量增加，让学生在一系列的听说训练活动中获得感悟和体验。

通过对课题的实施和研究，学生的英语学习兴趣得到提高。调查结果显示：课题实施前，84 名学生中只有 22 人表示喜欢上听说课；课题实施后，表示喜欢的学生增加到了 68 人（见图 3-65），并有 70 人在课余时间坚持使用 PAD 进行听说自练。可见，个性化的听说方式让学生喜欢上了英语课，大大激发了英语学习的兴趣。

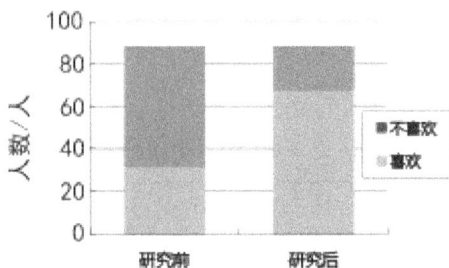

图 3-65　实验班英语学习兴趣

2. 习惯在实践中培养

课题组增加了学生听说的时间和空间，教师在课堂上引导学生在课外自练听说，对听说资源进行了全方位的补充，满足了个体学习需求，扩大了学生的学习圈。课本拓展材料以文字、音频、视频等各种与时俱进的方式介入，学生的听说方式多了，学生的听说渠道多了。教师借助 PAD 的数据统计、优展分享、小组分层等功能，引导学生渐渐养成自主学习的习惯。针对初中生的年龄特点和学生的实际学情，我们为学生提供个性化的听说练习，提高学生参与的积极性。

从上交作业的情况看，原来总是有一部分学生没有完成作业，课代表进行相关统计也非常耗时。PAD 介入后，学生交作业情况明显改善，还有不少的学生会利用课外时间进行自学，并且能长期坚持。以实验班 803 班两位学生为例（见图 3-66），两位学生作业平时成绩为 73.4 分（班上排第 17 名）和 33.5 分（班上排第 29 名），在班上英语水平属于中下层次，实验前他们常常不交作业。特别是万同学，因为英语基础弱，对英语学习有畏难情绪。但是从图中我们可以看出，作业篇数是 14，他们的自练篇数是 18 和 17，超过了教师布置的作业篇数，可见他们对英语学习开始有热情，良好的学习习惯正在慢慢形成。

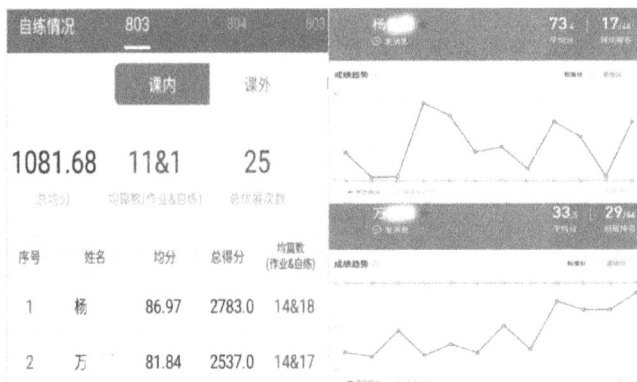

图 3-66　学生对比

3.态度在学习中改变

PAD辅助的听说课给学生的个性化学习提供了平台，很多活动和作业要求学生根据自己的需求选择完成，没有强调学生一定要完成。个性化的设计引导学生去自学，学生的学习态度逐步改善。个性化听说教学模式让学生的认知和情感共同参与，相互影响，逐渐学会在交流中质疑和探索。很多任务让学生通过小组合作完成，培养他们的习惯，使他们的学习策略得以调整。个性化听说教学过程中，听说方式的多元化促进学生探究和开发，课内交流开展深入的学习方式碰撞，各种活动促进学生进行言语实践运用，课外提供的听说资料，扩大了学习范围，让学生在听说实践活动中更深入地探索如何学习。个性化听说培养了学生的学习能力和良好的情感态度。

为了改善学生的英语学习策略，教师引导学生围绕学习策略，从认知、交际、情感、态度等方面进行多维度的反思和探索。在PAD辅助资源和评价体系的支持下，学生的自主学习能力得到了很好的锻炼。图3-67是实验班实验前后，课题组通过访谈和调查学生在克服畏难情绪、反思错题频率和争取学习机会等方面的表现得到的比较结果。

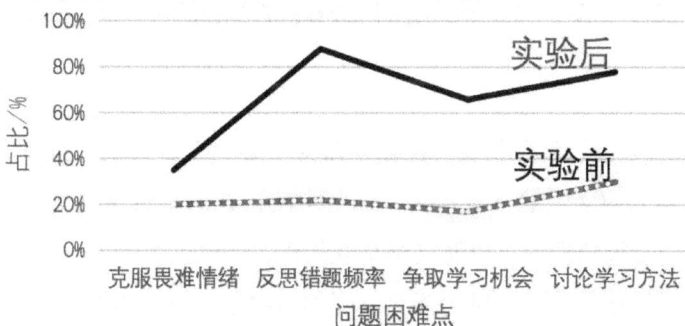

图3-67　学生表现调查结果

三、"3D式"英语口语学习条略之思考

（一）取长补短，善"听"乐"说"

个性化听说立足课程改革，是培养学生自主学习能力、提高学生英语核心素养的有效途径。PAD的辅助教学突破了时间和空间的限制，在有限的师资下让对学生的个性化辅导成为可能。个性化学习模式构建了一个经纬交错的教学网络，既为学生搭建听说桥梁，提供听说资源、评价系统，让学生善听，又为学生奠定了能说会说的基础，让他们在自主学习过程中享受听和说的快乐。

（二）积少成多，善"择"乐"行"

PAD 辅助的个性化听说将教材学习与拓展材料学习有机融合，通过课外资源补充，推动学生的认知、思维、能力等多方面发展，促进了学生学会和善于选择属于自己的学习方法与学习方式。同时，学生听说的兴趣被激发了，听说的输入量和输出量不断增加，学生优化了语感，历练了学习方法，提高了表达能力，整体提升了英语学习的能力，学会自主学习，学会主动学习。

（三）由此及彼，善"思"乐"学"

经过个性化听说学习模式的建构，学生在课堂内领悟学习的方法，在课堂外通过同样的学习方式去打通读和写的渠道，并且将相关学习方法迁移到其他学科的学习中，学生学习的兴趣、知识、能力、思维不断实现螺旋式进步，形成良好的循环。

第八节　双线融合项目化英语学习策略

所谓双线融合项目化学习即以项目化学习为中心，合并线上、线下两条主线。线下教学主要是指在课堂中发生的学教行为，而线上所依托的平台主要为 PAD，涉及软件为云作业、云听说以及云课堂等，以及其他交互软件。

在双线融合的操作模式下，结合项目学习的六要素，本节试图从课前"预"学、课堂"循"学、课后"共"学等三个维度，探索构建智慧教学模式（见图 3-68）。

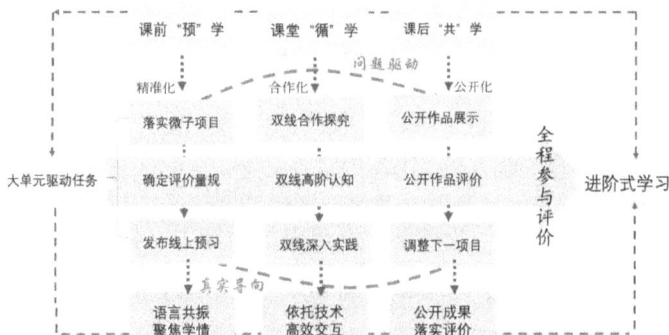

图 3-68　智慧教学模式

一、双线融合的项目化学习策略

（一）课前"预"学

1. 根据整体目标，落实微子项目设计

在整体感知单元内容、整合单元教材后，教师需要确定本单元学习后学生需要达成的目标是什么，学生需要理解什么大概念，在学习的过程中需要培养什么技能。以此为依据，结合学生的具体学情，教师可以预先设定一个真实的驱动问题，以此生成驱动任务，以便统领各个课时的子微项目。

📖 **例 3-78：Unit 9 Have you been to a museum?** ------------------------------------

这一单元要求学生了解生活中有趣的地点（fun place），要求学生能够谈论过去的经历（talk about past experiences），能够体会现在完成时的意义，并且熟练地运用现在完成时描述过去的事情对现在的影响。

围绕这一主题，结合即将到来的亚运会，我们设计了"杭州的宣传计划"学习项目。具体内容如表 3-14 所示，该学习项目主要成果形式为采访视频、英文报告、英文演讲、宣传视频等。

表 3-11 "杭州的宣传计划"学习项目的内容

基本课时	分课时项目	分课时项目目标
第一课时（听说）	我要当游客	了解介绍著名景点，掌握新单词并运用现在完成时
第二课时（阅读）	我能话经历	描述过去的经历，通过文本分析掌握描述过去经历的基本概念
第三课时（语法）	我能当导游	选择对比著名景点，探究现在完成时的多重意义
第一课时（听说）	我能当记者	采访过去的经历，分析比较不同景点，进行类比介绍
第二课时（阅读）	我能写宣传	撰写宣传性广告，能够提取关键信息，善用宣传策略
第三课时（写作）	我能打广告	公开完成宣讲，梳理单元重难点，综合运用单元话题单词和重点语句

案例评析：让学生能在英文听说、阅读、写作中提升综合语言运用能力，培养高阶思维，同时更加了解家乡，培养乡土情结。根据文本内容及课时目标，我们将该项目分成六个板块，最后产出本单元的项目成品。

2. 精选教学内容，落实评价教学量规

在选择教学内容时，应以教材本书的知识脉络为主线，以大数据和教学目标为依据，确定具体、可操作的评估量规。评价须关注过程性评价和终结性评价，设立具体的子微项目的分值，形成本次学习项目的形成性评价，实现动态监测。

📖 **例 3-79："杭州的宣传计划"学习项目评价** --

如表 3-12 所示，我们对于学生的核心知识掌握情况、项目实践过程及学习成果都进行了多维度、多主体、多内容的评价与监测。

表 3-12　"杭州的宣传计划"学习项目评价框架

评价对象	评价类型	评价方法与工具	评价者
核心知识 （现在完成时及重点词块）	过程性评价、终结性评价	纸笔测试（PAD）、表现性任务	教师、学生
学习实践（项目化学习）	过程性评价	表现性任务、评价量规（PAD）、成长档案袋	学生、教师
学习过程中的成果 （游记、视频、海报等）	过程性评价	表现性任务、评价量规（PAD）	学生、教师
学习成果（研究报告、视频）	终结性评价	展览与汇报、评价量规（PAD）	学生、教师、家长

案例评析： 在项目发布之初，我们便公开评价细则和公开打分机制，让学生切实感受到学习中的动态变化，并清晰地给出了需要努力的方向以及最后需要达成的结果，以便于学生自我监控和自我调整。

3. 制定测评方案，发布线上预学任务

预学单内容可以包含目标语言的呈现（学生应根据旧知早预学、重构建的部分）、生活性的开放型问题（学生应借助信息技术早发现、自探索的部分）、评价标准的讨论（学生应根据所给情景及评价样本早思考、新修改的部分）等三项内容（见图 3-69。预学任务在新课前一天发布，并在 PAD 上展开自我测评，让教师直观了解学生的掌握情况，可以不做刻意处理，也可以当作小组讨论、展示的素材。

图 3-69　云作业发布的预学单

📅 **例 3-80："我要当游客"微项目学习一** -------------------------------

　　在学生上交自己的作业的前提下，教师批改作业后，公布部分优秀作业，学生可以在家看到全班的作业完成情况，并自我对比，取长补短。

　　案例评析： 预学让我们欣喜地发现，学生不仅仅完成了激活旧知的过程，并通过搜寻、共享等方法完成了"fun place"等地理名词的自主拓展，已经具备了展开"我能当游客"项目的能力。

（二）课堂"循"学

1. 双线合作探究，互动学习

　　信息工具为学生提供更多个性交流的可能，将学伴的范围从线下的学伴拓展到线上的电子学伴，其交流方式包括且不局限于人机对话、模拟口语、语音点读、视频资料等。学生拥有交流的平台，可以在实际交流与互动中实现英语水平的突破，同时，借助平台及时提供的合作资料与合作平台，获得了合作学习可操作的空间。

　　在合作探究的过程中，学生通过观察同伴的线上任务完成情况取长补短；通过和同伴在线合作或互相批改监测目标语言掌握情况；通过线上平台提供的智能打分客观评估自己的语言水平。

📅 **例 3-81："我要当游客"微项目学习二** -------------------------------

　　活动目标： 练习听力技巧、提升批判能力。

　　核心问题： Has Claudia/Sarah ever been to……？（两个女孩去过……吗？）

　　学习活动： 听前读图、个性听力、同伴校对。

第一步：学生通过读图发现听力的主题，museum，并对听力材料进行预测。

第二步：首遍听为全班共同听，部分学生反馈仍需再听。

第三步：二次听为学生个性听。通过独立使用耳机，部分学生自己重听，部分学生自主进行听读模仿，同时教师鼓励学生自主校对。

第四步：教师拍下学生的答案呈现在云课堂，全班共同校对。

案例评析：借助信息技术提供的线上平台，学生跳出了师生互动的局限，完成任务后聚焦于自我校对、互相校对，最后共同校对。其中，互相校对、批判认证、反复完成任务的过程就是学生合作探究的过程。

2. 双线高阶认知，深入学习

教师借助 PAD 提升课堂参与度和校对效率，将所节约下的时间更多地集中于高阶认知活动。这类活动需要学生进行大量的思维活动，不再简单关注、感知、整理事实性知识，更多指向内化与应用、推理与论证、批判与评价、想象与创造的过程。

个性化听说任务可以让学生隐形分层，同时完成语音、语调的模仿和揣摩这两个不同层面的任务。通过线上发布的开放性问题和背后依托的强大的资源包，学生能够加以思考并开展辩论。

📋 **例 3-82："我要当游客"微项目学习三** ---------------------------------

学习活动：圈画地点、推理正误、自主模仿。

第一步：学生通过读图，对听力材料进行预测，圈画地点，快速完成校对。

第二步：学生读题、做题，通过小调查进行校对，解决难点、痛点。

第三步：学生共同模仿，教师给予充分的时间，学生通过模仿揣测说者的言外之意，在独自配音环节学会用语气词表达自己的情感。

第四步：人机对话，学生对文本材料进行个别模仿，通过重点模仿重音的落实，学会用重音表达自己的情感（见图 3-70）。

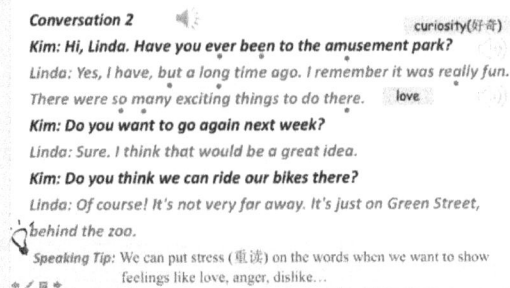

Conversation 2 🔊　　　　　　　　　　　　　　　　　　curiosity(好奇)

Kim: Hi, Linda. Have you ever been to the amusement park?

Linda: Yes, I have, but a long time ago. I remember it was really fun. There were so many exciting things to do there.　　love

Kim: Do you want to go again next week?

Linda: Sure. I think that would be a great idea.

Kim: Do you think we can ride our bikes there?

Linda: Of course! It's not very far away. It's just on Green Street, behind the zoo.

Speaking Tip: We can put stress (重读) on the words when we want to show feelings like love, anger, dislike...

图 3-70　课堂自主模仿

案例评析：学生借助线上的语音包资源，反复听，反复练，在听说中感受重音和语调所带来的情感变化，并在后续的人机对话中加以运用。这个过程综合了洞察、揣摩、批判等高阶认知活动。

3. 双线深入实践，真实学习

PAD可以提升活动的真实交互度，提升学生注意力和精神投入程度，让学生更多感受到他人的情感和世界观。在合作的过程中，学生可以获得欣赏他人不同思想的能力。教师单纯的口头或书面展示任务可能会让学生难以理解问题的内核，而借助信息工具创设的问题情境，可以把学生带入情境中，激发学生探究问题、人际交流的欲望，信息技术提供的支架为学生真实学习提供可能。

📋 **例3-83："我是小游客"微项目学习** ----------------------------------

活动目标：提升综合语言运用能力，用真实任务模拟提升全体学生参与度。

核心问题：How do you guide for the visitors?

学习活动：小组共演、小组呈现、观众点评

第一步：学生在观看亚运会宣传视频后自行组成一个四人团队，其中一个学生为导游，其他学生为来自国外的游客，学生需要就参观某一个地点展开讨论（见图3-71）。

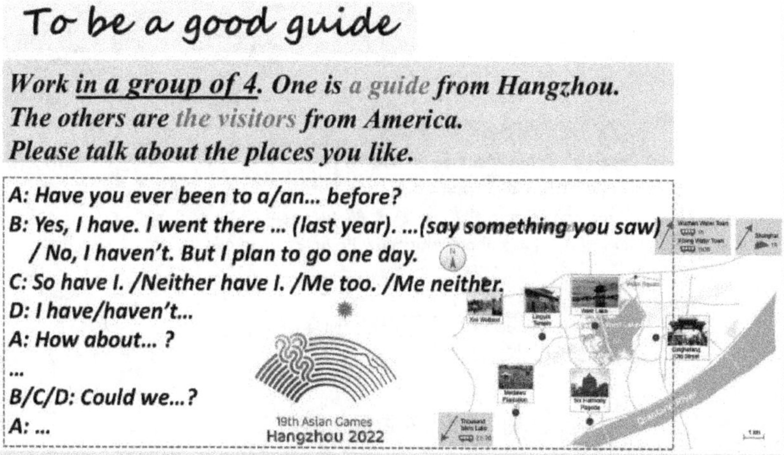

To be a good guide

Work **in a group of 4**. One is *a guide* from Hangzhou.
The others are *the visitors* from America.
Please talk about the places you like.

A: *Have you ever been to a/an... before?*
B: *Yes, I have. I went there ... (last year). ...(say something you saw) / No, I haven't. But I plan to go one day.*
C: *So have I. /Neither have I. /Me too. /Me neither.*
D: *I have/haven't...*
A: *How about... ?*
...
B/C/D: *Could we...?*
A: *...*

19th Asian Games
Hangzhou 2022

图3-71 "我是小游客"微项目学习

第二步：小组内部排演、交流、调整，而后进行公开展示，其他学生通过PAD对小组所编对话进行打分评价，评价内容包括导游维度，但更注重游客维度。

案例评析： 线上发布的对话任务让学生及时调整语言并了解同伴的判断。在学生的产出中，我们惊喜地发现，学生不自觉地对任务进行了拓展，运用了线上提供的资源如白娘子和许仙的爱情、西湖边上的特色小吃等。学生对彼此的提议有了批判和肯定的讨论过程。

（三）课后"共"学

1. 真实开发型平台，公开展示作品

以课堂为基点，前后延伸到课堂外，衍生出的学习任务是对目标语言的落实和巩固。学生再次进行自我评估、自我监测，通过线上的同伴对比和同伴帮助实现知识的内化。例如：通过云课堂，教师可以录制并发布学生的课堂对话视频，永久保留项目成果；教师可以将学生优秀的线下作业挪到线上，开"作业展"；通过云作业，教师可以自动筛选高分作业；通过智能打分，教师和学生可以欣赏到优秀配音作业。信息技术支持的展示平台成为学生真实评价的基础。

📅 **例3-84："我要当游客"微项目学习四**

对于 A 层学生，除了配音对话之外，还要求其将对话改编为报告，要求学生将报告在云课堂上提交，成为公开展示的成果（见图3-72）。

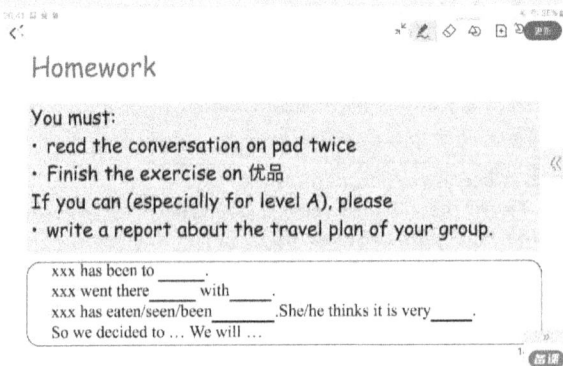

Homework

You must:
· read the conversation on pad twice
· Finish the exercise on 优品
If you can (especially for level A), please
· write a report about the travel plan of your group.

xxx has been to _____.
xxx went there _____ with _____.
xxx has eaten/seen/been _____.She/he thinks it is very_____.
So we decided to ... We will ...

图3-72 A 层学生的作业

案例评析： 透明的平台无形中给了学生多重压力：作业须及时上交，否则未交名单一目了然；作业须认真完成，否则错误百出，破坏个人形象；作业须出色完成，才能在众人间拔得头筹。

2. 公开互动型评价, 公正评价作品

将作业公开在平台上后, 学生在教师批改后可以对自己的作业进行反复修改。学生上交作业后, 能够看到其他同学的作业, 教师可以邀请部分学生对这些作业进行批改, 学生可以对同学的作业进行标记、点赞 (见图 3-73)。批改完成后, 相关学生可以进一步修正, 教师可以整理出优秀作业在云课堂进行公开展示。

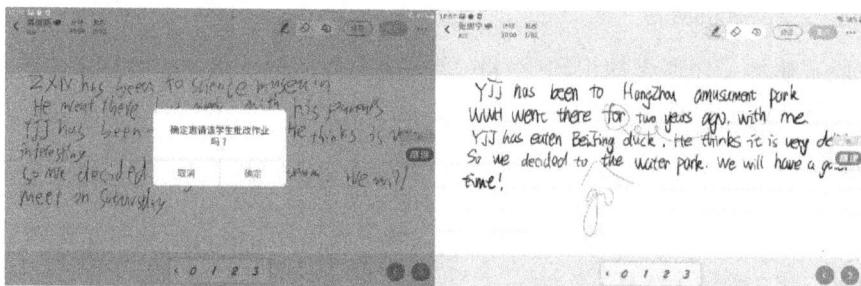

图 3-73　师生共批作业

3. 共同参与型反思, 合理调整项目

元认知策略强调学生能够通过自我监控、自我调整, 及时发展自学的能力, 这项能力往往是在反思中锻炼得到的。学生根据本次微子项目的学习, 可以对下一个项目有一个基本的概念, 从而参与评价标准的设计、项目内容的微调、项目小组的分工等组织策划环节。

二、双线融合的项目化学习之反思

(一)课堂: 线上线下有效度

1. 提升了单位时间效率

课堂反馈变得更加多元化和精准化。通过信息技术, 教师能第一时间发现问题并及时解决问题, 节约了宝贵的课堂时间。

2. 促进了课堂思维碰撞

课堂互动方式更加多元化, 课堂氛围变得更加活跃, 为学生相互交流、分享所得提供了广阔的平台, 为学生获取资源提供了极大的便利。

3. 优化了课堂教学策略

课堂变得更有实效性, 教师对学生的关注也更加全面化。确保了学生的参与度, 教师可以把更多的时间用于学以致用环节、操作环节。

（二）学生：课内课外有深度

1. 自主探究，增强内驱

双线融合的项目式教学可以获得有关学生学习过程的及时的数据反馈，学生有着真实的话题情景、地道的学习素材，学生的学习积极性有所提高。

2. 触发思维，解决问题

学生能正确地使用所学知识和所得技能解决生活问题，探讨作为导游应有的素养，促生高阶思维，形成复杂问题。

3. 综合指向，提升素养

学生能正确地使用读图策略，能科学地选择图表信息，能从活动中感受到社会责任和活动意义，将所学用于生活。

（三）教师：方寸之间有温度

1. 创新教法，发展技能

双线融合的项目式教学是一种全新的教法体验，对于教师来说也是一个全新的挑战，教师能借此有效完成分层教学、情景教学、高效教学。

2. 深入研究，提升素养

教师更加精心设计、打磨课堂，对于每个单元的内容、目标、教学意义有了更深入的了解，有效提升了教师的个人素养。

3. 人文关怀，保温升温

学生通过真实的任务感受到社会责任的同时，教师通过干预更加了解各个学生的学情，真正体现对每个学生的教学温度、教学风度。

第九节   "私人定制式"科学学习策略

基于大数据的课堂教学，我们构建了"四环精准学教"的学习策略，就是：借助预学数据，精准定位教学起点；借助课堂交互数据反馈，为学生定制个性化学习路径，实现课堂动态调整，预测学生学习偏差并给予辅助，优化教学流程，提高教学反思质量；

定制个性化巩固练习;采用横向、纵向双线数据评价方式,助力每一位学生成长(见图3-74)。

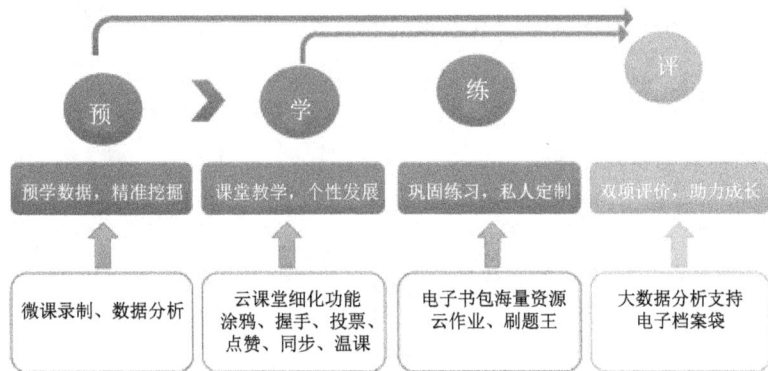

图3-74 "预学练评"流程

2018年,教育部颁布《教育信息化2.0行动计划》,指出要把教育信息化作为支撑,引领教育现代化发展,推动教育理念更新、模式变革、体系重构。2019年中共中央印发《中国教育现代化2035》,指出要利用现代教育技术,加快推动人才培养模式改革,实现规模化教育与个性化培养的有机结合。

学校以PAD为基本载体,将大数据分析等信息技术手段运用于课堂,构建数字化、智能化的课堂环境,实现学习方式个性化、过程可视化、检测精准化,为优化课程资源结构和课堂教学的多元化提供动力。

一、初中科学课堂"四环精准学教"的学习策略

(一)学情诊断:预学数据助精准挖掘

教师根据教学内容的内在逻辑关系以及难易程度,对其进行重新分类,将那些学生通过自主学习就可以解决的问题、可以掌握的知识点,设置为课前预学作业,以更好地培养学生的自主学习能力。

1.基于预学微课的递进自学

(1)备:预学微课

开学初期,教师们以备课组为单位分工,利用PPT、Camtasia Studio、PAD云课堂等软件进行预学微课录制。预学微课录制时长约5分钟,强调"一低四性",即低起点、基础性、趣味性、衔接性、简洁性,重在有效落实"双基"。

📅 **例 3-85："二氧化碳的性质与应用"预学习微课** -------------------------

本节预学微课用学生熟知的 CO_2 生活应用引入（见图 3-75），微课中的实验视频可以暂停，由学生自己先推导 CO_2 性质，也可以反复观看。

25″ 猜谜引入CO_2	1′50″ 看视频归纳性质	30″ 依据性质分类	30″ 推断用途

图 3-75　CO_2 预学微课流程

（2）享：云端共享

每位教师可以通过云课堂导入微课支持学生的预学，还可以通过 PAD 后台共享微课，即打开云后台页面，上传微课资源至校本资源库，实现备课组资源的云端共享（见图 3-76）。

图 3-76　PAD 云后台界面

2. 基于预学数据的学习诊断

（1）习：定位习题

借助 PAD，教师可以细化知识点，依据知识点本身的重要性以及前后衔接重要性定位习题难度、数量，通过 PAD 匹配数字化教学资源，确定难易程度、范围，精选习题推送给学生（见图 3-77）。学生观看完微课后，可以立刻切换到预学习题界面，完成练习。

值得注意的是，要严格控制习题的数量，控制练习完成时间在五分钟左右，不给学生增加过多的负担。

图 3-77　预学习题（教师版）界面

（2）诊：学情诊断

批改后，教师应着重分析先行测试报告的数据（见图 3-78），定位学生的薄弱知识点、学习能力，比较平行班级不同点，为不同班级定制不同的教学侧重点。

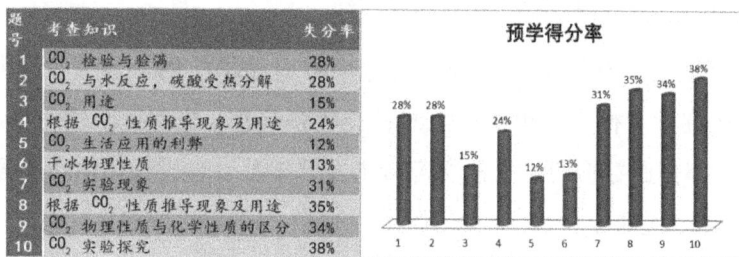

图 3-78　学生预学习题失分率与得分率

接下来是分析本节课的知识点，匹配习题。根据课前预学习题的相关数据分析，可以发现学生归纳二氧化碳的物理、化学性质的能力较弱，对科学实验探究过程生疏。因此，在教学中多渗透实验法，使学生感受实验法的过程、意义、作用，并着重引导学生设计和进行实验，根据现象推导结论，改进实验。

通过预学数据可以实现班级间差异化教学，如图 3-79 所示：对比两个班级预学习题相关数据，可以发现 801 班学生根据性质推导用途的迁移能力较弱，其课堂应侧重讲解推导。802 班学生对物理性质、化学性质区分能力弱，其课堂需要设置习题落实。

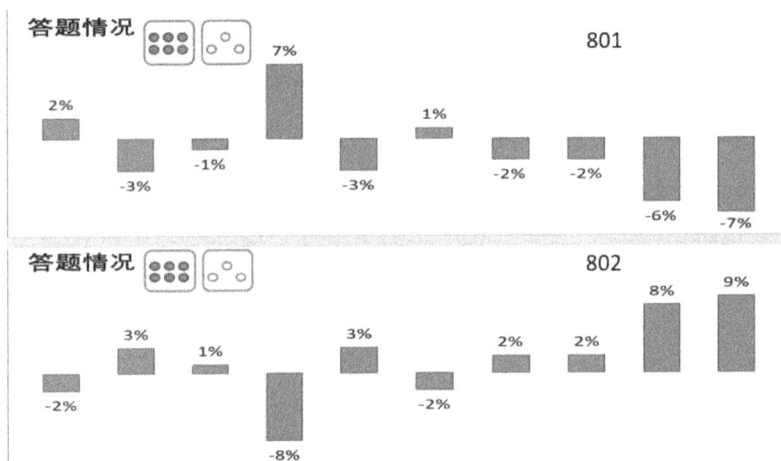

图 3-79　预学习题答题情况班级间对比

（二）动态学习：课堂教学促个性发展

在大数据环境下，对学生学习行为的过程考察和学生的个性化发展均成为可能。PAD 采集的学生在学习行为过程中产生的各类状态信息，成为反映学习情况的数据源，学校和教师可以根据此数据对学生的学习行为及其学习表现进行评估和干预，实现大群体情景下的教学私人定制。

1. 个性定制学习路径

（1）实验探究，因生制宜

开放式实验探究中，每位学生均参与设计实验方案。借助 PAD 即时上传实验方案并即时审阅的特性，教师可以调整座位，使设计思路相同的学生成为一组。根据生本方案实验，实行学生实验个性化定制，实现最大限度的开放式学习，同时开展不同步骤的实验，最终殊途同归，得到相同结论，使学生懂得实验探究是多样化的，要做的是不断优化实验过程，兼容并包。

📖 **例 3-86：CO₂ 与水的反应实验** --

每位学生根据提供的器材和有用信息设计实验（见表 3-13），通过 PAD 即时上传实验设计思路（见图 3-80）。教师根据提交情况，将设计思路相同的学生分为一组，提供器材展开实验。

表 3-13 使石蕊试液变红的物质是二氧化碳还是碳酸?

可能需要的信息	实验器材
蓝色石蕊试纸遇到酸性的物质会变红;碳酸是酸性物质;二氧化碳不是酸性物质;碳酸加热或加压时会分解成水和二氧化碳	蓝色石蕊试纸、二氧化碳、水、二氧化碳制备装置、烧杯

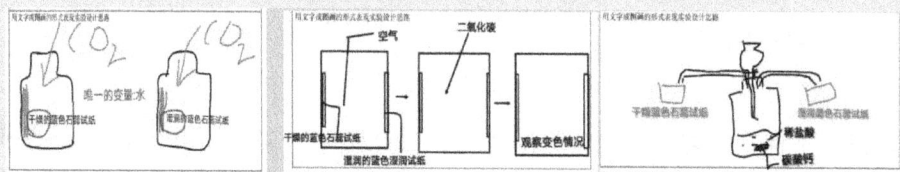

图 3-80 CO_2 与水反应实验设计思路

A 组:向两个装满 CO_2 的集气瓶中分别加入干燥、湿润的蓝色石蕊试纸,观察试纸颜色变化。

B 组:将干燥和湿润的蓝色石蕊试纸粘在烧杯壁上,通入 CO_2,观察试纸颜色变化。

C 组:用气体制备装置制备气体,用镊子将干燥、湿润的试纸分别放置在装置排气导管口,观察试纸颜色变化。

（2）意外现象,个性展示

常规课堂中,学生按照既定步骤做实验,根据预设现象推导结论,出现意料之外的实验现象时,常会因为教学进度、学生很难描述清楚实验步骤、实验突发现象而作罢。

基于 PAD 的精准教学课堂中,实验小组指定一名学生作为拍摄者,用 PAD 记录整个实验过程。当实验出现偏差时,教师将该组实验视频同屏至大屏幕或者同步到每一位学生的 PAD 中,以此为教学素材开展教学,解决个体学生的课堂生成问题,实现实验分析私人定制。

📖 例 3-87:探究 CO_2 不助燃、不可燃、密度比空气大等性质的改进实验

锥形瓶内装有石灰石和稀盐酸,连接三支管。

A 组学生将三支管竖直放置,同时在上下端放点燃的火柴,预期由于 CO_2 密度比空气大,下端的火柴先熄灭,上端后熄灭。实际产生的实验现象相反,该组学生通过同屏讲解本组实验过程,全班共同分析原因并提出解决方案。

B 组学生认为由于火柴火焰对导管内气体加热,气体上升,故高处的火柴先熄灭。

采用先点高处火柴或加长导管的方式，复做实验并拍摄记录，成功小组实验视频同步至每一位学生的 PAD，供交流学习。

利用 PAD 可实现课堂实验教学过程的自动化记录及结果可视化呈现，提高数据采样频率，提升精准教学的流畅度，同时可以把相关结果反馈给所需要的人，如教师、学生、家长等。

2.及时关注偏移个体

（1）课堂练习，动态调整

一般情况下课堂练习在备课时已经成型。AI 课堂可以直接利用 PAD 的自动评阅系统产生实时的课堂反馈，收集学生对知识点的掌握情况，呈现薄弱知识点分布，教师可根据数据分析对课堂练习进行修正，实现针对课堂生成性问题的当堂反馈，节省课堂时间，实现高效课堂。

📅 **例 3-88：CO_2 物理性质与化学性质的辨别** --

课堂练习：将 CO_2 的性质分为物理性质和化学性质两类。学生在课堂上完成练习后，统计数据发现第九题存在 10% 的错误率（见图 3-81），教师当即改变课堂安排，选择 PAD 云作业中的对应习题进行巩固练习：学生完成练习需要 3 分钟；数据分析不占用时间，即时完成；教师讲评针对性习题需要 2 分钟，布置额外的巩固练习耗时 0.5 分钟；学生完成巩固练习需要 1 分钟——总耗时 6.5 分钟。

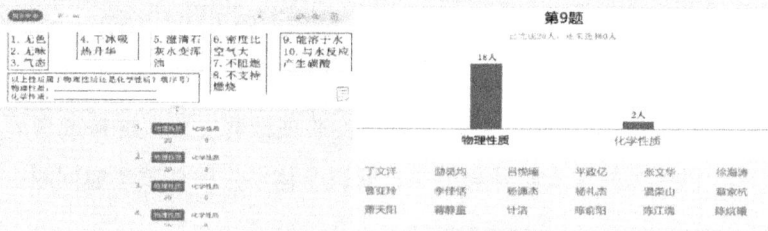

图 3-81　CO_2 性质习题统计界面

常态教学课堂中，课堂练习的正确率无法统计，因此布置的习题都需要讲评。AI 课堂中结合了大数据反馈，能够直接精准定位学生不会的习题，讲评加练，高效率解决学习问题，聚焦每个学生的难点、薄弱点，为课后提优辅差做好准备。

（2）偏离个体，时时关注

通过 PAD 的云课堂平台，可以实现精准教学评价全程伴随教学行为，并对尚未发生的教学环节中的学生表现进行预测。云课堂的反馈具有极高的实时性，如果发现了小比例个体在教学环节中存在知识偏离的情况，教师应在后续衔接教学中更多关注这些学生的精神状态、行为表现、答题反馈等，使对每个学生实施精准有效的关注成为可能。

📓 **例3-89：猜想"使石蕊试液变红的是 CO_2 还是碳酸"** --------------------

学生使用云课堂学生终端快问快答功能（见图3-82），可以快速输入自己的猜想，全班完成答题耗时30秒。预期学生答案：碳酸、CO_2。95% 学生的答案在预期范围内，不需要进行全班讲解。一位学生的答案：$CaCO_3$。在不讲评基础上，该生只能在他人猜想基础上设计实验，而没有真正理解实验探究本质的实验设计是无意义的。其他学生进行实验时，教师可以利用这段时间与该生交流，引导其纠正错误理解，真正明解该假设的意义。

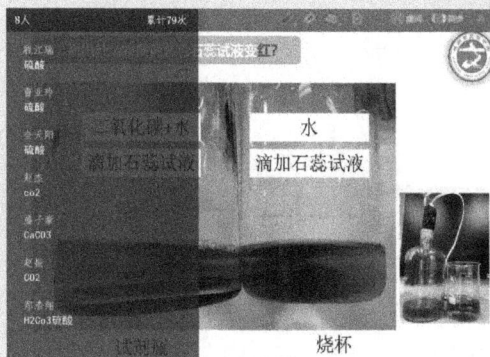

图3-82 快问快答功能界面

课堂教学环环相扣，如果学生在某一节点出现知识性偏差，其接下来的学习过程就很难顺利进行下去。课堂上利用快问快答功能，教师可以在最短时间内精准定位有知识性偏差的学生，进行个体引导，私人定制精简的辅导，帮助学生顺利实现课堂知识衔接。

3. 精准量化交流机制

传统课堂评价模式是师对生纵向评价，没有生生横向交流。学生个体通过教师评价、比较他人课堂表现定位自己的学习水平。自我定位是单向的、孤立的、模糊的。学生自我定位不清晰，影响后期学生学习决策方向。

（1）巧用握手功能

巧妙利用 PAD 云课堂握手功能，可以实现生生实时互动评价。教师布置课堂任务并开放握手功能，学生完成任务提交后，可以看到班级所有已提交同学的答案，可以在他人的练习页面批注打分。

📖 **例 3-90 : 判断茎的类型** --

　　学生在 PAD 上接收习题，画出茎的四种形态，并进行互相打分、批注。教师可以利用同步功能，控制学生 PAD 终端屏幕同步，选择不同得分的学生进行讲解。

（2）巧用点赞功能

　　对于答案具有多样性、普适性的学习任务，可以使用云课堂点赞功能（见图 3-83）帮助学生拓展思路。学生提交后可以浏览其他同学的想法，并对赞同的观点进行点赞。教师终端根据点赞数从多到少进行排序，可以判断班级整体的思维趋向，为下一步精准教学把握方向。

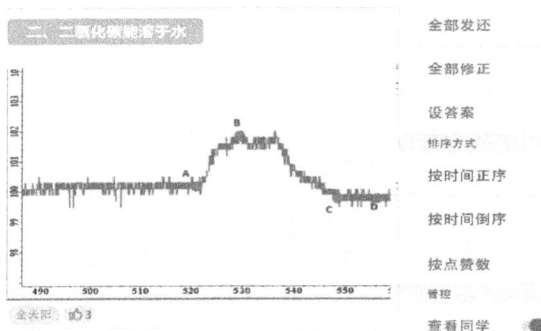

图 3-83　点赞功能界面

（3）巧用投票功能

　　利用投票功能，可以实现数据极速统计、留痕记录（见图 3-84）。展示小组实验成果时，教师针对小组表现使用投票功能，可以快速遴选实验表现优质的小组。投票功能还可以用于统计学生的课堂难点，便于调整课堂。

📖 **例 3-91 : 攀缘茎与缠绕茎** --

　　学生投票选出其认为最难区分的茎的形态：直立茎得 0 票，攀缘茎得 20 票，缠绕茎得 12 票，葡匐茎得 10 票。接下来的教学设计增设两个环节，即区分攀缘茎与缠绕茎，以及头脑风暴列举拥有葡匐茎的植物，以此加深学生理解。

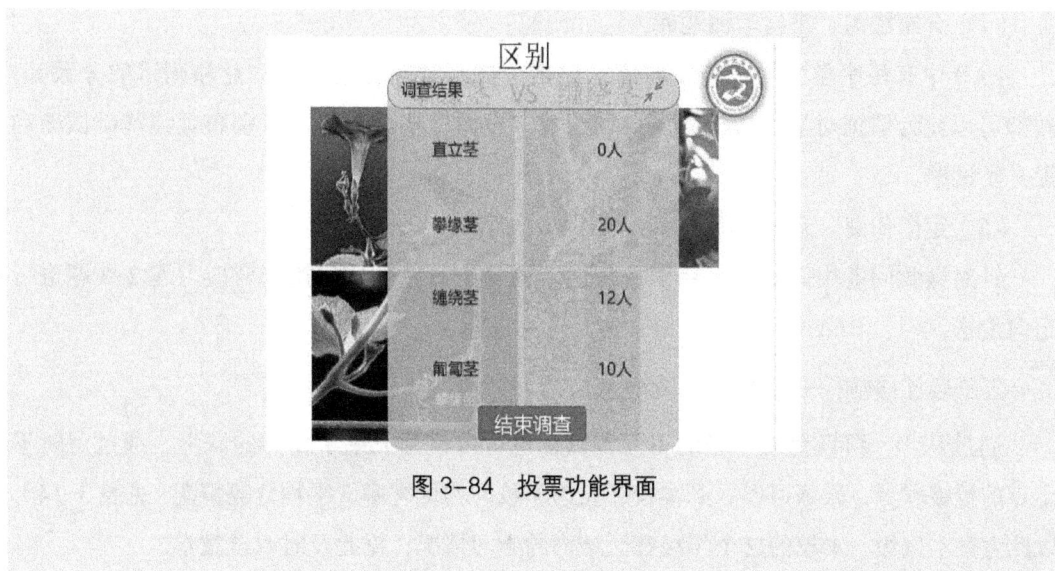

图 3-84 投票功能界面

以上功能实现了课堂教学评价的多维度、全方面、双向性、及时性。同时课堂评价数据保留在 PAD 内。教师可以回放查看学生课堂学情，据此判断课堂效度，调整下一课时的教学进度、难度，调整巩固练习方向。

4. 量化分析课堂交互

（1）巧用温课功能

课后，教师可以通过温课功能查看课堂交互频率、学生互动排名并进行课堂反思，以优化后期课堂互动，调整需关注对象，关注内向学生的答题率

（2）巧用举手功能

在上网课时，教师利用举手功能可以实时统计学生在线人数，调查知识点的掌握情况，获得关于教学进度和难度的反馈。教师通过数据分析可以追踪"掉线"的学生，反思、调整课堂教学节奏。

（三）分层定制：巩固练习私人定制

1. 即时性巩固——课堂配套作业

教师根据学生课堂表现的记录，挑选习题，确定深度和广度。常规配套练习分成三部分：跟踪练习（60%）、分层练习（35%）、定向练习（5%）。

（1）跟踪练习，来自配套练习

教师可以对应教学环节细化知识点，针对课堂上学生群体性掌握薄弱的知识点，根据对应课前预学知识点增加难度，勾选部分练习题。

（2）分层练习，来自学海题库

PAD 中有每个学生的成长资料库，包括个体课堂问答记录、作业和测试的分数等，教师可以此为依据对学生教学分层，利用数字资源库快速组卷，分别布置纯基础试题和提升类试题。

（3）定向作业，来自学海题库

针对课堂问答中同知识点错误反复出现的学生，教师迅速挑选对应习题 2~3 题进行定向发送。

2. 阶段性诊断——年级校际联考

通过 PAD，可设置全年级的单元测试，也可以设置兄弟学校间的联考。通过定时不定点的校级联考，教师可以看到本校在兄弟学校间的优秀率、平均分等情况（见表 3-14），以此考察本班级、本校的这个年级在区域内的学习情况，据此及时改进教学。

表 3-14　成绩情况

班级名称	上交人数	平均分	最高分	及格率
801	44/44	100.7	141	68.2%
802	44/45	97.8	142	68.2%
本校情况	296/300	97.5	144	66.9%
总体情况	879/948	95.2	144	64.0%

3. 成长性练习——一键定制纠错

PAD 后台具备收集学生错题的功能，教师可以设定错题范围、题量，一键布置错题作业（见图 3-85），精准挖掘学生薄弱区域，让学生在原有水平上得到进一步的发展和提升，更好地完成知识建构。

图 3-85　错题作业一键布置

（四）双向评价：评讲方式变革推新

1. 双管齐下，兼顾共性、个性进行讲评练

（1）共性错误课堂讲评，助力群体巩固知识

通过大数据分析，教师可以定位学生错误率高的习题，在课堂上进行精讲以及关联习题拓展。

（2）个体错误微课推送，助力个性查漏补缺

教师可以针对个体错误的习题、分层布置的习题，通过云作业制作微课，让学生通过 PAD 反复观看，学生可以通过响应与教师沟通，实现作业讲评的私人定制。教师端可以查看播放微课学生的总数及其具体姓名。

2. 双向数据评价，兼顾纵向、横向，助力发展

（1）纵向数据比较为主，助力成长进步

PAD 利用其强大的数据收集与分析能力，可阶段性输出学生学习数据，包括课堂答题率、评价点赞数量、作业成绩、考试成绩等。教师可根据相关数据，分析学生一段时间内的学习状态波动，并预测学生未来的学习表现趋势，还可以为个别学生量身定制更为有效的干预方法和措施，以保障学生的个性化发展。

（2）横向数据比较为辅，助力良性竞争

根据数据分析结果（见图 3-86），可以明确某一阶段学生在整体中的定位，以便学生制定更贴切的目标，清楚自己的学习情况。

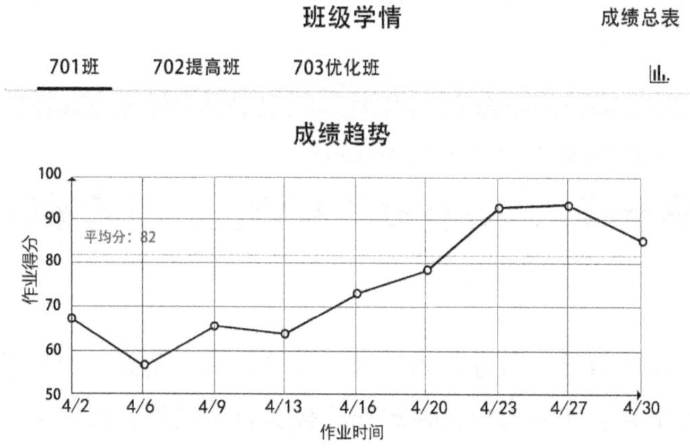

图 3-86　个体成绩趋势

二、实践反思

（一）教师的教学实践更"准"了

教师常态化利用 PAD 开展精准教学，灵活选择教学方式，让教学实践更加"准"（见表 3-15）。教师课前做到了有效备课，课中做到了精准掌握，课后做到了个性辅导。

表 3-15　教师使用 PAD 相关数据

布置次数	布置题量	上交率/%	批改率/%	分层数	错题组卷/次	微课/次	二次批改/次	联云课/次
58	15.5	95.08	98.28	2	4	26	4227	48
31	13.8	75.01	99.60	1	2	21	851	51
53	14.9	97.02	99.79	3	3	34	3380	50
38	13.7	92.58	99.65	1	2	18	2588	48

（二）学生的学习方式更"活"了

基于 PAD，学生形成了个性化的学习模式，强化了自主学习能力，获取学习资源的途径更广泛了。学生得到私人定制的教学指导，发展更多元化了。

（三）团队的教研活动更"快"了

在备课组活动中，教师分工合作，进行有针对性的探讨，使得思考的内容更丰富，感悟更深入了。制作的课件、挑选的习题、录制的微课都能进行一键分享，提高了备课效率。

第十节　"靶向式"科学实验学习策略

初中科学实验课的教学有效性关系到科学教学质量，然而，课堂时间的限制、评价单一等因素导致当下许多实验教学存在重理论轻实验的现象。即使学习了实验原理及步骤，也依旧有部分学生不知该如何完成实验；实验教学过程缺乏对学生的思维培养及过程性评价。本节利用 PAD 及时、准确捕捉学生在实验教学的课前、课中、课后的典型化和个性化问题，通过师生和生生互助，精准解决学生典型化和个性化的问题，突破了学习的时间和空间局限，实现了预学、上课、作业、订正、巩固等问题的精确个性化解决。

一年多下来，学生参与实验课的兴趣增强了，在科学实验动手能力、科学探究能力以及逻辑思维能力上都有了一定的提升。

初中科学课程是体现科学本质的课程，科学的本质就是科学探究。基于实验的科学探究教学不仅可以使学生更深刻地理解科学知识，更好地掌握科学方法，而且能使学生亲身体会科学精神的本质，培养科学情感、态度与价值观，从而更有效地提高科学素养。让学生在学习科学知识的同时经历科学探究的过程，这不仅符合学生的认知特点，能降低学习科学知识的难度，而且也有利于激发学生学习科学的兴趣。

一、当下科学实验课的通病

（一）轻视实验操作规范：一遇实验操作判断题错误率高

📅 **例 3-92：2020 学年九上期末模拟考试题（见图 3-87）**

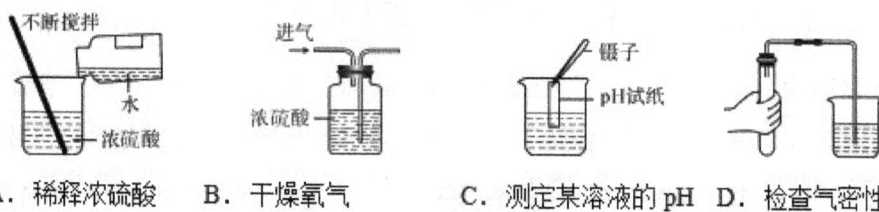

1. 科学实验要规范操作，下列实验操作正确的是（▲）

A. 稀释浓硫酸　　B. 干燥氧气　　C. 测定某溶液的 pH　　D. 检查气密性

图 3-87　九上期末模拟考试题

例 3-33 这道题的全年级正确率只有 70%，其原因是学生在实验中忽视了规范操作的重要性，以及教师在实验教学中无法及时关注到所有小组实验操作的规范性。

（二）实验探究题：一遇设计实验步骤题就不会

📖 **例3-93：杭州市 2020 年中考试题（见图3-88）** -

27. （8分）为探究酸性环境对唾液淀粉酶催化作用的影响，请根据所提供的实验器材设计一个实验方案。

实验器材：试管、1%淀粉溶液、新鲜唾液、5%HCl溶液、量筒、温度计、烧杯、碘液、蒸馏水、滴管、酒精灯、三角架、石棉网、火柴、记号笔、计时器

（1）该实验的原理是：① ▲ ；②碘液能使淀粉变蓝。

（2）设计该实验的主要步骤（可用文字、表或图简要表述）。

（3）预期本实验的结果是 ▲ 。

图 3-88 杭州市 2020 年中考试题

全年级这道题第（1）、（2）小题的正确率比较低，其原因可能是：一方面，教师在新课教学中没有带领学生做过这个实验；另一方面，教师在科学探究教学中忽视了学生自主设计实验的过程。

（三）能力弱化："变化＝不会"，一遇活题不会做

在教学中，会有学生反映，上课时知识点都能听懂，而且课后也认真背诵了，但是对于某些知识点的课后题还是有好多不会的，特别地，一遇到比较灵活的题目，原来会的知识点就不会了。久而久之，学生就产生了畏难情绪，对科学的学习兴趣不大了。

二、归因分析

从以上几个情境中可以发现，学生在学习科学的过程中存在难以真正理解某些科学知识点，在实验探究题中失分较多、较集中，低于教师的预期等情况，这些情况成为成绩提升的瓶颈。

针对以上情况，我们在学校八年级 4 个班（160 人），以及 8 位科学教师中进行了调查，结果如表 3-16 所示。

表3-16　基于实验的科学探究教学现状调查结果

项目	对实验课的重视程度	对实验教学中学生自主设计实验的重视度
调查问题	"你在平时教学中重视实验课的教学吗"（教师） "你在平时学习中重视实验的操作与学习吗"（学生）	"你在实验课教学中是否会给予一定时间给学生自主设计实验？"（教师） "你在实验课学习中是否会认真对待自主设计实验？"（学生）
调查结果	教师 不重视 12.8 比较重视 56.8 非常重视 30.4 0　20　40　60 学生 不重视 43 比较重视 38.8 非常重视 18.2 0　20　40　60	教师 不会 47.2 有时会 40.5 会 12.3 0　20　40　60 学生 不会 51.8 有时会 37.8 会 10.4 0　20　40　60

根据调查结果，我们发现基于实验的科学探究在教师的教学和学生的学习中存在上述问题的原因如下。

（一）操作弱化："实验＝动手做了"，忽视对学生实验操作规范性的评价

课堂上教师安排了小组实验，每个小组也动手进行了实验，但每次实验总是几个学生在动手，其他学生成为观众。教师巡视时只能照顾到个别小组，在展示的环节，也不是每个小组都能上台，实验不成功的小组一般不愿意上台"出丑"。课后，教师也忽视了对这些小组的评价和指正，打击了学生做实验的积极性，助长了不做实验的学生的"不做"意识，实验能力两极分化严重。

（二）假探究："科学探究＝程序化"，忽视学生自主设计实验的过程

教师普遍认为，实验教学看似容易，高效不易。学生存在的问题各种各样，教师无法一一进行干涉。课堂时间有限，不能对每个学生的问题都纠正落实。在实验设计环节，教师往往会选一些优秀的作品作为范例，展示给学生，以便开展下一个教学活动。事实上，学生的写、画水平因人而异，"一刀切"空白的实验任务单忽视了学生的语言表达能力和画图能力，能力弱的学生写了方案，得不到点评，或者与优秀的方案相距甚远，其积极性受挫，心想反正有同学会做的，等着就好，在下一次完成实验设计任务时更加消极怠工。

（三）知识本位："科学＝科学知识"，误认为科学只是理论知识的学习

我们经常会听到"今天这个实验，有兴趣的同学回家可以试一试，我们就不在课堂

上做了"。或者，因为实验现象不明显，就用微视频代替，含糊过关。许多教师潜意识里的知识本位根深蒂固，往往把科学实验内容当成知识教学的附属品，是可教可不教的"软任务"，认为没什么用，还不如将宝贵的 40 分钟用在讲科学知识点上。相对于知识的不稳定性，一个人的能力、态度、价值观往往会伴随他的一生。不仅教师在教学中会忽视实验的教学，学生在一定程度上也不重视实验，认为学习科学只要背现象、套知识点就行。

针对以上问题，需要在思想上重视科学探究的教学，还要改进教学设计和教学策略，想办法克服传统实验课教学中的困难，从而优化科学探究课的教学效果。由此，"靶向式学习 +PAD"的方法应运而生。

三、概念定义

（一）PAD

PAD 是指储存、记载和查阅信息、资料的电子装置，其将学生书包里的教材、作业本、课内外读物、字典等全部数字化后，整合在一个轻便的移动终端中，是一个以学生为主体、个人电子终端和网络学习资源为载体的，贯穿于预学、上课、作业、辅导、评测等学习各个环节，覆盖课前、课中、课后学习环境的数字化教与学的系统平台。

（二）"靶向式"学习

本节中的"靶向式"学习是指利用 PAD 及时精确捕捉到学生在实验课的课前、课中、课后的典型化和个性化问题，利用 PAD，通过师生和生生互助，精准解决学生典型化和个性化的问题，它的特点有：问题针对性强，精确度高，有效性强。

（三）微视频

微视频是由教师制作的，时间为 5~8 分钟，能讲清某一个重要知识点或题目，帮助学生解决学习中难以独立解决的问题的视频资料。其特点是视频中没有人像，主要内容是板书和语音讲解。由于微视频是师生和生生之间一对一的单独辅导，学生易于接受，讲解落实率高。

四、"靶向式学习 +PAD"学习策略

初中科学实验教学"靶向式学习 +PAD"教学模式，分为课前、课中及课后三个阶段。三个阶段相互联系，相互影响，缺一不可，组成实验探究学习的统一整体。例如：学生在课前进行新知预学，发现、分析问题，完成实验方案的构想，而实验方案成为课中活动的起始要素。在这三个阶段，实验教学活动分为教师活动和学生活动，教师活动的作用为引导学生开展实验探究学习活动。下面对每一阶段进行解释分析。

（一）有效课前预学，提高课堂效率

基于 PAD 的初中科学实验课堂，打破了之前"教在先，学在后"的课堂模式。课前，教师将学习资源包发布在 PAD 系统中，学生可以在课前完成学习任务，带着问题进入课堂。课前预学能让学生在课堂中容易跟上，而且在课前设计实验方案，促进了学生的思考，也提高了课堂效率，能帮助解决实验课教学时间不够用的问题。

1.学习资源包导学：明确课前问题

（1）教师课前精心备课，上传学习资源包

课前预学旨在让学生发现问题，在资料阅读、分析中，完成实验方案的设计。在课前阶段，教师依据课程标准精心备课，准备学习资源包，在 PAD 中上传学习资源包。学习资源包包括微视频、学案、资料等。

（2）学生利用学习资源包自学，设计实验方案

学生在家自行下载学习资源包进行预学。学生观看微视频，认真观察并思考其呈现的生活/社会现象，从中发现问题，这是引发学生构想实验方案的前提。发现问题后，学生带着疑问阅读相关资料，建立一定的认识基础，进而观看实验反应装置、条件的同类微视频，联系已知并进行相互讨论，完成实验方案的设计。

化学实验强调学生的学习应符合社会生活实际情况。与一般教学模式相比，该模式在创设情境、引入问题的过程中，注重呈现生活/社会的真实现象。一方面，不会让学生有一种陌生感，反而使其感到化学并不遥远，有利于调动学生的学习积极性和激发他们进行探究的兴趣；另一方面，生活/社会现象还原知识问题，使学生知道和理解化学知识的应用，明白通过实验学习可以解决日常生活和社会实际问题。例如播放"酸度过高的土壤植物不易生长"的微视频，能让学生发现"酸度过高的土壤不适宜植物生长"的化学知识。在实验方案的设计方面，该模式结合化学实验探究，引导学生在发现现象问题后，阅读资料，建立认识，随后观看同类实验的反应过程视频，与已有知识经验建立联

系。例如：学生在构想"二氧化碳制取的反应装置"时，可以观看同类气体制取实验"氧气制取的反应装置"的视频，回顾知识点，从而进行方案的设计，为课中实验探究提供合理的方案（见图3-89）。

归纳获得的主要课前问题为：①根据PAD统计发现，第2题有部分学生写到了防止气体溢出去。②根据PAD统计发现，第4题学生回答得都不完整。

二氧化碳的制取和性质——微视频学习任务单

【实验器材】
石灰石（或大理石）、稀盐酸、澄清石灰水、紫色石蕊试液、蒸馏水、锥形瓶、烧杯、双孔橡皮塞、橡皮管、玻璃导管、集气瓶、玻璃片、蜡烛、木条、火柴、铁皮架。

【实验步骤】
1. 制取二氧化碳 
（1）按图组装好制取二氧化碳的简易装置，检查装置气密性。
（2）在锥形瓶中加入几小块大理石，塞紧带有长颈漏斗和导管的橡皮塞。

（3）把气体导管插入集气瓶中，导管口应处在接近集齐瓶的瓶底处。
（4）通过长颈漏斗加入适量的稀盐酸，锥形瓶中立刻有气体产生。
（5）片刻后，把燃着的火柴放到集气瓶口的上方，如果火柴很快熄灭说明集齐瓶口已经收集满二氧化碳气体，盖好毛玻璃片，将集齐瓶瓶口向上放在桌子上备用。

2. 试验二氧化碳性质
（1）把一支短蜡烛固定在烧杯中的铁皮架上，点燃。向烧杯中缓缓倾倒二氧化碳。

1. 为什么长颈漏斗下端要伸入液面以下？

2. 集气瓶中的导管为什么要接近底部？

3. 伸入锥形瓶中的导管为什么要短些？

4. 实验室制二氧化他时，能否用浓盐酸或硫酸来代替稀盐酸？为什么？

图3-89 "二氧化碳的制取和性质"预学作业

（3）教师依据课前问题，二次精准备课

教师依据学生上传的预学作业，进行分析，针对课前问题二次精准备课。二次精准备课主要是针对课前问题增减课堂内容，提供突破难点的方法。分析问题①，认为原因是学生没有理解二氧化碳的密度比空气大。教师在课堂上提供了一组数据，比较了二氧化碳与空气的密度。分析问题②，认为解释不清楚的原因有两个：一是不了解浓盐酸易挥发；二是部分学生论述缺乏条理。课堂上，教师对解释技巧进行了适当指导。

2. 师生间及时交流：突破空间限制

（1）生生间交流讨论

在课前预学过程中，学生可以通过响应与组内其他成员进行交流讨论，在设计实验方案时利用这项功能，能帮助学生解决问题，互助互学。

（2）师生间交流评价

在课前预学过程中，学生如碰到难题或困难也可以和教师进行在线交流，向教师寻求帮助，这有助于教师及时掌握学生们的预学情况。

3.课堂实验的延伸：家庭实验

（1）家庭实验为课堂演示做铺垫

有些演示实验，可以事先让学生利用家里的生活用品去动手做一做，PAD的视频拍摄功能可以助力家庭实验。教师可通过PAD将一些注意事项或重点进行微视频的分解展示，帮助学生安全地、顺利地完成实验，避免操作问题导致实验无法完成。学生的实验过程也可以以视频的形式上传，让全班同学看见，在课堂上教师还可以分小组进行点评。

📖 **例3-94：大气压强的存在** ----------------------------------

利用生活中的一些现象来证明大气压强的存在：①覆杯实验；②牛奶盒的变化；③瓶中取袋。

案例分析：这些实验所需的物品在家里都能找到，教师事先把实验要求和注意事项发布到PAD上，避免操作问题导致实验无法完成。除了课本上的实验，还可以激发学生的创造力，让学生找找生活中其他的例子并动手试一试。学生的实验过程可以让家长用PAD拍摄下来并上传。

相比课堂的演示实验，学生在经历动手实验的过程中，对大气压强有了感性的认识，建立了大气压各个方向都存在并且很大的概念，为新课的学习打下了基础。同时，学生通过动手实验，不仅锻炼了实验操作技能，而且产生了学习科学的兴趣。

以下是学生进行的一些家庭实验（见图3-90、图3-91）：

图3-90　瓶口吞蛋实验　　　　　　　　　　图3-91　覆杯实验

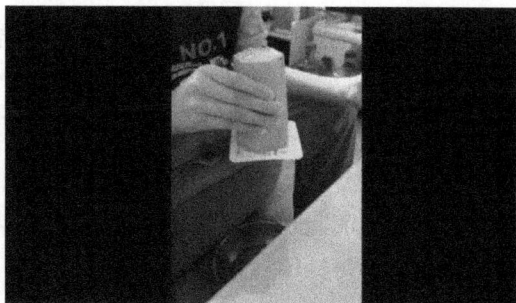

教师对于学生每周预学时设计的科学实验进行跟踪，并对有价值的实验做好优化指导，以便在课堂中展示学生风采，让学生体会实验课的乐趣。

📖 **例 3-95：物质的导电性** --

　　对于人体是否是导体的问题，学生做了很多思考，但实际能通过实验得到结论的很少。有一组学生是这么做的，他们通过网络搜索相关知识，从网上购买音乐贺卡，将其连接的导线剪断后，用双手用力捏住剪断处，音乐贺卡仍然发光且发出了音乐。他们在课堂上进行演示，同学们在听到音乐的瞬间，一齐鼓掌，都认识到人也是导体，这为后期学生开展自主性实验打下了坚实的基础。

（2）教师在课堂上做衍生实验

　　课前，教师通过学生在 PAD 上传的视频，已经对学生的实验准备工作有所了解，并对相对较为有价值的实验进行了指导。教师可以在学生设计的实验基础上，合理地创设衍生实验，让学生能够进行深入探究，并对这一系列的实验进行总结归纳。

📖 **例 3-96：物质在体内的循环** --

　　教师事先要求学生通过自主找寻的方式和方法，理清人体的血液循环，很多学生自主作图，设计了规范而又简单的逻辑图。然而其中一组学生在课后提问：动物的血液循环和人体是否类似？我们就建议该组学生用猪心来开展相关实验。学生以不规范的解剖方式呈现了科学的猪心结构，又通过灌水的方式呈现了血管的位置及血液流动的方向，这样的形式给课堂提供了活力。后来，我们又专门以"解剖猪心"为课程内容展开了一堂别开生面的解剖课，使学生对人体的血液循环有了更进一步的理解。

（二）聚焦课中成效，关注能力培养

1.实验方案设计：个性化评价，巧用云课堂

（1）实验方案呈现——个性化评价

课堂上的实验往往是教师或者视频演示之后，学生再动手操作。这样做的好处是，学生拿到实验器材之后不会无所适从，实验的效率比较高。但其实这个过程学生只是单纯模仿教师的动作而已，并没有进行独立的思考，结果是做实验只是走了一个形式，长此以往，学生的能力得不到锻炼。为了让学生做好、做足实验，并且使学生实验具有一定的独立性，提升学生的科学素养，应该给予学生时间来自己设计实验方案。教师对每组的实验方案同屏展示，并进行个性化评价。

📅 **例3-97：分组实验课"影响蒸发快慢的因素"** --

　　提出假设，由教师介绍实验器材，学生根据提供的实验器材设计实验方案（见图 3-92）。

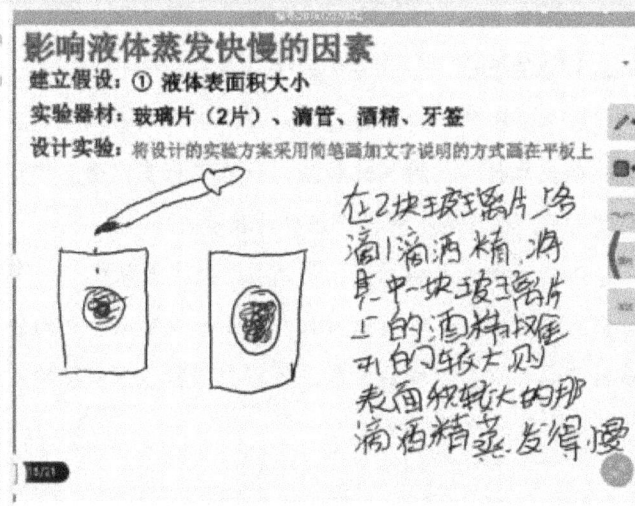

图3-92　学生设计的实验方案

　　只有把自己的实验方案和实验过程放上屏幕，学生才能真正觉得这里是自己的主场，才会真正实现从被动到主动的角色转变。学生既可以做同学的老师，也可以做自己的老师。通过自行设计实验方案，学生加深了对知识点的认识，同时真正地培养了自己的科学实验能力。

　　（2）学生投票评价——提升全体学生的参与度

　　新课标要求教师给学生"创造一个人人都能参与科学学习的环境"，PAD 的学生投票评价功能恰好能帮助教师搭建这样的平台。针对前面各组设计的实验方案，教师利用该功能可以及时地进行评价，并让所有的学生都参与课堂答题，有效地将学生想法反馈到 PPT 上，提升了课堂的活跃度。

　　2. 实验过程可视化：规范操作，巧用视频拍摄

　　初中科学实验课主要有两大类：演示实验、学生分组实验。结合这两类课的特点，演示实验的视频需要较高的清晰度以及实验现象持续较长的时间，学生分组实验的视频需要实验过程的规范性。

　　（1）演示实验——巧用视频拍摄，记录并放大实验现象

　　在科学实验课堂教学中，演示实验是必不可少的一个环节，但是往往存在以下两个

问题：其一，演示实验的可视角度低，很多学生由于距离较远，难以观察清楚实验现象，甚至被前面的同学挡住视线，连实验仪器也看不见。长此以往，会抑制学生学习的积极性。其二，无论是教师演示实验还是学生自己动手的实验，很多实验现象都是转瞬即逝的，这就让很多学生无法清楚地观察到实验现象。

📖 例 3-98：演示实验"水的组成" ----------------------------------

问题：在这一节课中，除了介绍水的组成以外，还要现场实验电解水，并且验证氢气和氧气的性质。实验现象持续的时间比较短，造成了很多问题。很多学生还没有反应过来，实验就已经结束了，往往达不到我们想要的教学效果。

解决方法：利用 PAD 的视频拍摄功能，记录并放大实验现象。

优点：实验现象更加清晰，通过视频回放，学生可以重温一些短暂的实验现象，有助于在课堂上对实验现象的分析。课后，教师可以把实验视频发送给学生，学生在课后做题碰到问题时，可以借助视频解决问题。

（2）学生分组实验——借力视频拍摄，规范实验操作

PAD 的视频拍摄功能可以实现学生在进行分组实验的过程中，将自己做的探究实验过程拍摄下来。教师可以事先在 PAD 中上传实验操作评价表。一方面，学生可以分析自己在实验过程中存在哪些不足，以及造成误差的人为因素是哪些；另一方面，可以通过所拍摄的视频重新温习一遍实验过程，重新理解实验的要点与目的。同时，教师需要及时组织学生同屏展示实验过程及成果，并组织汇报实验过程。之后利用实验操作评价表讨论他人实验操作过程中的优缺点，以扫除学生自己操作中的盲点。

📖 例 3-99：分组实验"动物细胞和植物细胞" -------------------------

以观察洋葱表皮细胞和人体口腔上皮细胞展开实验，各组学生利用 PAD 的摄像功能，实时记录组内同学实验过程中的基本操作和实验现象，并对典型的问题进行抓拍，通过对拍摄内容的回放及时解决学生的实验过程中遇到的困难，纠正操作时的错误。变单方面的信息传递为双向活动，把小组实验变成了全班整体实验，也将原来师生互动的模式转化为全班互动的模式。在实验中，学生利用实验操作评价表进行打分，实验操作评价表如表 3-17 所示。

表3-17　"临时装片的制作及观察"实验操作评价表

实验	序号	实验内容	操作达标情况
洋葱表皮细胞临时装片	1	临时装片制作按擦、滴、取（撕）、展、盖、染、吸的步骤进行	
	2	用低倍镜观察临时装片，找到洋葱表皮细胞	
	3	用高倍镜观察临时装片，并在课本指定位置画出观察到的洋葱表皮细胞	
口腔上皮细胞临时装片	1	临时装片制作按擦、滴、取（刮）、涂、盖、染、吸的步骤进行	
	2	用低倍镜观察临时装片，找到口腔上皮细胞	
	3	用高倍镜观察临时装片，并在课本指定位置画出观察到的口腔上皮细胞	
	4	整理：①清洗盖玻片和载玻片；②显微镜按规定整理；③桌面清理干净	

优点：这节课中，教师主要利用了实时拍摄同屏的功能，以及实验操作的量化评价表。实时拍摄的好处在于实验能实时跟踪，反馈及时、有效，学生能得到更多的感性认识。得到的图片和短片可以经过后期整理，把相关问题归类后再次应用于课堂，可以慢慢积累形成一定的数据库。这样的PAD的记录分享模式，及时拍摄实验过程就能及时分析评价，提升了实验课的教学效率和质量。

3. 课堂作业：及时评价，巧用云课堂

（1）及时反馈，突破教学难点

一个好的课堂不仅仅包含完整的教学内容、学生高涨的参与热情、多样的教学活动，还有学生对于知识的掌握，因此在评价一节课的完整性与是否成功时，我们必须考虑到课堂反馈。既然是课堂反馈，就必须有时效性、检测性，对于教学重点或难点有针对性。而现在课堂反馈大多数只有针对性，一方面难以保证所有学生都参与检测，另一方面在课堂上难以及时统计学生的完成情况，不利于之后教学内容的开展。

学校学生人手一台PAD，实现了云作业管理，能够提供即时学生动态学习数据。另外，云课堂是PAD系统自带的一个上课工具，可以及时反馈课堂练习完成情况，无须学生上交作业，教师不会在批改后才反馈掌握情况。

📖 例3-100：《物质的溶解》-------------------------------------

在课堂上及时看到学生的作业情况，并根据情况改变教学策略（见图3-93）。

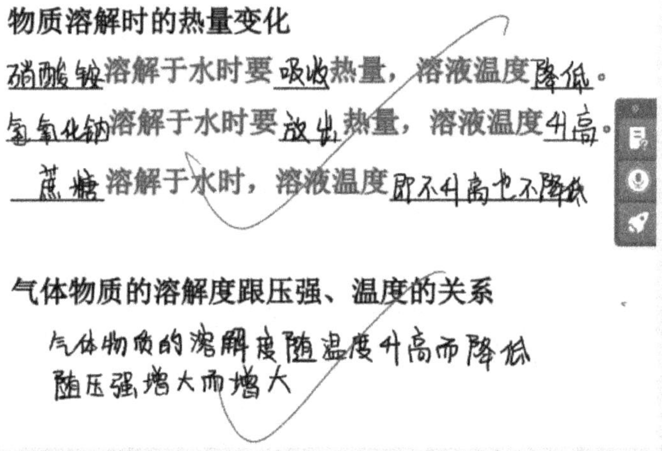

图3-93 "物质的溶解"课堂作业完成情况

优点： 课堂中，统计错题数据后呈现同屏投影，让学生思维高度集中，时刻关注自己有无做错，教师再解决疑难问题，学生印象深刻，课堂教学目标得以落实。

（2）师生同屏，面对面讲解

教师一开放答题，学生就可以在自己的PAD上开始答题，作答完毕后选择"提交"，教师就可以即刻收到学生的答案，并进行批改，突破了时间的限制。同时，教师可以选择"展示"，使典型错误能够在每一位学生的PAD上呈现，使得讲解更加具有目的性。同样，学生展示时，能够结合PAD，进行有针对性的讲解。这在很大程度上避免了部分学生偷懒、不完成课堂反馈，或者随波逐流、不进行独立思考的现象，大大提高了课堂反馈的及时性和针对性，使得教师在之后课程内容的安排上更加有针对性。

（三）精准课后检测，提升运用能力

1. 课后作业：多元评价，巧用云作业

（1）作业评价多元化

利用PAD实现评价内容和评价方法的多元化。教师不再局限于面对面的点评和辅导，借助PAD中各种互动手段和技术，可以发挥过程性评价的指导作用。学生可以进行自我评价，利用网络与同学进行在线讨论，并根据自身情况收集所需的各种学习资料。

学生自评递交每次作业后，教师进行批改，数据呈现客观公正，作业排名、完成时间、有无订正等信息有利于教师开展第二天的教学，学生端有每位学生的个人排名，教师端有同年级班级排名，可以给学生形成压力。

（2）自主订正，及时反馈

学生提交作业到PAD平台后，平台自动批改并把结果反馈给师生。学生要把会订正的题目订正好并写上解析，如审题不对或者粗心导致错误；确实不会的可以先不订正，把错误的答案上传，到校后要及时问教师，订正好并写好解析。

2.录制微课：个性化辅导

（1）突破知识点的限制，精准化辅导

课后，教师可以根据云作业的统计数据以及学生课后发来的问帖，选择典型的题目录制微课，学生可以根据自身情况选择观看合适的微课。微课可以对实验课中学生感到困惑的、理解不深入的、实验操作不清晰的内容进行讲解，学生可以对重难点知识、实验操作及现象进行补充说明和重现。

（2）突破时间、地点的限制，开展远程辅导

微课能更好地帮助学生复习，不仅可以在课堂中使用，还可以带回家，边看边做题，不清楚的地方可以暂停或反复回放，以获取最大的收获。

3.数据分析：精准错题组卷

（1）精准复习，为学生减负

系统基于大数据统计分析功能，实现个性化的错题组卷。这不仅有利于学生减轻负担，提升效率，精准高效地消除自己的知识薄弱点，保留错题痕迹并进行复习，更是中考的利器。

（2）突破被动作业的限制

布鲁纳曾经说过："学习的最好刺激是对所学材料的兴趣。"兴趣让学生的注意力更为集中，兴趣让学生的求知欲更为强烈。初中阶段的学生对游戏有着很大的兴趣，更在乎游戏中的排名，PAD中的"刷题王"设计了学科成绩排名，既显现学科特质，又不失乐趣。

在"刷题王"中，还有全年级学生排行榜，激发学生的竞争意识，从而激励学生认真答题的意识。这样寓学于乐，在游戏中学习，和普通的作业本上的等级或者分数带给学生的趣味截然不同，让作业不再枯燥，让作为不再被动，学生可以主动、积极地去完成对应的知识练习。

五、实践成效

（一）优化实验教学的学习效果

1.学生提前预学，设计实验方案，减轻课堂负担

以前的实验课堂由于教师难以精准把握学生的学情，其往往运用经验进行备课，针对性不强，学习效果无法进行当堂检测和反馈，课后布置的作业缺乏针对性，这些问题导致实验课教学效率不高。而且，把学生对于实验方案的设计放在课堂上进行，时间比较紧张，往往会让动手操作的时间不够。不断的研究和探索增强了我们对科学实验课教学的认识，利用 PAD 精准的问题捕捉能力以及强大的学习资源共享能力，可以有效策划课前、课中、课后三个教学阶段，有效优化了实验课的教学效果，学生的科学素养不断提升（见图 3-94）。

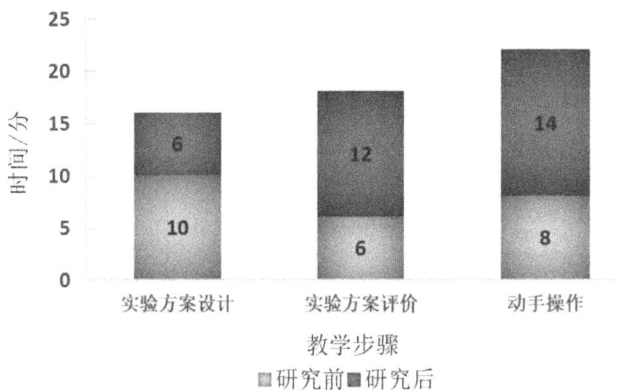

图 3-94　研究前后学生实验设计、评价以及动手操作环节时间分布

2.学生有充足时间自主设计实验方案，提升科学素养

实验探究学习强调学生在观察、分析、记录中归纳反应原理，为达到预期效果，需要教师的监测指导。为保障学生亲身经历自主学习、发现构想、分析归纳、评价反思等具有探究行为特征的学习活动，需要付诸相应的时间。因此，如果学生能够在课前阶段，构想出一个切实可行的实验方案，不仅可以为课上的探究过程争取更多的时间，而且可以保障探究活动的序列化发展。学生会有更多的时间自主设计实验方案，教师也有时间能对更多学生的方案进行个性化评价，学生的科学素养提升了，对科学知识的理解也更加深刻了（见图 3-95）。

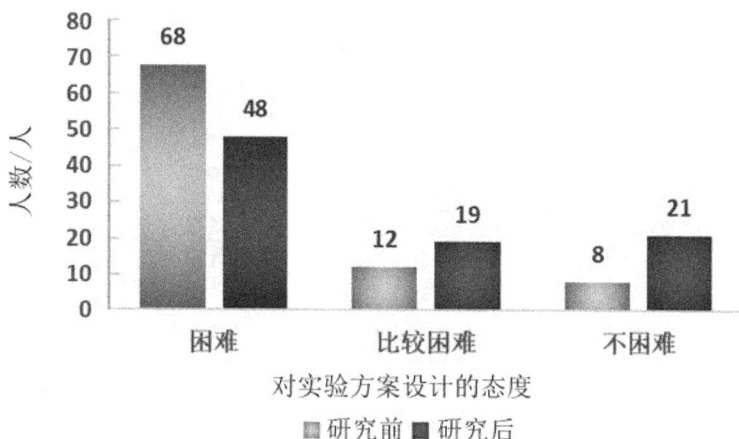

图 3-95　研究前后学生对实验方案设计的态度对比

3. 借力 PAD，培养学生实验操作的规范性

借力 PAD 的视频拍摄功能，对学生实验过程的记录与评价有效提高了学生实验操作的规范性。

（二）提升学生灵活运用的学习能力

1. 学生的学习积极性大大提高

课题实验过程中，学生的课堂参与度与以往相比有明显不同。学生上课更专注，发言人数更多，课堂情绪更饱满。优质的导入引导学生积极动脑思考，给学生充分的自由表达意见的机会，使其从内心里乐学，从而激发探究的兴趣。课题实施过程中，学生更加热爱科学实验，对科学课的学习兴趣大大提高，畏难情绪也渐渐消失了。

以下是学生课后与教师交流的只言片语：

> 这学期科学学习好像变得轻松了，本来不喜欢科学的，现在上课时也不知不觉地觉得有意思了。——沈同学
>
> 我很喜欢教师课前的预学环节，PAD 上丰富的学习资源让我对第二天要学的知识有了准备，降低了课堂听讲的难度。——王同学

不仅如此，对科学课态度的调查问卷获得的数据也证实了这一点（见图 3-96）。

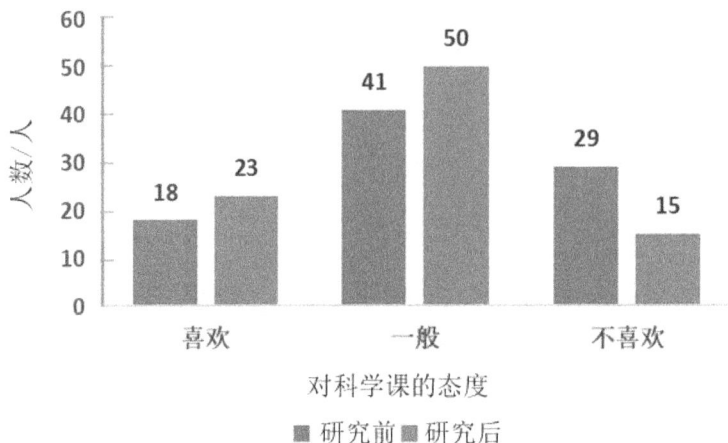

图 3-96 研究前后学生对科学课的态度对比

2. 学生的自学意识及自学能力增强

培养学生的自学意识、习惯和能力是素质教育的首要任务与目标，也是教育成败的关键。自学能力要同自学精神一起增强，只有拥有独立学习的动机和兴趣、自学成功的实践经历、坚强的意志，自学能力才得以形成并发挥作用。因此，在长期的努力中，学生学习的积极性有了明显的提高。以前的一人课堂已悄然离去，以前的低效交流随着学生自学能力的增强也在不断高效化。

3. 学生的学业成就有了提升

经过一年的实践研究，实验班的学生参与"靶向式学习+PAD"实验探究教学，他们的学以致用水平有了显著提升，学业成就也有显著的提高。2020 年，八年级实验班与对照班的成绩如表 3-18 所示。

表 3-18 八年级实验班与对照班期末测试实验题得分情况

班级	操作规范性优秀率 /%	实验探究题优秀率 /%
实验班	86.4	29.6
对照班	70.3	4.8

从表中数据我们可以清楚地看到，在相同的起点基础上，实验班在八年级期末检测中体现了明显的优势。从以上实验对比数据中可以发现，课题实践研究的班级在实验探究题上的优势特别明显。

（三）丰富了教师学为中心的教学策略

1. 依据 PAD 的信息反馈，定"教的起点"，教学过程更高效

借助 PAD 的提前预学，可以及时反映学生的原有知识起点，以便增加或减少某一部分的教学内容，使教学的流程更加流畅。教师通过提前掌握的预学单信息，精准地减少教学环节，一切随着学生的动态反应而变化，而不是拘泥于备课设计。

2. 依据学生的学习规律，定"教的内容"，教学资源更生本

课题实施以来，教师由原来的只关注教材转向既关注教材，又关注学生。教师会随着学生的现状随时调整课堂教学结构，留出更多的空间给学生（见图 3-97）。教学由原来的单一知识传授向情感、态度、价值观等全面培育的方向转变。教师在不断的实践与反思中越来越清醒地认识到：只有适合学生的教育，才是真正的好的教育。

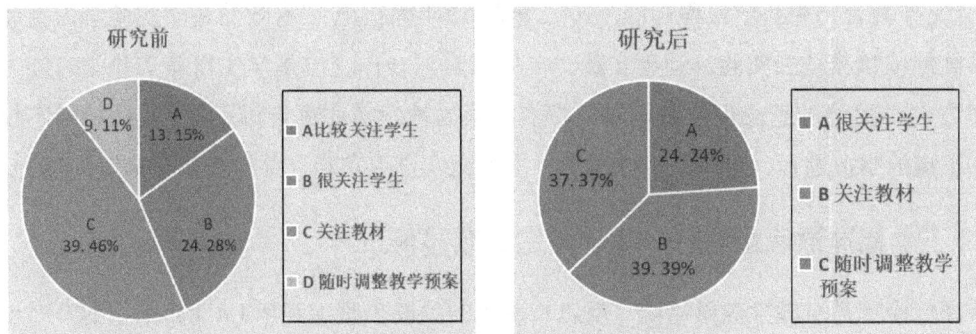

图 3-97　研究前后教师对学生关注程度的对比

3. 依据学生的需求，定"教的策略"，教学互动更和谐

课题实验加强了教师们的科研意识。在研究过程中，课题组学习了许多材料，从共同备课、同课异构，到写案例、撰反思，渐渐摸索出了方向和策略。

课题组研究出了一系列基于 PAD 的实验教学新课型，这些课型获得了专家和一线教师的一致好评。另外，教师们共同感受到，经过课题研究，自己的教学设计变得更加灵活，对于学生的学的关注度更高，学生与教师的课堂互动更加流畅，课堂时间在师生交流中快速流逝，上课成了双方共同的享受。

六、实践思考

（一）有效课前预学——助力提升课中教学效率

在实验课的课前预学过程中，学生如果被教师简单地用一张预学单应付，会缺乏亲身体验，或者直接通过视频去观察学习，则很难预学实验操作技能。实验课预学失去了效果，学生的实验学习能力自然得不到提升。因此，在实验课预学中，教师应该尝试利用现代信息技术——PAD，给予学生丰富的学习资料，同时记录学生的一些家庭实验，体现学生的主体地位，这样才能让学生的学习热情得以激发，学生就能在课堂这片小天地里尽情展示自我。

（二）聚焦课中成效——助力提升科学素养

《义务教育初中科学课程标准（2011 年版）》明确指出："有效的科学实验学习活动不能单纯地依赖模仿去实验。动手实践、自主探索与合作交流是学生培养实验学习能力的重要方式。"这样的理念促使我们对科学实验课的教学模式进行再思考：实验教学不仅仅是知识点的掌握过程，更应是引导学生自主探究、自主实验，并提升科学素养的过程。

（三）精准课后检测——实验课堂成效显著

课后检测是对教学效果检测、反思与改进的关键步骤，利用 PAD 云作业的及时检测与反馈功能，并辅助以个性化的微课答疑，有效地提升了实验教学的成效，也增强了学生学习科学的信心。

初中科学课程是以提高学生的科学素养为宗旨的课程。利用 PAD 可以及时精确捕捉学生在实验课的课前、课中、课后的典型化和个性化问题，优化教学设计，提升学生的参与度，真正地培养学生的科学素养。通过实验课程与现代教育技术的整合，实现既有趣有料、师生互动性强，学情反馈又及时的高效实验课堂是完全可能的，其教学效果也因此事半功倍。

第四章

AI 课堂的案例解析

第一节　语文"联云课"精准教学

一、案例背景

随着新冠肺炎的流行，大批学生被困家中进行线上学习。线上教学对教师和学生来说都是一个全新的挑战，我们需要克服诸多的困难。线上教学存在以下问题。

（一）缺少互动，质效较低

线上教学与线下教学相比，最大的困难在于教师无法把握学生的学习状态。线下课堂中，学生的学习状态很直观地展现在教师面前，教师可以用一个眼神、一个提问、一次点名，马上把不在状态的学生拉回到学习中。而在线上教学中，教师与学生之间缺少了交流。一些学习平台即使有连麦互动的功能，也由于网络的不稳定性和较浪费时间等原因，不能收到很好的互动效果。学生一味地听教师讲述，会疲劳，无法高质量地听完一节课。线上课堂缺少教师的监管，学生是否具有自觉性是其能否认真完成线上学习任务的重要条件，但对初中学生来说，自觉性恰恰是不足的。因此线上教学总体来说，质效较为低下。

（二）反馈不足，无法纠偏

线上课堂中，教师无法把握学生对每个环节、每个内容的掌握情况，无法落实教学。线下课堂中，看到学生似懂非懂的眼神，抑或是听到学生错误的回答，教师可以马上再讲一遍，直到学生明白为止。而在线上教学中，教师很难得知学生真实的情况，无法得到学生的有效反馈。这就会导致一个问题：教师以为学生都懂了，按照自己的节奏上完了一节课，实则有很多问题没有解决。

（三）家校沟通，难以有效

教师在线上课堂中能了解到的学生情况与线下教学中相差甚多，因而家长无法从教师这边获得有效的反馈，也无法及时纠偏。多数家长需要上班，白天只留孩子或孩子和老人在家上线上课程，因此，教师从家长处获得学生在家的学习情况也比较困难。在双方都对学生了解较少的情况下，家校的沟通也难以有效进行，自觉性低的学生就容易偷懒。

学校采用联云课进行线上教学。为了克服这些困难，我们也在努力探索解决这些问题的方法，通过实践与探索，不断改进教学。接下来是我们结合"联云课"与"钉钉"这两个软件进行线上教学的几点尝试。

二、提升线上教学质效的策略

（一）加强互动，提升课堂参与度

加强互动可以保持学生的学习积极性，促进学生思考，提升学生课堂的参与度。如果互动得当，即使是线上课堂，依然能够充分调动学生的学习积极性和学习热情。线上教学缺乏教师对学生学习状态的直观把握，而加强互动可以让教师有效地了解学生的学习状态和对本节课知识的掌握情况，从而调整教学。

（二）多种途径，获取有效反馈

有效的教学反馈既能真实地反映各个层次学生的知识水平，又能有效地促进教师调整教学，它是教学中不可忽视的重要环节。课堂是掌控学情的主阵地。课堂中师生的互动过程能真实地反映出学生的学习情况和参与活动的积极性，因此课堂的有效反馈极为重要。同时，预学作业、巩固作业和早读情况也是反馈学生自主学习与知识掌握情况的重要方面。此外，我们可以通过每周定期的检测来直观地获取反馈信息。

（三）及时沟通，增强家校联系

教师可利用钉钉家校群辅助教学，使反馈得到有效补充。家长能够及时接收到教师推送的反馈信息，可以更直接地和学生、教师沟通交流，了解学生的学习动态，适时监管学生并及时进行辅导。教师和家长也可以借助网络平台实现一对一或一对多的交流。教师在充分了解学生学情的基础上，才可以做到有效反馈，并和家长进行有效沟通。

三、实践举措

（一）多元互动，提升效率

1.热身互动

在联云课系统中，教师设定好课程后，系统自动提前10分钟开始签到，这时候学生会陆陆续续地签到。课前的10分钟里，我们可以展示语文课的风采，帮助学生更好地进入学习状态。例如，教师会给学生播放课文的朗读音频，让学生跟着朗读，这相当于学校里的课前课代表领读。有时候，教师会给学生播报当天的新闻，帮助学生了解时事，积累写作素材，学生很喜欢。

签到结束，正式进入课堂。教师会在课堂开始前准备几个热身小测试，激发学生参与课堂的兴趣，或检测上节课的掌握情况。这些热身小测试以选择题和填空题为主，我们主要采用"快答"和"小调查"两个方式进行热身互动。"快答"中，学生能够打字输入，这在简答的填空题作答中可以使用。"小调查"中，教师能够创建选项，如A、B、C、D或1、2、3、4或其他任意内容，学生可以左键单击进行选择，系统能快速统计出每个选项的人数，非常方便快捷。

📅 **例4-1** --

在《社戏》和《核舟记》的教学过程中，我们分别以一个填空题和一个选择题进行正式课堂开始前的热身测试（见图4-1）。

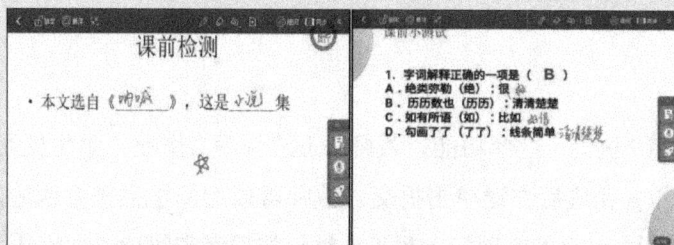

图4-1 课前测试

2. 点评互动

联云课中，教师在屏幕上选择"音答"，学生在 PAD 上就可以收到回答邀请，可以开始录音，进行回答，时间是 1 分钟以内，这有点类似微信中的语音发送。学生答完以后，系统便会按照学生的答题速度或者是姓名首字母或者是回答次数来排序，教师可以选择学生的语音播放给全班同学听。

语文课中，不管是在文言文还是古诗文，抑或是现代文的教学中，朗读都是不可或缺的一环。在线上课程中，我们也应该适当安排朗读。因此在朗诵一篇文章时，我们会安排一个班的学生读 1—2 段，另一个班的学生读 3—4 段，进行朗读比赛，看看哪个班读得好，再分别请两个班的学生来点评。这样分班朗读不同的段落，既避免了时间的浪费，又能在有限的时间里让学生尽可能多地朗读。

回答问题时，我们也会有意识地进行规划，让两个班进行比赛。在这种比赛和学生点评中，学生的朗读才能和答题灵感可以激发出来，往往表现更佳。

3. 常规互动

一节课中，我们使用最多的是"音答"。线上教学中，如果教师一味地讲授，学生全程认真听课会比较困难。因而我们的线上教学还是跟平时一样设计，有教师的讲解，有学生的回答，还有教师的点评和引导。

不过，和平时不同的是，线上教学对教师的语言要求更高。重复的语言、有歧义的语言不仅会浪费课堂时间，也会造成学生理解的困难，因此在线上教学中，我们会写好详案，哪里有互动，哪里有点播，哪里有衔接，都会写好语言，这样上课时的语言才会自然流畅。

📋 **例 4-2** --

在"音答"界面中，教师可以根据学生的答题速度、姓名首字母、回答次数等进行排序，方便上课操作和点名回答。学生姓名旁边的手掌是学生举手回答的标志，方便让教师看到想要回答的学生。

4. 互动探究

联云课中还有"快写"这个功能，教师发送"快写"作业，学生便可以在当前课件页面进行作答，作答完成后左键单击提交，教师可以选择学生查看他的回答。通过"快写"，每位学生都能在自己的答题板上写下个性化的思考和解读。教师从中更能了解到每个学生的思考以及对本节课相关知识的掌握情况。有讲解，有动笔练习，教师能快速查看作答情况，及时进行点评和反馈，从而帮助学生巩固本节课所学。因此，"快写"在需要学生探究思考的题目中非常适用。

📝 **例4-3** --

在《核舟记》一文的教学中，"品味细节，欣赏交流核舟美感"这个环节需要学生进行探究。教师发送了一个"快写"作业，让学生思考并作答。两个班83名学生，共有61名学生在规定时间内作答并提交，答题范围非常广。

5. 作业互动

在作业中加入互动，也能提高学生完成作业的积极性。教师可以利用班级圈布置作业，邀请家长和学生围观评论（见图4-2），这可以让学生知道"不仅仅是教师在看我的作业，家长和同学也在关注我的作业"，可以极大提升学生参与的积极性，也可以让学生取长补短，互相学习，更可以巩固所学知识，可谓是一举多得。

图 4-2　演讲视频评论

📖 例4-4 --

　　在教授"学会撰写演讲稿"这节写作课时，教师先后布置了几个作业：①完成一篇演讲稿的写作；②脱稿演讲自己的作文，并发送到班级圈中；③评论他人的演讲视频。

　　案例分析：在评论的过程中，学生看到了他人的优点也看到了他人的不足，初步知道了好的演讲大概是什么样的。学生评论得非常专业和到位，不仅能用本单元所学知识进行评论，还能针对同学演讲过程中的不足提出自己的建议。

（二）有效反馈，落实常规

1.作业常规，及时反馈

　　线上教学中，教师对学生的学情了解较少。因此，我们要让学生充分预学，针对预学中呈现出来的问题进行课堂集体反馈和课程设计，做到教以学为前提，并加入检测环节，设计练习题，检测学生对上节课相关知识的掌握情况，了解学生学情，同时预热课堂，充分彰显学为中心的理念。

📖 例4-5 --

　　在《社戏》一文的线上教学中，我们通过联云课发布了四个课前预学任务：①知识链接；②基础检测；③文本梳理；④阅读疑惑（见图4-3）。学生可以左键单击图片进行涂鸦书写。

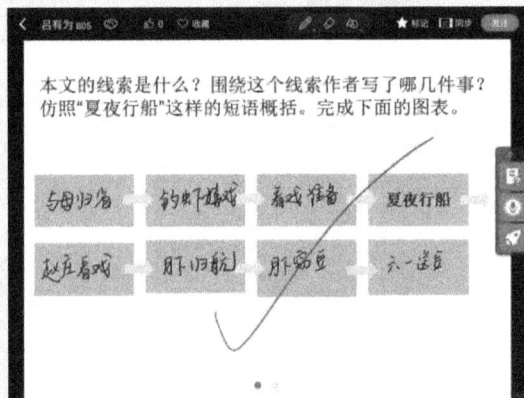

图4-3　学生预学任务

2.课堂常规，参与反馈

课堂考勤、课堂参与度也是教学中不可或缺的。联云课中，学生课前、课后都需要签到，已签到和未签到的学生名单一目了然。课前，教师会及时通知未签到学生的家长，确保每一位学生都能进入课堂。课后的签退可以确保每位学生都在线听完整节课，教师可以对迟到和旷课的学生进行相应的行为规范考核分扣分。

每节课结束后，教师会点开"课温"查看学生的课堂互动参与情况，再有针对性地反馈给家长。并且，教师也会在课上反馈上一节课学生的音答和课温情况，进行表扬和批评，并采取一定的惩罚措施，如未参与课堂的学生还需多做一样整理的作业。

3.每日常规，早读检测

我们和学生约定周二、周四 7:30—8:00 早读语文。在线上教学中，教师无法把握学生的早读情况。为了确保学生参与早读，我们让学生在钉钉上进行早读打卡。家长发送一张照片、一个短视频，或者是简单的"已读"两字即可，尽量对孩子起到监管的作用，但不会花费太多时间。

当然只有打卡还不够，学生可能只是小和尚念经，效率低下。因而我们会把 30 分钟的早读时间分成两部分：20 分钟朗读，10 分钟检测。我们会给学生明确当天 20 分钟的早读任务，并在联云课上发起早读检测（见图 4-4）。教师在课前进行批改，在课上花 2~3 分钟反馈。

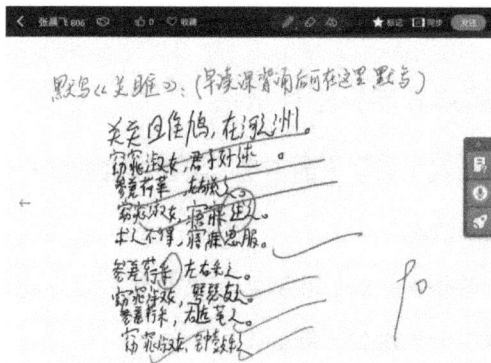

图 4-4 早读《关雎》默写检测

4.每周常规，检测反馈

我们每周末发布一个 20~30 分钟的针对周内所学内容的检测，让学生在限定时间内完成。检测包含选择、填空和简答题。其中：选择题和填空题，系统会自动批改；简答题部分，学生先自批，给自己的打分有全对、半对、全错，自批完成后提交，教师再批改查看。批改完成后，教师也不需要统计分数，系统会自动完成统分。

然后我们会将两个班的分数下载下来，利用钉钉中的校园宝点对点发送给家长，反馈学生一周线上学习情况。

四、成效与反思

（一）平台简单，操作方便，功能强大

线上教学中，我们用的工具十分简单，仅一个平板电脑就可以协助完成预学、授课、互动、动笔答题、板书和检测评价等，可谓是"一板"多用。此外，钉钉可以进行辅助监督和收发作业，教师们操作两次便能轻松上手。

联云课中有多种互动方式，如小调查、快答、音答、快写等。我们将这几种互动方式进行整理和归纳，以期获得更好的使用效果。在选择题和学生知识掌握情况调查方面，我们可以使用小调查，它能快速统计每个答案的人数，帮助我们了解学生学情。在回答字数较少的填空题方面，我们可以采用快答，让学生打字回答。在与学生进行简单的互动时，我们会采用"快答扣1"。在需要长语段的回答方面，我们通过音答让学生积极思考并参与课堂。在需要学生进行深入思考并落笔成文的题目方面，我们通过快写，让学生进行答题书写。联云课中的互动功能强大，我们可以根据课堂需要进行选择，大大促进了课堂的师生互动和生生互动。同时，有效全面的反馈也让学生的学习有了教师和家长的监管，使之能够更好地提升学习的质效。

（二）改进建议，精准教学，服务未来

如何利用技术弥补目前线上教学中的不足，实现精准教学？

1. 课温能统计全部互动情况

目前课温无法统计音答情况，音答也只能记录总数，而不能单独记录每节课的情况，音答如果也能每节课在课温中呈现会更好。

2. 音答增设持续追问的功能

目前的流程是教师发起音答，学生回答，并且只能在教师关闭音答且再发起音答后，学生才能再次回答。在这样的情况下，对某位学生的回答发起追问不太方便。

3. 音答转换成文字

目前音答呈现的是一段语音，教师无法即刻知道每位学生的答题角度。如果能将语音转换成文字，教师可以在播放学生的音答前进行筛选，使学生回答的呈现更加有效。

4.跟踪学生注意力并显示数据

学生和教师在不同的时空下教与学，教师无法关注到学生。学生的学习情况很大程度上依赖于学生的自律程度，因而 PAD 如果能跟踪学生注意力，在每节课后显示学生的注意力数据，那么可能对学生更有管控作用。

第二节　平行四边形的判定定理

一、案例背景

精准教学是面对教学内容、学生和教师的教学方法，旨在通过设计测量过程，用数据科学地量化学生的学习表现。无疑，精准教学是一种高效的教学方法，而数据的科学收集和处理是精准教学的关键。在传统教学中，教师常常通过观察学生的外在状态、作业情况和师生互动等来感性地收集数据。

在信息技术发达的现在，大数据能为精准教学带来理性直观的数据，从而协助精准教学，主要体现在：①大数据为精准教学提供更加精准的数据和数据分析，为精准教学能设计适合学习对象和内容的个性化教学目标、形式与评价奠定基础。②大数据能同时跟踪多个学习对象，精准地分析学生的学习痛点，分析和评价学生的学习过程。③大数据通过采集、处理、分析和比较学生的学习信息，对个体的表现进行评估和干预，也可预测其表现趋势，定制干预方法和改进措施，兼顾学生的个性发展。

在初中数学教学中，教师应以大数据为依据，帮助学生获得不同的数学发展，提升数学素养。平面几何是初中数学教学中的重要内容，对培养学生的逻辑推理能力和空间想象能力至关重要，但在教学中，教师通过 PPT 讲解，学生被动理解，难以真正形成自己的逻辑推理和几何直观能力。而在信息技术的协助下，教师可以借助 AI 课堂、微课、课堂测评等形式开展数据测量，实时快速分析学生的掌握情况，提高课堂的交互效率和精准性。本节以"平行四边形的判定一"为例，介绍信息技术背景下精准教学的教学设计和实施，以期能为更多一线教师提供借鉴。

二、主要技术

本课堂涉及软件为云课堂、云作业、响应等，以及其他交互软件（见图 4-5）。

图 4-5　涉及的软件

三、构建模式

传统的教学常常将大数据作为一种教学评估或教学形式，而非一种教学模式。借助信息技术和大数据，有利于突破传统教学的限制，对提高课堂效率和达成教学目标有重要影响。因此，在大数据背景下构建的教学模式对精准教学有重要意义。为此，本案例从课前准备、课中教学和课后追踪三个维度，构建了大数据背景下的精准教学模式（见图 4-6）。

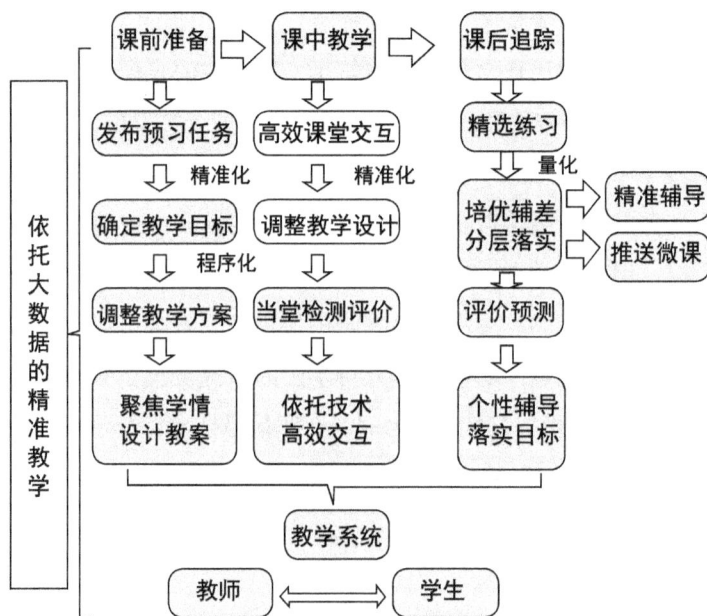

图 4-6　精准教学模式

（一）课前准备

1.设计测评方案，发布预学任务

初中阶段的学生，已经具备一定的自学能力，能够通过阅读教材、类比、分析来预学部分新知识。但学生无目的的预学，不能准确把握新课重难点，需要教师的帮助和引导。因此在课堂开始前，教师结合学习内容和预估的学情，设计预学任务，通过 PAD 等渠道发布给学生。此环节根据课堂需要设置，不是必要环节。

2.确定教学目标，直击学生痛点

教学目标是开展教学的起点，也是检测教学成果的重要依据。在传统的教学案例中，教学目标一般比较笼统，比如掌握平行四边形的性质等，但是掌握到何种程度并没有详细量化。因此在确定教学目标时，要依据学生的预学测评精准化教学目标，让教学目标具有可操作性，即尽可能地量化目标，使得目标具有可测量性。

3.精选教学内容，调整教学方案

在选择教学内容时，应以书本为核心，以大数据和教学目标为依据，以全册的知识脉络为主线，精选教学内容。在设计教学方案时，根据得到的测评数据和确定的教学目标，针对学生的学习痛点，分解难点，合理设计课堂，并在设计时，多预备部分练习和拓展提升，以灵活应对后续的教学过程。

（二）课中教学

1.高效课堂交互

课堂的高效交互是达成教学目标的关键因素之一，借助 PAD 收集和分析的数据，提高当堂练习、解题思路分享和课堂检测的课堂效率。

2.调整教学设计

在课堂教学中，根据收集学生的学习数据，调整教学进度和教学内容，合理处理教学过程中学生的掌握和未掌握、大部分掌握和少部分掌握等情况。

3.当堂检测评价

一节课结束后，学生是否切实掌握了呢？可以设置 5 分钟当堂检测，让数据统计直观告诉你。检测题型为选择题和填空题，设置 5 题左右的题量，确保检测时间充足。

（三）课后追踪

1.精选练习

结合课堂目标达成效果，精选练习。依据课堂练习、课堂互动和课堂检测，分析班级的共同问题，通过数字资源库精选个性化的习题。习题内容要合理设置难度梯度，多方面涉及教学内容，全面链接中考考点。

2.培优辅差

在大数据的支持下，可以精准辅导班级共性问题，也可以个性化辅导学生，并根据学生的难点，推送教学资源给不同学生，供学生随时巩固。

3.评价预测

在一段时间的数据收集后，得到学生的学习报告。用数据说话，知晓学生的某段时间的学习状况，让个性辅导更具有针对性。

四、实践探索

（一）课前预学，聚焦学情

1.发布预学任务

根据预估的学情、课堂教学目标以及涉及的知识点，设计预学单。预学单内容主要包含预学目标、预学过程、预学小结和自我测评四项内容。预学任务在新课前一天发布，并在 PAD 上发布自我测评，以直观了解学生的情况。预学单的发布不是必需的环节，应根据课程需要进行取舍。

2.收集分析数据

在授课前一天发布自我测评调查表，采用选择题的方式发布，利用 PAD 快速收集数据，根据直观的数据统计掌握学情。从统计情况中，教师可以直观知晓各个选项的人数，快速了解学生较难掌握的知识点。

（二）课堂教学，灵活调整

1.温故知新，引发思考

📖 **例4-6：我们已经学习过平行四边形的哪些内容？** --------------------------

师生共同梳理出平行四边形的性质，向学生说明本节课只研究"边"的有关内容。

由平行四边形的性质可得：在平行四边形 $ABCD$（见图4-7）中，边具有以下关系（见表4-1）：

① $AB \parallel CD$ ② $AD \parallel BC$ ③ $AB=CD$ ④ $AD=BC$

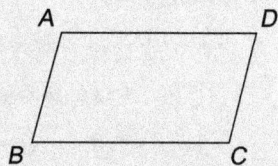

图 4-7

表4-1 平行四边形的性质与边的关系

项目	图形	文字语言	符号语言
边		平行四边形的两组对边分别平行	$\square ABCD$ 中，$AB \parallel CD$，$AD \parallel BC$
		平行四边形的对边相等	$\square ABCD$ 中，$AB=CD$，$AD=BC$
角		平行四边形的对角相等	$\square ABCD$ 中，$\angle A=\angle C$，$\angle B=\angle D$
对角线		平行四边形的对角线相等	在 $\square ABCD$ 中，对角线 AC，BD 交于点 O，则 $OA=OC$，$OB=OD$
对称性		平行四边形是中心对称图形，两条对角线的交点是对称中心	

本节课按照"回顾—猜想—验证—应用"的思路展开，在本环节中，引导学生类比之前学习的几何图形的相关知识，从熟悉的知识中，发现一般几何图形的研究过程，如定义、性质、判定、应用。

2.探索新知，获得猜想

📖 **例 4-7：平行四边形的判定** ------------------------------------

对于一个任意的四边形，若满足例 4-6 中①②③④关系中的两个，能判定这是一个平行四边形吗？

我们可以得到四种情况的组合。

①②：两组对边分别平行。

①④、②③：一组对边平行，另一组对边相等。

①③、②④：一组对边平行并且相等。

③④：两组对边分别相等。

引导学生得出四个命题。

命题 1：两组对边分别平行的四边形是平行四边形。

命题 2：一组对边平行，另一组对边相等的四边形是平行四边形。

命题 3：一组对边平行并且相等的四边形是平行四边形。

命题 4：两组对边分别相等的四边形是平行四边形。

预设：命题 1 由定义可知成立，命题 3 举反例可知不成立。接下来只需验证命题 3 和 4 的正确性。

引导学生有序分类，并说出共性。学生根据平行四边形的性质得出逆命题，进而发现性质和判定之间互逆的关系，为后面引出其他判定做好铺垫。

3.验证猜想，学习定理

📖 **例 4-8：一组对边平行且相等的四边形是平行四边形。** ------------------------------

已知：如图 4-8 所示，在四边形 $ABCD$ 中，$AB \underline{\parallel} CD$。

求证：四边形 $ABCD$ 是平行四边形。

学生独立思考后共同分析：

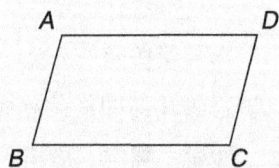

图 4-8 四边形 $ABCD$

平行四边形 $ABCD$ $\xleftarrow{\text{定义}}$ $\dfrac{}{AB \parallel CD}$ $AD \parallel BC$ $\xleftarrow{\text{内错角}}$

$\angle DAC = \angle BCA$ $\xleftarrow{\text{连接 } AC}$ $\triangle DAC \cong \triangle BCA$

通过证明命题得到判定定理 1：一组对边平行并且相等的四边形是平行四边形。

讲解过程中，教师可以借助 PAD 快速调查学生的掌握情况，以及快速知晓学生在线人数。

📋 **例4-9：一组对边平行且相等的四边形是平行四边形。**

已知：如图4-9所示，在四边形 ABCD 中，AB=CD，AD=BC。

求证：四边形 ABCD 是平行四边形。

分析如图4-10所示。

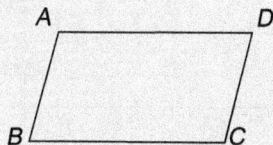

图 4-9　四边形 ABCD

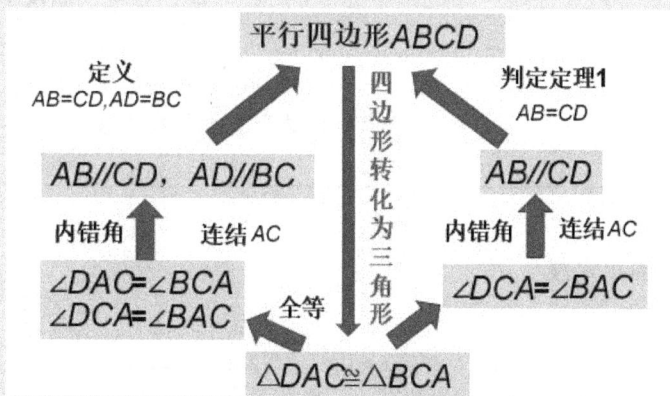

图 4-10　解题分析

证明命题得出判定定理2：两组对边分别相等的四边形是平行四边形。

案例分析：给学生独立思考的时间，然后师生一同分析证明思路，最后学生将证明过程落到笔头上，经历整个判定定理的探索过程。证明过程、解题方式多样，可在教学中利用 PAD 的同屏功能进行分享，拓宽学生的思路。

课堂上的练习，教师都可以通过 PAD 发布给学生，学生可以在自己的 PAD 上进行书写，并且利用同屏功能实现教师讲题或者学生分享。学生可以在自己的屏幕上看到讲解过程，也可通过希沃授课助手投屏到大屏幕上。

证明两个判定定理后，我们用表格的方式进行知识小结（见表4-2）。这样做，可以及时巩固新知，强调易错点和要点，并规范学生的几何书写，提高学生的数学表达能力。

表4-2　四边形判定定理

方法	图形语言	文字语言	符号语言
定义		两组对边分别平行的四边形是平行四边形	在四边形 $ABCD$ 中，$\because AB /\!/ CD$，$AD /\!/ BC$，$\therefore$四边形 $ABCD$ 是平行四边形
判定定理1		一组对边平行并且相等的四边形是平行四边形	在四边形 $ABCD$ 中 $\because AB \stackrel{/\!/}{=} CD$（$AD \stackrel{/\!/}{=} BC$），$\therefore$四边形 $ABCD$ 是平行四边形
判定定理2		两组对边分别相等的四边形是平行四边形	在四边形 $ABCD$ 中$\because AB = CD$，$AD = BC$ $\therefore$四边形 $ABCD$ 是平行四边形

4.巩固练习，应用定理

📋 **例4-10** --

已知：如图4-11所示，在□ $ABCD$ 中，E、F 分别是的 AB、CD 的中点，连接 AF、CE。求证：$AF /\!/ CE$。

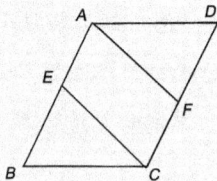

图4-11　例4-10图形

在练习模式中，借助平台可提高课堂效率。对于需要学生练习的题目，则可以发布提问，可用选择、填空或者简答等形式进行发问。其中，选择题和填空题，教师可以在学生答题后设置答案，PAD会自动统计数据，教师可以精准掌握学生的答题情况。而对于简答题，则需要教师进行批改，图4-12所示是本节课学生提交作业的情况（本节课为两个班同时的线上教学）。如图4-13所示，教师可以邀请作业优秀的学生帮助教师进行批改，提高课堂批改效率。对于典型作业教师可以收藏或标记，以便后期讲题时快速翻阅，并且可以利用音答邀请该生进行思路讲解。如图 4-14 所示，教师讲解后，可以将全部作业发还，要求学生用不同颜色字迹修改，修改后学生可以再次提交，教师批改发还。如图 4-15 所示，课堂中的练习，教师可以留痕在 PPT 上，供学生课后查看。

图 4-12　作业提交情况

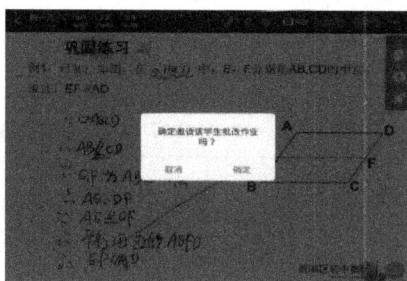

图 4-13　邀请学生进行批改

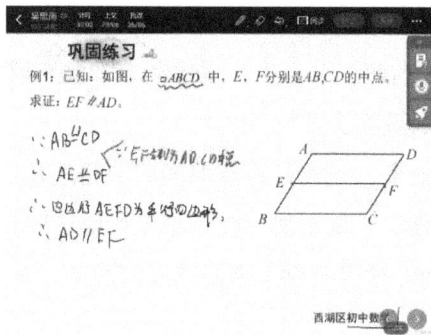

图 4-14　学生订正作业

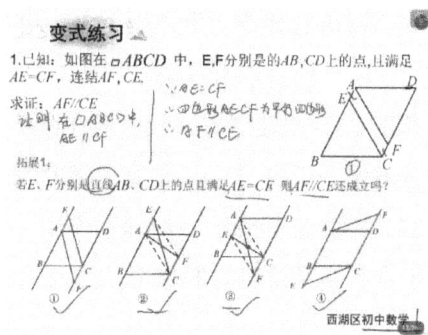

图 4-15　教师 PPT 笔记

　　课本例题中，主要运用的是"一组对边平行且相等的四边形是平行四边形"这一定理。证明题总结证明两直线平行的方法中既包含了判定定理的使用，又使用到了平行四边形的性质，并在最后总结了平行的判定，帮助学生养成及时知识归纳的习惯。

　　📖 **例 4-11：变式练习** --

　　已知：如图 4-16 所示，在平行四边形 $ABCD$ 中，E、F 分别是 AB，CD 上的点，且满足 $AE=CF$，连接 AF、CE。

　　求证：$AF \parallel CE$

　　拓展：如图 4-17 所示，若 E、F 分别是直线 AB、CD 上的点且满足 $AE=CF$，则 $AF \parallel CE$ 还成立吗？

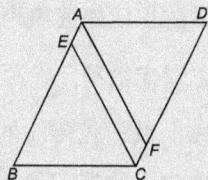

图 4-16　平行四边形 $ABCD$

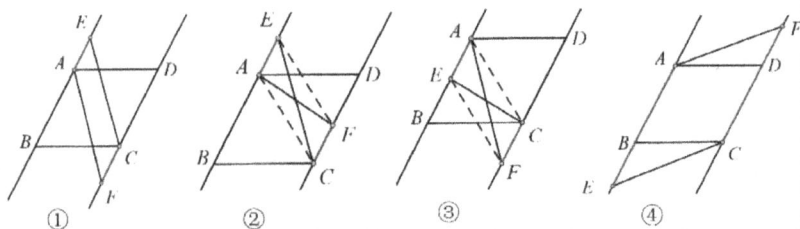

图 4-17　拓展题

案例分析：变式训练与例题异曲同工，也为后面拓展提升做铺垫。拓展提升主要考查学生分类讨论思想的素养，也是培养学生从特殊到一般数学思想的练习。

5.课堂小结，提升素养

在本节课最后环节，可以根据需要设置当堂检测，目前 PAD 能做到对选择题选项的数据统计。统计图可以直观显示学生对知识点的理解误区。多少学生还未掌握知识内容，也可以通过 PAD 快速了解，教师能在课堂中再次巩固。

数学教学中配合 PAD，提高了课堂教学的效率，无论是课堂时间的节约还是课堂内容的落实，PAD 都起到很好的辅助作用，使得数学课堂更加高效。不仅如此，PAD 在课后落实中也起到举足轻重的作用，为教师课后辅导学生提供了便捷有效的途径。

（三）课后追踪，精准辅导

1.精选练习，分层布置

作业批改是教师教学工作的关键之一，可以让教师及时了解学生的知识掌握情况，云作业是作业布置、批改和订正的重要工具。教学中经常出现基础薄弱的学生对部分作业无从下手，而优生则"吃不饱"的现象。但平日纸质作业内容的选择面并不是很广，教师可在 PAD 的题库中选择题目，针对不同学生发布不同难度的作业，实现作业的分层，真正做到因材施教，精准辅导。PAD 的作业批改效率也更高，可一键复制教师笔迹，减少重复工作，批改后生成统计数据，这样，教师对学生的作业情况把握得更有依据，讲错题也更有针对性。除此之外，针对难题，教师也可以在云作业中录制微课，供学生查看。学生也能快速整理错题集，能形成自己的错题库。

2.培优辅差，资源共享

线上教学较传统的课堂的一大优势在于，课堂上的资源可以线下分享给学生。教师可将课堂上的笔记留痕在 PPT 上，课后教师只要解锁 PPT，学生即可随时看。而对于课堂中的难题，学生在课堂上较难消化，那教师可以在云课堂中通过录微课的形式分享给学生。学生在课后，还可以与教师在云课堂中以图片或者音答的形式进行回帖交流。此外，学生也可以使用响应功能与教师沟通。

3.线上考核，评价预测

在单元教学结束后，教师可以设置单元小检测，其设置同云作业布置类似。教师同学生约定好时间后，学生即可以收到考试通知，但此时考试试卷不公布。除此之外，教师还可邀请其他教师一同进行考试，以此了解其他班级情况。在到考试时间时，试卷开放，学生可以答题，并显示考试时间，时间一到，学生需提交答卷。教师批改反馈后，学生即可收到考试成绩，并知晓自己错误情况。全部试卷批改后，通过平台的数据统计，教师可知自己班级的错题情况以及错误率，以此了解教学漏洞，及时补救。

五、成效与反思

（一）有利于提高课堂效率

信息技术的融入使得教学的每个环节都有大数据的支持，教师可快速知晓教学效果，使得教学更有针对性，更加高效。将课堂的时间延伸到了课前与课后，将课堂的重难点提前预热，同时落实到课后。在课堂之外，教师通过微课、响应等实现与学生的在线交互，不再受到时间和空间的限制。在课堂教学中，教师借助 PAD 与学生实时联系起来，及时反馈评价等功能，有效地提高了课堂效率，并能将课堂知识落实到每位学生。

（二）有利于培养学生能力

使用信息技术后，学生通过学海题舟、微课、响应等学习软件，提升了合作交流、语言表达、自主学习等能力。教师可以借助 PAD 实现与学生的一对一反馈，并布置不同层次的针对练习，让不同学生体会到不一样的数学，感受不一样的知识和情感价值，从而激发学生的学习兴趣，提高学生的综合能力。

（三）有利于教师专业素养

智慧教育对于教师而言，既是机遇也是挑战。"互联网＋教育"是未来教育发展的必然趋势，作为教师，我们如果不具备新的教学技能，不去开发自己的课堂，那么教学必然会受到很大的局限，甚至会被淘汰。将信息技术融入课堂，对于教师而言是一个重要的学习机会，也是未来数学专业素养提升的重要途径。

虽然信息技术的融入有助于提高教学效率，也对每个学生有数据的测量与记录，但数据是客观的，并不能全面展示一个学生的心理、生理和其他状态，数据有助于对教学的干预和纠错，但也可能对教学产生消极影响，因此我们需要合理使用数据。

第三节　个性、灵活、及时的英语听说教学

一、案例背景

精准教学是面对教学内容、学生和教师的教学方法，旨在通过设计测量过程用数据科学地量化学生的学习表现，以便教师精准教学。在传统的集体授课制的英语课堂中，教师无法准确感知到每个学生的学情，让教学很难做到精准。传统的英语听说课堂存在以下几个问题。

（一）集体听力，缺乏个体针对性

在传统的听说课堂中，一般采取教师广播放听力，学生集体听听力，然后再校对答案的形式。但是不同学生的听力水平不一，统一听一遍或者两遍很难满足所有学生的需求。学生不能根据个人情况进行听力训练，因此传统的听说课堂缺乏一定的个体针对性。

（二）专注课本，缺乏资源灵活性

在传统的听说课堂中，听力资源主要来自课本，很少有课外或者又针对性的听力练习。资源内容也比较枯燥，缺乏趣味性。课后的作业也仅限于一对一的教辅作业，没有针对学生具体情况的分层或者个性化的作业。

（三）反馈滞后，缺乏评价及时性

在传统的听说课堂中，关于学生对于相关知识、能力的掌握程度，教师需要从课后的作业中才能得到反馈，进而针对学情调整自己的教学进度和内容。这样，当堂课的反馈需要到课后才能知晓，评价缺乏及时性，从而影响教学质量。

一些现代化的技术和工具能够提高英语传统听说课堂的精准度，让教学提高针对性、及时性和灵活性。本节以七下第 10 单元 "I'd like some noodles." 的一堂听说课为例，探讨 PAD 如何助力英语听说课堂，实现精准教学。

二、主要技术

（一）云听说

云听说是 PAD 专门针对英语口语设计的软件。其中有丰富的口语资源，包括适合杭州初中英语教学的人教版英语教材的课文资源和单词资源。教师可以针对平时的教学布置课前、课中和课后的作业任务，以辅助教学。借助云听说，学生可以对课文和单词进行跟读，系统会根据学生的发音自动打分，学生可以根据打分情况纠正发音，提高发音水平。云听说具有强大的展示功能，可以公开学生的优秀口语作品，让全班一起学习，提高学生学习英语的兴趣和积极性。

（二）云作业

云作业系统内有丰富、优质、个性化的学习资源，并包含了四大题库，实现了学校、教师教学资源的高效共享与使用。教师可以添加校本课程或教学所需的资源，如课本的听力材料。云作业有自动批改作业的功能，能够提高作业批改效率。主观题融入自主校对，实现作业即时反馈，提升学生学习主动性。而后台有大数据统计分析，能够准确、全面地反映学生对于知识点的掌握情况。教师可以根据学生对于不同知识点的掌握情况，真正实现以学定教，提升教学效率。教师还可以针对错误较多的题目录制微课，解决学生即时辅导问题，突破空间、时间的限制。系统基于大数据的统计分析功能有助于实现个性化的错题组卷，有利于提升学习效率，以及错题痕迹的保留和复习，是中高考的利器。

（三）云课堂

云课堂是 PAD 中主要针对课堂设计的软件，教师能够当堂进行教学内部的互动，并进行全面监管，有利于当堂巩固，提升所有学生的课堂效率。教师可看到所有学生提交的作业情况，基于全班同学的信息，可全面掌握学情，并抽取典型案例进行知识点的强化和讲解。对于学生来说，可以看到同学的优秀作品，可以及时提交答案并收到反馈。

二、构建模式

（一）课前预学，扫清障碍

在英语课前，教师可以在云课堂或者云作业里面布置预学任务，让学生预学相关内容。教师可以针对学生对旧知的掌握情况和新知的预学情况调整教学内容与方法，以便实现更好的教学。云听说可以帮助教师设置朗读、跟读作业，让学生初步熟悉新词汇。教师还可以在云课堂中发布相关视频，拓宽学生视野，开阔学生思维。

（二）课中精学，针对个体

在英语课中，教师可以在云作业后台导入课本听力作业，后台的数据分析可以让教师很快看到学生的完成情况。云作业中的听力材料可以反复、自主进行播放，实现学生的个性化听力。教师也可以在云课堂中设置涂鸦，学生提交作业后可以很清晰地看到自己的答题情况，教师可以针对没有掌握知识的学生进行问答和测试，实现有针对性的教学。同时，教师还可以在云听说里设置跟读任务，实现精准到词、精准到个人的口语练习。

（三）课后分学，灵活调整

在英语课后，教师可以针对上课情况在云作业中为学生布置分层作业：对没有很好掌握知识的学生，布置基础性作业；对掌握比较好的学生，布置提高性作业。在云听说中，教师可以针对上课的朗读情况布置分层作业：对已经掌握知识的学生，布置课外的朗读作业；对没有掌握的学生，让其再次朗读课文音频，夯实基础。云作业和云听说强大的反馈、评价功能让资源得到合理的分类与调整。另外，在云课堂中，可以利用问帖等形式进行师生答疑和生生答疑，实现人力资源的合理分配。

基于课前预学、课中精学、课后分学的程序，我们构建了英语听说学习模式（见图 4-18）。

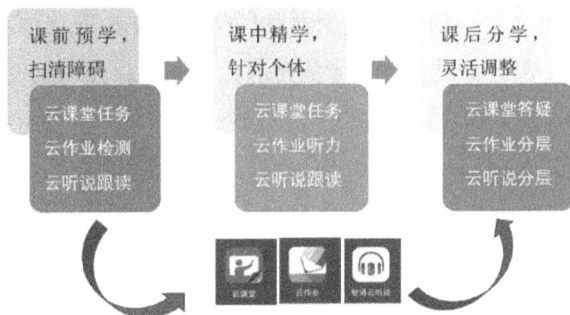

图 4-18　听说模式

三、实践探索

（一）课前

在课前，教师在 PAD 中布置了学习任务。

一个任务是两道涂鸦题。第一题是让学生思考有关蔬菜、肉类、饮料和水果的相关词语，绘制思维导图，学生以涂鸦的形式上交作业。另一道题是思考与这些食物相关的词语中，哪些是可数名词，哪些是不可数名词，将其分类写入相应表格中，学生也以涂鸦的方式上交作业。学生对主题词语的复习和梳理能够为新课做好铺垫。

另外，在云听说中，教师还布置了一个任务，即朗读第十单元的单词，让学生熟悉相关新词语。在反馈中，教师可以了解到学生不太会读的单词，在课堂上进行重点带读。

精准聚焦

学情精准。在上课之前就了解学生对事物的相关词语及其可数、不可数属性的掌握情况，以便更好地展开课堂教学，调整活动，以求更好地促进学生的学习过程。

资源精准。让学生不局限于课本知识，了解到课本以外的有关面条的文化和历史知识。打开思维，拓宽视野，实现资源的灵活性、开放性和精准性。

（二）课中

课堂是 40 分钟的听说课堂，通过带领学生进入 Miss Xuan's noodle house，让学生知晓各种特色菜的说法，并且可以有礼貌地进行点餐，继而通过听力和口语活动了解其他顾客到店里点餐的情况，然后让学生自己来点餐，每组做一个小调查，最后进行汇报。

1.导入

学生来到面店，进行头脑风暴：有什么食材可以制作面条？这个过程可以让学生复习已知的食物词语。

精准聚焦

任务精准。通过对旧知的回忆，学生可以更好地接受新知，更好地掌握新学的有关食物的词语。

2.呈现1

教师呈现新的食物单词，之后让学生区分可数、不可数词语，然后通过一个小游戏，让学生说出突然出现的食物图片的单词，再让学生通过图片和单词的配对，再次巩固单词。

精准聚焦

内容精准。抓住本节课的重点短语，进行反复操练，让学生在不同任务中掌握目标词语。

3. 呈现 2

通过与店面里面的女服务员的对话，教师展示了本节课的重点句型、重点词组表达。菜品的表达是重难点，需要对学生强调用单数去修饰名词。然后通过同伴之间的对话，可以练习重点句型：What kind of noodles would you like? I'd like... What size (bowl of noodles) would you like? I'd like a ...bowl (of noodles)。

精准聚焦

难点精准。本节课的难点是名词修饰名词的表达，通过图片和文字的呈现，抓住本节课的重点语法进行操练，让学生在不同任务中掌握目标语言。

4. 听力 1

在 1b 的听前部分对图片进行解读，让学生了解情景。接下来通过图片中的菜品表达，再次突破重难点。听中部分让学生先采用集体听的方式，听不明白的学生再通过平板进行自主复听，实现精准到个体的听力教学。听后通过云听说的跟读，更好地纠正学生的发音，并且通过优展激励学生，提高学生学习主动性。

精准聚焦

环节精准。听力部分一环扣一环，通过对图片的分析，让学生拓展思维，熟悉情景。同时抓住本节课的难点语法进行操练，让学生再次巩固目标语言。听力过后，通过云听说过渡到说，连接自然。

学情精准。不同学生可以在集体练习听力之后，再次通过平板进行自主复听，实现精准的个性化自主性听力练习。

评价精准。平时的课堂是以齐读的方式进行跟读，看不出学生个人的发音是否准确。云听说很好地解决了这个问题，学生进行跟读之后，系统会自动打分，读得不对的单词会标红，学生可以更加具有针对性地跟练。教师根据学生的朗读作业，展示好的朗读作品，学生可以共同欣赏和点赞。这样的评价方式不仅仅涉及老师，也涉及机器评价和同伴评价。

5. 听力 2

通过平板云导入的课文听力，让学生完成课本 2a 和 2b 的任务内容。教师能够很快得知学生的正确率，了解掌握程度，再让学生通过云听说进行跟读，操练口语，纠正发音。

评价精准。云听说对学生的朗读音频进行自动打分，提示朗读错误的部分，实现了对学生每句话、每个词的精准评价。

反馈精准。云课堂的统计功能非常出色，可以让教师很快地看到学生听力不同部分的错误情况，因此可以及时调整教学进度和策略。对于错误集中的地方，可以再次进行集体听力练习，重点攻克难点。

6. 口语

学生来到"我开的面店"，用英文问答进行点餐。每组一位成员上台展示，进行汇报，并提交表格和报告。教师可以展示和分享优秀小组的作品。

任务精准。七年级的学生根据一节课的内容很难写出一篇文章，填空的方式很好地降低了难度，提供了适当的支架，符合学生的英语综合能力水平。

分享精准。教师展示优秀作品的时候，每位学生都可以看到优秀作品。只要教师不删掉，学生可以反复对优秀作品进行学习和欣赏，有问题的学生可以发帖进行提问。

（三）课后

课后，在云作业中，教师针对上课的情况布置分层作业。对于还没有掌握重点名词和重点句型的学生，教师挑选出相关题型，再次进行重点巩固。

另外，在云听说中，教师布置了相关的跟读作业，让课上评分低的学生再次朗读，纠正发音，实现语音的一对一精准教学。对于已经出色完成跟读任务的学生，教师布置了相关的课外朗读作业，合理利用 PAD 资源。

学情精准。针对学生上课时对知识点的掌握情况，布置分层作业，因材施教，进行个性化的有针对性的教学，以实现精准教学，提高教学质量。

资源精准。让学生不局限于课本知识，了解到课本以外的有关面条的文化和历史知识。打开思维，拓宽视野，实现资源的灵活性、开放性和精准性。

反馈精准。云作业和云听说的统计功能非常出色，可以让教师很清楚地看到学生的掌握情况，以及时调整教学进度和策略。

四、成效与反思

（一）自主学习，提高个体针对性

在课前，教师通过前置作业摸清学生的学情后，可以调整教学方法和内容，使之更具有针对性和准确性。在课中，学生可以根据个人情况进行听力练习，课堂更具个体针对性。在课后，教师可以针对不同的学生布置分层作业和分类作业，针对不同学情，对症下药。

（二）拓展资源，提高学习灵活性

在课前，教师提供了有关面条的相关课外音频，拓展了学生的知识，同时也增强了学生的兴趣。在课后，教师针对学生具体的情况布置分层或者个性化的作业，提高了学习的灵活性。

（三）反馈及时，提高评价及时性

在课中，PAD 强大的数据处理能力让教师对每一位学生的情况都了如指掌。学生的学习情况在课堂上就可以马上反馈给教师，提高了学生的学习积极性和主动性，从而提高教学质量。

第四节　大气压强的科学实验精准教学

一、案例背景

初中科学是一门以实验为教学核心的综合性学科，许多科学概念的建构和规律的总结都是在实验的基础上经过进一步探究形成的，但传统的实验教学中还存在以下困境。

（一）未预则废：传统实验前期准备不充分

📅 **例4-12: 导致试管频繁爆裂的元凶居然是它** ----------------------------------

在利用高锰酸钾制取氧气的实验当中，学生频繁举手示意教师自己小组的试管发生了爆裂现象。教师留意学生操作，发现爆裂原因如下：①试管未预热；②试管未均匀受热；③未使用外焰加热；④试管未略向下倾斜；⑤实验结束后试管被直接放在水龙头下进行冲洗……这些不规范的操作最终导致了试管的爆裂，而真正的元凶是学生对实验准备得不充分！

在初中阶段传统的实验课堂上，教师更侧重于实验过程当中学生的操作和实验数据以及结论的得出。教师在课堂上先进行理论教学，带领学生简单了解实验的流程和一些注意事项，然后就安排学生自我分组进行探究，往往造成学生无法独立顺利完成实验、实验数据不准确、实验过程危险性高等种种问题。

（二）事倍功半：传统实验操作机械且烦琐

📅 **例4-13: 教师，我眼睛都快看花了！** --

在探究物质熔化规律的过程中，学生需要对着温度计每隔10秒读取一次温度。在一次实验当中，学生机械化地一共读取了14组数据（见图4-19）。

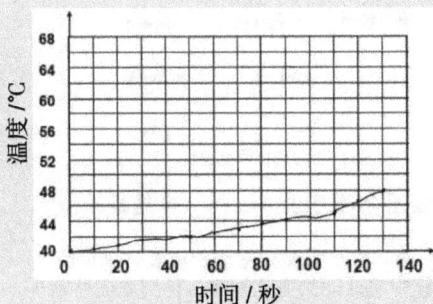

图4-19　实验数据

在初中阶段，实验流程一般由教科书或者教师直接给出，所有学生的操作机械又统一，实验缺乏探究性。面对数据多的实验，学生的实验操作就是反复读数，整个过程让实验显得枯燥又乏味，而且学生很少会主动观察实验过程中的其他现象，很难有自我的发现。整个实验缺乏趣味性。

（三）适得其反：传统实验数据不精且易错

📅 **例 4-14** --

　　操作没问题，为什么无法得出正确数据？传统液体压强计不精确，探头处易进水，导致 U 形管起始状态就有高度差。橡皮管易弯折，导致高度差不准确。

　　传统实验仪器本身的不足和不精确导致学生无法得到正确乃至精确的实验数据，可能会造成读数上的误差，乃至实验数据的错误。但是对于许多实验来说，实验数据的精确性是关键。部分学生为了迎合书本上的结果，可能会自行"修正"实验数据，失去通过实验探究建构知识与提高能力的初心。

（四）管中窥豹：传统实验结果单一且浅层

📅 **例 4-15："课堂"到"练习"如何实现大跨步？** -------------------------

　　课堂实验：酸和碱反应生成盐和水（见图 4-20）。

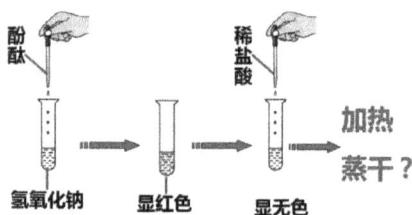

图 4-20　课堂实验

　　课后练习：

　　做实验时根本未涉及该图像（见图 4-21），难度提升。

　　3.某实验小组探究盐酸和氢氧化钠反应过程中溶液pH的变化规律，得到如图所示曲线。下列有关该实验事实的说法正确的是（　　）

A. 该实验是将氢氧化钠溶液滴入盐酸中
B. B点表示盐酸和氢氧化钠恰好完全反应
C. A点时的溶液不能使酚酞试液变红
D. C点时，溶液中的溶质只有氯化钠

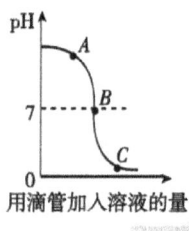

图 4-21　课后练习

在初中阶段，传统的实验课堂所得出的实验结果唯一，而且学生完全按照书本或者教师所给的实验步骤进行实验，大家都有共同且标准的实验结论，大多数实验都成了"验证性实验"，导致实验结论唯一且停留在表层，学生缺乏观察能力和自我探究、思考能力，这对于核心素养的培养非常不利。

（五）以偏概全：传统实验评价唯一且粗糙

📋 **例4-16：一次抱怨** --

某次实验测试中，学生说：教师怎么就按照这次实验的成功和失败来判定我这学期有没有好好学呢？我只是稍微失误了一下。

传统实验对于学生实验能力的评价主要分为理论考试、操作考试或者"理论＋操作"考试。教师忽略对学生平时实验过程的过程性评价和精准评价，导致了学生对实验的突击性复习，以及教师无法正确评估学生的实验水平和能力，实验评价过于看重实验结果。

我们对于浙教版科学八上第二章第三节"大气的压强"一课进行实验教学后，发现存在"三不直观"问题。

1. 气压变化不直观

原实验在向烧瓶内充气和抽气的过程中，瓶内气压增大和减小无法直观显示出来，学生无法直接感受瓶内气压的变化。

2. 沸点变化不直观

向烧瓶内充气时，瓶内气压增大，原来正在沸腾的水停止沸腾，得出了水的沸点升高了的结论；当从瓶内抽气时，瓶内气压减小，停止沸腾的水又重新沸腾，得出水的沸点降低了的结论。事实上，实验中并没有测出瓶内水的温度，学生根据实验现象自我理解得出沸点的变化，沸点的改变并没有直观显示出来。

3. p-t 规律不直观

原实验只能说明在气压较大时，沸点也较高，并不能得出沸点随着压强增大而升高，随着压强一直减小而降低的直观规律。

二、主要技术

我们的实验课堂以 PAD 相关技术与 DIS（digital information system）技术为依托，目的在于构建初中科学智慧实验课堂，通过大数据和信息化技术实现科学实验课堂的精准化教学。

科学学科主要用到的有云作业、云课堂、学海题舟、响应等软件（见图4-22）。

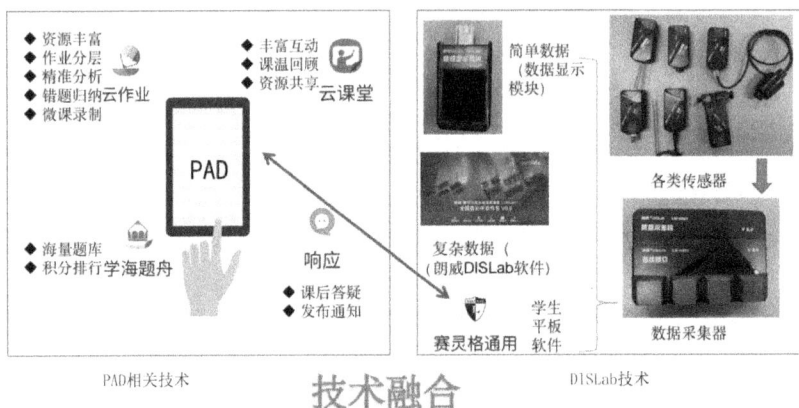

图 4-22　主要技术

DIS技术将传统实验器材、传感器、数据采集器以及计算机（或者数据显示模块、平板数据显示分析软件）结合起来，把测量数据转化为数字信号输入电脑并进行分析，使得实验数据精准化、科学化。

三、构建模式

我们建构了科学实验的技术融合学习模式（见图4-23）。

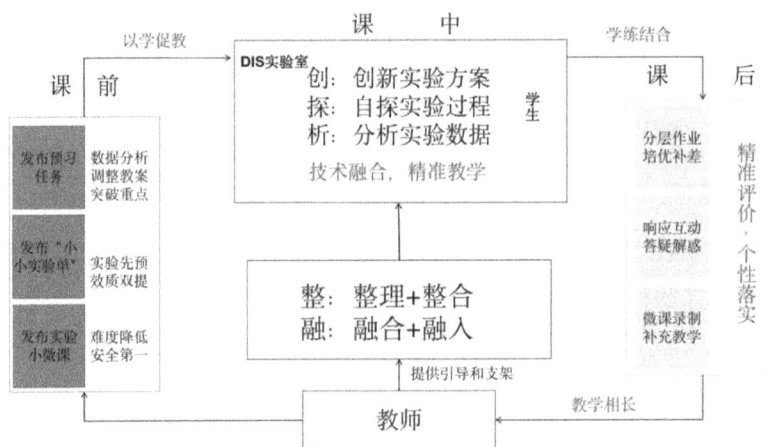

图 4-23　技术融合学习模式

四、实践举措

（一）课前准备（教师）

1. 整理 + 整合

（1）整理

DIS 实验系统作为一种新型实验系统，有许多的优点，但并不是所有的实验都适合用上传感器，这就要求教师必须对能够用上传感器的实验进行整理。整理可以根据不同的分类标准开展（见表 4-3）。教师可将实验分为教师演示实验、学生分组实验、探究性实验和拓展性实验，也可以根据学科种类将其分成物理、化学、生物等实验。

表 4-3 部分实验整理

传感器类型	序号	学期	实验名称	应用类型
压力传感器	1	七下	探究液体内部压强的特点	探究性实验
	2	八上	探究浮力的大小	教师演示实验
磁力传感器	3	八下	各种磁体周围磁场强弱	教师演示实验
	4		通电导体周围存在磁场	
氧气、二氧化碳浓度传感器	5	八下	植物的光合作用	探究性实验
	6		人体呼吸前后气体变化	学生分组实验
温度传感器	7	七上	液体沸腾特点	探究性实验
	8	七上	熔化与凝固曲线	探究性实验
	9	八上	压强与沸点的关系	拓展性实验
压强传感器	10	八上	压强与沸点的关系	拓展性实验
	11	八上	气体压强与流速的关系	教师演示实验
pH 传感器	12	九上	酸碱中和反应	探究性实验
电导率传感器	13	八上	验证欧姆定律	学生分组实验

（2）整合

教师也可以打破常规，将实验进行跨单元有联系的组合，将实验不再分单元、分课时进行教学，促进学生知识的系统化、概念建构的整体化。例如"大气的压强"复习课当中，我们对实验进行了创新、归纳和整合，针对大气压的存在、气压与沸点的关系、气压与流速的关系三个实验，让学生使用传感器进行实验（见图 4-24）。

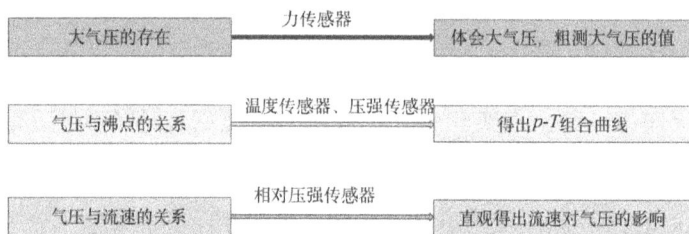

图 4-24　大气压实验与传感器融合

2.融合 + 融入

（1）融合

将 DIS 技术与传统实验融合。实验教学还是要以教科书为准，在改进实验时，需要将两者优点相互结合，取长补短。

将 DIS 技术与 PAD 技术融合。实验教学当中，为了便于学生后期实验的分析和展示，可将传感器通过"赛灵格"软件与学生平板进行连接，学生得到数据后可通过云课堂向教师展示小组成果。

（2）融入

将 DIS 技术融入日常教学。在日常教学中教师可以通过演示实验或者带领学生参观等形式逐步引导学生了解传感器的连接方式，并学会使用传感器。

设计意图

教师的前期准备工作对于"DIS 技术"应用到实验教学当中有至关重要的作用。

教师必须要做好充分的前期工作，挑选出适合的实验内容，在传统实验的基础上自我改进、创新和整合，便于后期学生实验的顺利进行以及展现 DIS 技术对于初中科学实验的优越性，不断提高学生的科学素养。

（二）课前（学生）：落实实验前准备，明确教学重难点

1.发布预学任务

要达到良好的教学效果，学生的预学工作是必不可少的。许多教师在实验的教学当中根本不会给学生布置该项任务，学生对于预学任务也丝毫不在意，往往会造成教师对于本节课重难点的了解还来源于课标，无法做到个性化教学。为了加强学生的预学工作，

也便于教师对于后期教学方案的调整以及教学过程中重难点的特别讲解，我们开展了教师精准备课和学生精准预学。

📋 **例 4-17** --

教学片段：教师通过云课堂向学生布置预学任务，共有两题。

第1题：大气压在生活中存在吗？你是否能够举出一些与大气压有关的例子？压强有多大？

案例分析：将大气压与生活实际联系在一起，为学生创设了真实情景。学生将带着科学的视角去研究生活中一些平时被忽略的现象，使得学生能对大气压的真实存在有所体会（见图4-25）。但是，通过平时的例子学生可能无法知道压强有多大，粗测大气压的环节能对学生已有的知识点进行冲击，使得学生印象更加深刻。

通过批改我们发现，学生的预学远远比教师想象的要认真，学生找出生活中可能与大气压有关的现象并且自己进行了查证，解释了大气压是如何造成这个现象的，与此同时也自己查询了大气压的数值，可见本节课引起了学生强烈的学习兴趣。教师后期教学了大气压之后也可以重新回到本节，让大家利用所学习的知识解释自己或者别人的生活实例，锻炼学生的语言表达能力和科学语言运用能力。

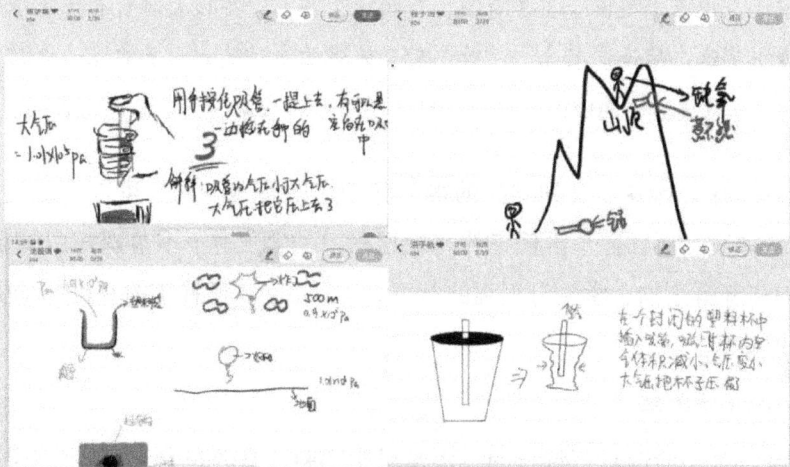

图4-25　学生大气压生活举例

第2题：下列选项哪个是正确的？

（1）气压与沸点的关系（　）

A.气压越大，沸点越高　　　　　　B.气压越大，沸点越低

（2）气压与流速的关系（　）

A.流速越大，气压越大　　　　　　B.流速越大，气压越小

案例分析：本题共有两道选择题，同样使用云课堂对学生进行发送。本题旨在引导学生结合生活实例，思考气压与沸点、气压与流速之间存在的关系，并进行自我猜想，以使学生对于后期实验的结论有更深刻的印象。

针对气压与沸点的关系，大部分学生都能够判断出它们的正确关系，并且从学生的答题情况来看，他们可以根据生活中高压锅的例子进行猜想，充分体现了生活与科学相融合（见图 4-26）。

图 4-26 高压锅生活实例

但是第 2 题的答题情况不容乐观，大部分学生都觉得流速越大，压强也应该越大，并且不知道生活中有哪些例子与其有关，有的学生甚至觉得风大时对自己有很强的压迫感，所以得出了这个结论。因此，这对于后期的教学来说是一个重难点，也就是教师需要注意的地方，需要通过实验来纠正学生对于流速和压强这一关系的错误认知。

教师还可以在统计界面看到学生的得分和相应的答题时间，可以更好地了解学情，实时调整教学方案。而且在预学任务的完成过程中，学生对于本节课知识的掌握水平在不断提升：对于新鲜事物，学生有很强的学习兴趣；对于自己答错的题目，学生在课堂中会有更强的求知欲。

2. 发布"小小实验单"

本环节是科学实验课堂所特有的，也是科学实验课堂改革必不可少的环节。学生要通过自我预学在实验前掌握本节课的实验目的、实验方案、实验中的注意事项等。本节课学生所要完成的实验任务是：①感受大气压的存在，并且测量其值。②探究沸点与气压的关系。③探究气压与流速的关系。图 4-27 为本班学生所做的"小小实验单"。

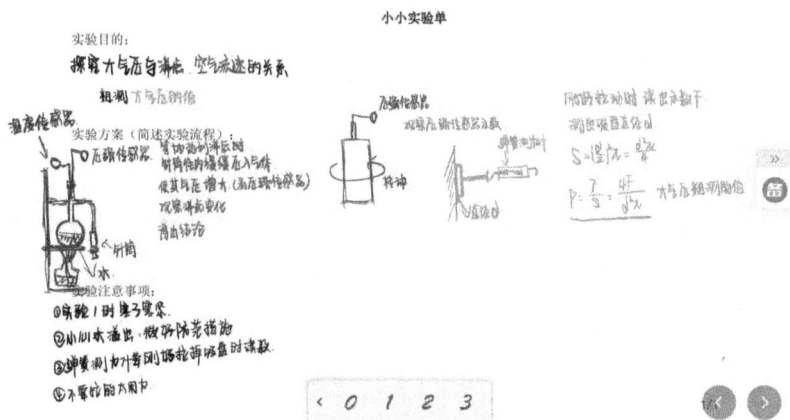

图 4-27　学生的"小小实验单"

从"小小实验单"中可以看出，学生进行创新实验，将传统施压与 DIS 进行充分融合，在测量大气压的值这一环节，学生有不同的实验方案。在课堂中，教师可以提供不同的实验仪器让学生自己探究。学生可以通过点赞方式评判其他同学的实验方案。

本环节的开展让学生提前明确了实验课堂中自己的目标和方向，熟悉了实验的流程，从而实现学生实验的效率和质量双提高。与此同时，学生关注了实验中自己需要注意的事项，避免了实验事故的发生。在实验方案的设计过程中，学生加入了自己的设计，达到了拓展思维，提高科学素养的目的。

3. 发布实验微课

在进行实验的过程中，学生可能会有操作上不规范的和其他需要注意的点，教师可以通过录制微课，提前给学生进行讲解，并且可以在后台查看学生观看微课的情况，确保实验的顺利进行。

发布实验微课，可以为后期的实验操作打下基础，防止学生在操作过程中出现错误，避免实验的失败和实验事故的发生。本节课中使用注射器向内推入空气和向外抽取空气时，可能会引起橡皮塞向外冲的现象，所以要提示学生缓慢向内注气，同时提示学生酒精灯的使用安全问题。

（三）课中：技术融合，师生互动，精准教学

1. 创：创新实验方案

📖 **例 4-18：探究气压的存在** ---

　　图 4-28 的方法为测量大气压的一种方式，该方法在学生习题中经常出现，但是传统实验中往往采用的是弹簧测力计。对于实验来说，拉动活塞是瞬间的事情，学生很难精准地对数据进行读取。因此我们将实验进行改进，把传统的弹簧测力计换成力传感器（见图 4-29）。

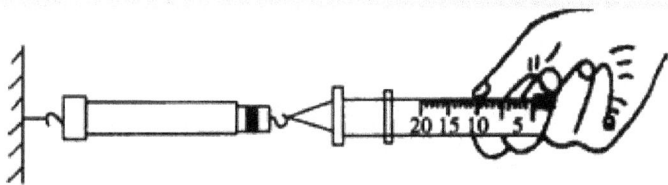

图 4-28　测量大气压值传统实验

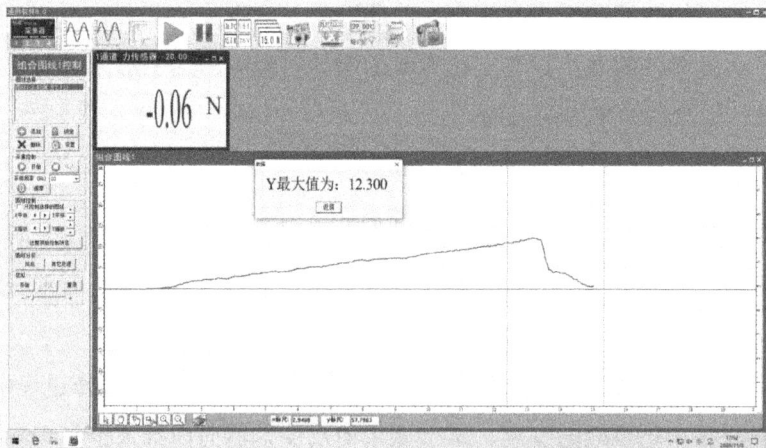

图 4-29　测量大气压值的改进实验数据

　　例 4-18 将动态实验静止化，利用 DISLab 软件中的力传感器可以实时记录下拉动注射器时力的变化，让力峰值停留，解决了传统实验当中弹簧测力计难以在一瞬间读出数值的问题。

📋 **例4-19：探究沸点与气压的关系** --

传统实验： 注射器向内打气→瓶内气压升高→原来沸腾的水不再沸腾→沸点升高；注射器向外抽气体→瓶内气压降低→不沸腾的水重新沸腾→沸点降低。

前文提到该实验存在"三不直观"问题，需要学生一步步推理才能得出相应结论，不符合实验教学的直观性原则。我们利用DIS技术对实验进行改进，使其与传统实验进行结合。实验装置如图4-30所示。

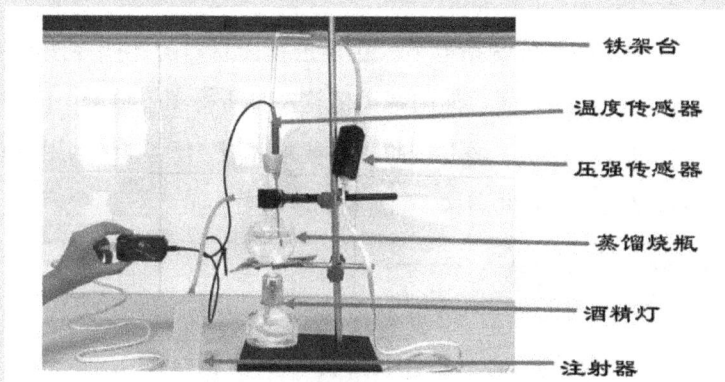

图4-30　气压与沸点的关系DIS改进实验装置

改进实验：①用支管烧瓶代替圆底烧瓶，在橡皮塞上打两个孔，一孔插温度传感器，另一孔插玻璃导管，玻璃导管通过橡皮管与压强传感器相连。②支管端口通过橡皮管先与注射器器身相连（不将活塞塞入）。③利用温度传感器和压强传感器，精确读出瓶内的压强和温度，直观地显示出瓶内气压和温度的数值并形成组合曲线，从而比对两者的变化趋势，如图4-31所示（蓝色为温度曲线，红色为压强曲线）。

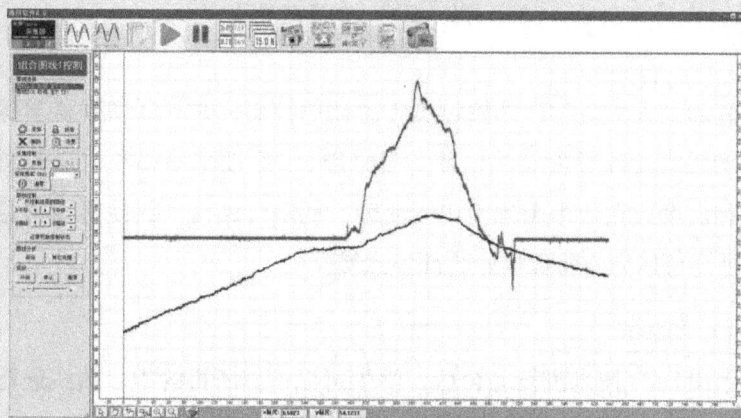

图4-31　气压与沸点的关系DIS数据

改进后的实验具有以下优点：①避免压强传感器插入孔中，因为自身重力而导致传感器管子弯折。②侧面接入橡皮管可防止操作时管子弯折；在液体沸腾前保持气压与大气压相同，达到沸点100℃，还可以让学生观察水沸腾时沸点保持不变的现象，而如果将注射器先接入会形成密闭环境，水蒸气的增多会造成瓶内气压升高从而很难达到沸点；先将器身接入可防止水沸腾后我们接入注射器时因橡皮管管口水蒸气的喷出而被灼伤。③实验结论直观化可以让学生精确读出烧瓶内气体的压强和液体的温度，直观地在图像中看到出"压强减小，水的沸点降低"及"压强增大，水的沸点升高"的规律。

2. 探：自探实验过程

学生根据实验方案，在教师的指导下，自己进行传感器的连接并按照预学的实验方案和流程进行分组探究性实验，而后使用赛灵格软件将所得实验结论上传到云课堂。

在本实验的探究过程中，学生需要按照教师要求完成"任务一：利用传感器得出组合曲线压强——时间和温度——时间图像"（图 4-32）。

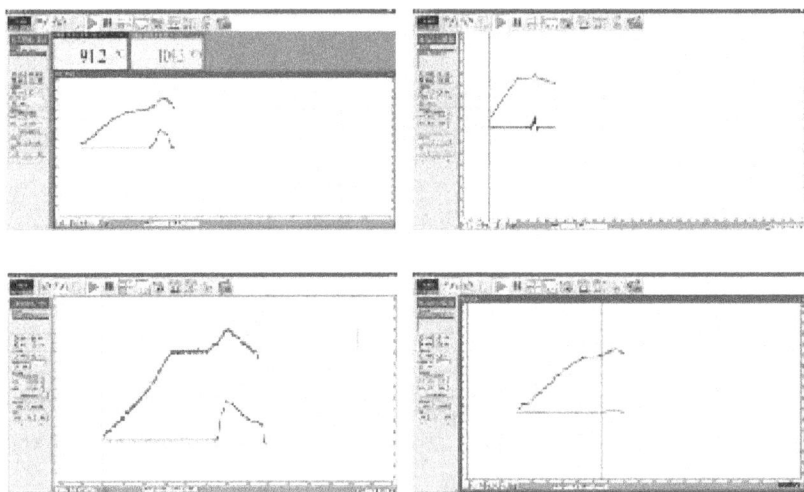

图 4-32　任务一的完成情况

在自我探究的过程中，学生开始熟悉传感器的使用，并不断增强科学探究能力和动手实践能力，增强实验课堂参与感以及学习兴趣。DIS 技术使得学生操作更加简单，并且可以将压强和温度放在一个图像中进行研究。利用传感器读数使得现象更加直观。此外，学生和教师还可以为实验数据好的同学点赞。

3. 析：分析实验数据

将 DIS 技术和 PAD 技术进行融合后，学生可以根据所得的组合曲线进行自我探究分析，这对于学生思维能力的培养具有重大作用。

　　后期，学生根据所得数据进行大气压数值的计算，并与标准大气压进行比较，思考实验误差可能在哪里。学生分析认为，可能是因为注射器内空气未排尽或者活塞与注射器之间存在摩擦等。

例4-20：气压与沸点

学生要对组合图像进行分段分析描述（见图4-33），填写表4-4，总结实验规律。

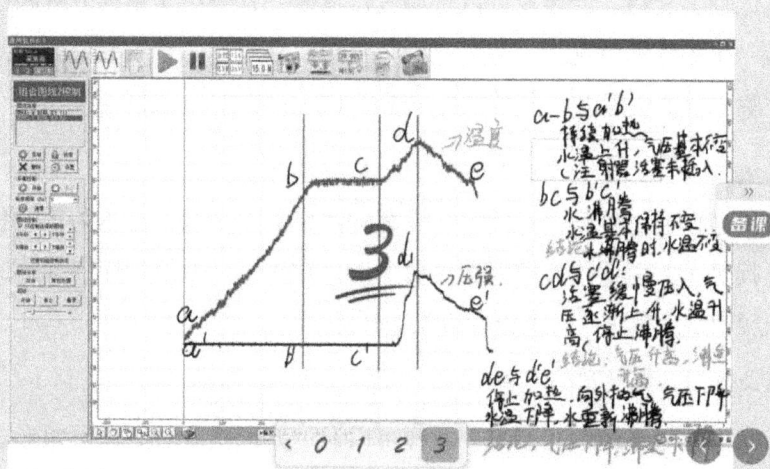

图4-33　气压与沸点图像分析

表4-4　任务二：比较组合曲线，填写表格，得出实验结论

区域	是否沸腾	注射器操作	压强变化	结论
ab—a'b'				

　　案例分析：学生开始熟悉传感器的使用，在自我探究的过程中不断明确设计意图。科学实验课堂不仅仅只停留在得出实验数据的层面，学生利用这个组合曲线进行分段分析，关注到每一个拐点的含义，这对于提高学生分析能力和思维能力都有帮助，而且可以拓展学生的思维。例如图4-25中bc段，让学生考虑到液体沸腾时温度保持不变，这是传统实验所无法达到的层面。

（四）课后：分层作业，精准评价，个性落实

1. 分层作业，培优补差

云课堂的作业布置支持分组、分层布置。教师可以根据学生的实际情况对作业进行分层布置，也可以与各位学生进行作业联系，加固他们对于知识点的掌握。分层作业有利于学生学习热情和学科兴趣的保持，也有利于教师对学生的精准教学。

学生将作业上交后，云作业可以自动进行批改并且得出学生的分数和排名，教师可以整体查看学生的答题情况，了解作业中学生错误率最高的是哪些题目，便于后期在课堂上进行讲解，教师也可以对未交作业和未订正的学生进行一键催交。

2. 响应互动，答疑解惑

学生在家做作业时可能会对所学知识有所困惑，PAD相关技术为教师和学生在远距离的情况下提供了实时无障碍的线上沟通渠道。学生可以通过响应向教师提问，教师也可以通过响应向学生提供一定的资源或发布任务。

3. 微课录制，补充教学

对于课堂上比较难懂的重难点，教师可以通过云课堂中录制微课的形式对学生进行补充教学。另外，教师也可以通过云作业针对学生错误率比较高的题目进行微课录制，学生在订正过程中马上就可以看到教师的讲解。

五、成效与反思

DIS技术和PAD技术的融合有助于初中科学实验课堂实现精准化教学，让教师更好地了解学生的学情，进而调整教学方案，提高了课堂的效率和质量，并在课后辅导上也做到了个性化落实，对学生实验能力做到了精准化评价。我们认为它的优点主要体现在以下几方面。

1. 优化了实验课堂

（1）定性→定量：抽象问题具体化

在许多科学实验当中，学生需要就实验过程进行反复推理才能得到实验结论，违背了实验教学直观性的原则，而DIS技术的使用可以使学生直观看到实验数据。

（2）人工→智能：实验操作简单化

学生只需要使用传感器，进而通过数据采集器就可以得到相应的实验数据。对于许多实验来说，学生可以不必再花费大量的时间在仪器的读数上。

（3）单一→多重：实验数据多元化

DIS软件可以对数据进行统计、作图，并对多种数据进行组合，从而为学生后期的研究提供一定的保证，加大了学生探究的深度。

（4）微小→放大：实验现象清晰化

数据更加精细，结论更加准确。

（5）结论→过程：实验过程实时化

实验过程的实时记录使得许多瞬时性的数据可以立马被记录下来，学生可以观察整个实验过程的数据变化，目光不再只停留在实验结论上。

2. 提高了科学素养

从技术融合下的科学实验课堂对学生实验操作能力和数据分析能力要求都很高，学生在有趣的实验操作中也可以自己探究出新的问题和新的发现，符合新课程要求下对于学生科学素养的培养。

3. 提高了教师能力

教师必须有充分的实验前期准备，并为学生提供实时的技术支撑和帮助，通过与学生的进一步交流和互动，以学促教，不断调整教学计划和完善教学方案，在课堂结束后，对课堂进行反思和修改。

第五节　"光线去哪儿了？"

一、案例背景

凸透镜成像在生活中虽然有许多实际应用，比如照相机、投影仪、放大镜等，但是对于初一年级抽象思维及体系还未完全建立的学生来说，却始终是一个很难理解的知识点。如果缺乏具体的方法帮助学生深刻理解，那么将很容易造成学生对凸透镜成像特点的机械式记忆，时间长了学生很容易忘记，并且缺乏对知识的实际应用能力。因此，突破教材难点的关键在于帮助学生将抽象的凸透镜成像知识点转化为较容易掌握的知识点。

"透镜和视觉"这节课的课标要求是：①知道什么是凸透镜，以及凸透镜对光线的会聚作用；②知道凸透镜的光心、焦点、焦距和主光轴；③通过探究性实验得出凸透镜成像的规律。

本节课是科学七下内容，也是初中科学光学部分的重要内容，由于要确定一个重点，移除其他外部认知负荷，所以本节课我们将重点全部放在了凸透镜成像特点规律的发现与整理上，常规的教学是通过具体的器材使学生完成光学实验，从而进一步探究得到凸透镜成像特点，但是事实证明，在不清楚凸透镜成像特点之前就进行实验，学生在进行探究实验时往往毫无头绪，实验过程不成体系，最终导致探究结果不尽如人意，更有甚者觉得这部分内容太难而自暴自弃，放弃对这部分内容的学习。

由于学校应用 PAD 展开教学的基础较为深厚，因此思考之后，我们选择利用 PAD 中的云课堂展开本节课的教学，充分使用其中学生端的涂鸦功能，实现知识点由难变易。

二、实施依据及步骤

（一）实施依据

思考 1: 学生们利用课间时间总喜欢在平板上写写画画，一个个画得不亦乐乎，那何不利用学生们喜欢画画的特点，让他们在进行动手实验探究之前先把凸透镜成像的规律"画"出来呢？

思考 2: 一直想培养学生的问题分析能力，把凸透镜成像特点的作图问题抛给学生，说不定就会有意想不到的收获。

思考 3: 云课堂在发送任务后能及时收到学生的答案，并可以针对其中的某一个答案进行点评，避免在后面的作图任务中再犯同类错误，这刚好能规避后续作图中可能遇到的问题。

思考 4: 由于平时一直有课前云课堂听写，所以学生们对于云课堂的基本操作都已经非常熟悉。

考虑到以上问题，我们决定利用云课堂，在备课页面提前放置五张作图任务图片（$u > 2f$, $u=2f$, $f < u < 2f$, $u=f$, $u < f$），分以下三个环节完成本节课的教学。

环节一：基础知识点回顾

回顾凸透镜的定义、经过凸透镜的三条特殊光线画法以及关于凸透镜成像的几个概念。

环节二：完成"涂鸦"任务

引导学生利用三条特殊光线完成凸透镜成像的五个作图任务（$u > 2f$, $u=2f$, $f < u < 2f$, $u=f$, $u < f$）。

环节三：测定凸透镜焦距并进行实验验证

指导学生利用凸透镜成像的结论测定手中凸透镜的焦距，并在已知焦距的前提下进行实验。

（二）实施步骤

1.第一阶段：知识点回顾

课堂伊始，教师通过云课堂中的涂鸦，以听写的方式帮助学生回顾凸透镜的相关知识，包括凸透镜的定义、凸透镜对光线的会聚作用，以及凸透镜成像的原理等。

接下来进入课堂，通过云课堂中的课件（见图4-34）复习回顾凸透镜成像特点的几个概念：物距u、像距v、焦点F、一倍焦距f，两倍焦距$2f$。同时回顾之前学习的经过凸透镜的三条特殊光线。"过心不变，过焦平行，平行过焦"，就是：由点光源发出的光线，经过光心后光的传播方向不变；由点光源发出的光线，如果平行于主光轴，经过凸透镜折射后折射光线将过焦点；由点光源发出的光线，如果过焦点，那么经过凸透镜折射后折射光线将平行于主光轴。

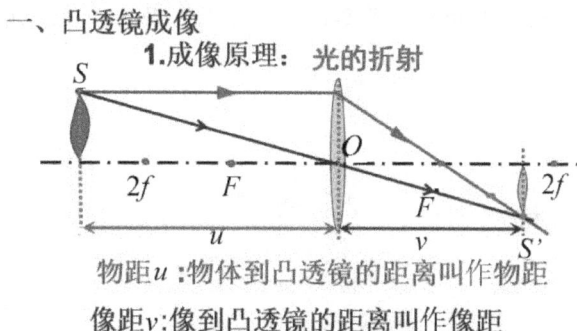

图4-34 凸透镜成像

2.第二阶段：实验概述

回顾前知后，教师指导学生认识研究凸透镜成像的实验器材，了解具体实验操作。

实验目的： ①观察物体离凸透镜不同距离时成像的情况；②会正确细致地观察实验现象，正确记录实验结果。

实验器材： 光具座、蜡烛（"F"光源）、光屏、凸透镜、火柴。

在介绍实验器材的过程中，还应使学生明确光具座上蜡烛、光屏、凸透镜三者的位置。并且要强调烛焰中心、凸透镜中心、光屏的中心大致在同一高度，目的是使像成在光屏中心。

3. 第三阶段：独立作图初体验

利用 PAD 下发作图任务（$u > 2f$）（见图 4-35），在云课堂上课页面建立相应的图片文件夹，在授课过程中点选相应的图片指导学生作图。在学生作图的过程中，注意反复提醒学生特殊光线在经过凸透镜之后的折射规律（"过心不变，过焦平行，平行过焦"）。

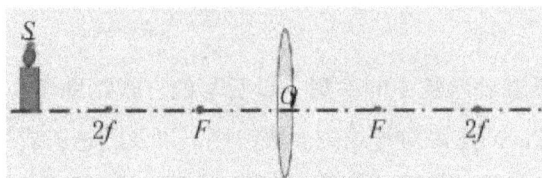

图 4-35　$u > 2f$ 作图

学生根据三条特殊光线的折射规律完成作图后，教师可以马上收到反馈，提交人数一目了然，点进即可查看学生的作图情况。

利用云课堂页面，学生们会发现自己所作图像与其他同学的差异，教师在进行批改时可以挑选典型作业进行点评（见图 4-36）。学生在独立分析并教师帮助下订正之后，得出了结论：当 $u > 2f$ 时，凸透镜成的是倒立缩小的实像（由实际光线会聚而成），并且 $f < v < 2f$。

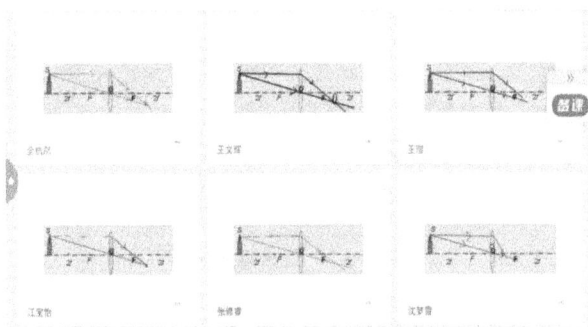

图 4-36　$u > 2f$ 作图的学生提交页面

综合全体学生上交的作图情况，教师可以反馈作图过程中遇到的一些问题，这些问题教师端可以通过点评让全体学生看到，并一同改正，避免在下一次作图过程中再犯同样的错误（见图 4-37）。比如：①平行于主光轴的入射光线经过凸透镜折射后没有过焦点；②没有将蜡烛确定为一个点光源；③过焦点入射的光线在经过凸透镜折射后折射光线没有平行于主光轴；④两条折射光线没有延长，导致未确定出像的位置；⑤光线上未画出箭头。

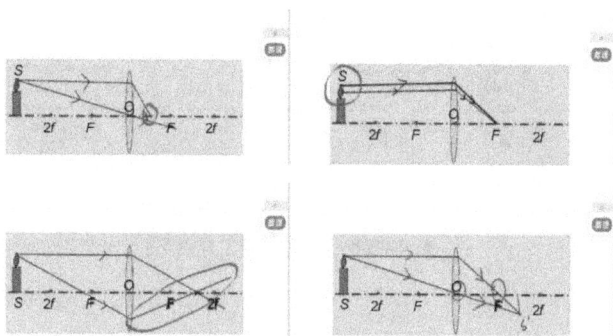

图 4-37　学生易错点

对于未延长折射光线的，教师在点评的过程中，延长两条特殊光线，确定出像的位置，防止学生在后面的作图中再犯类似的错误。

4. 第四阶段：独立作图展拳脚

在完成 $u=2f$ 的作图时，学生作图的准确率明显提高，大部分学生都能规避之前犯过的错误，准确、快速完成作图（见图 4-38），但是还有部分学生在作图时会出现一些误差，即 S 的像没有刚好落在两倍焦距处，在点评时应解释其中有误差（见图 4-39）。综合大部分学生的数据可以得出结论：$u=2f$ 时，成倒立等大的实像，并且 $u=v$。

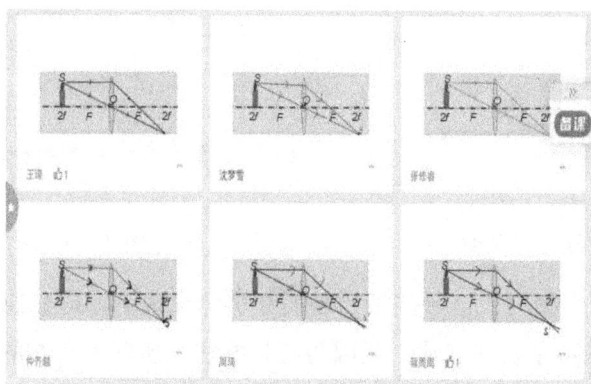

图 4-38　$u=2f$ 作图学生提交页面

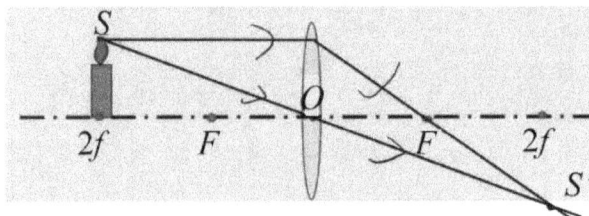

图 4-39　出现误差的学生图

5. 第五阶段：举一反三智慧多

在完成 $f < u < 2f$ 以及 $u=f$ 的作图任务时，学生作图的速度和准确率都有了非常明显的提高，之前出现的问题几乎都已经被规避。

但是在进行 $u=f$ 的图像任务时，学生之中出现了细微的讨论和质疑声，已经提交了结果的学生的表情也充满了不解和困惑。这是因为他们在作图后发现，两条折射光线是平行的，不会相交，无法成像。还有部分学生则坚定地给出解释：$u=f$ 时，折射光线互相平行，不会成像。这样就使学生对 $u=f$ 的成像特点有更加深刻的印象了，毕竟是自己一笔一笔画出来的，$f < u < 2f$ 时，成倒立放大的实像（见图 4-40），$v > f$；$u=f$ 时，平行光，不成像（见图 4-41）——这两个结论就成立了。

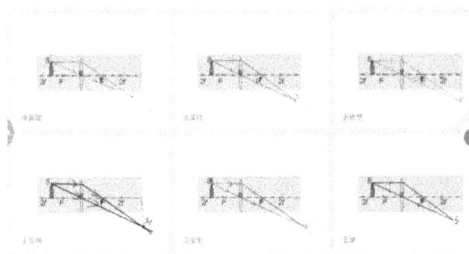

图 4-40　$f < u < 2f$ 图像

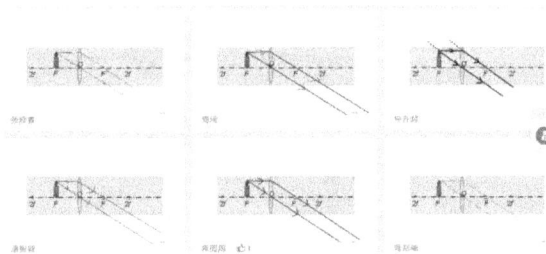

图 4-41　$u=f$ 图像

在完成 $u < f$ 的作图时，部分学生已经能够举一反三了，即在能够精准作图的基础上，自然地反向延长两条折射光线，又因为延长的线是实际不存在的，因此要用虚线表示，反向延长线的焦点即为像的位置。因为不是实际光线会聚而成的像，所以成的是虚像（见图 4-42）。

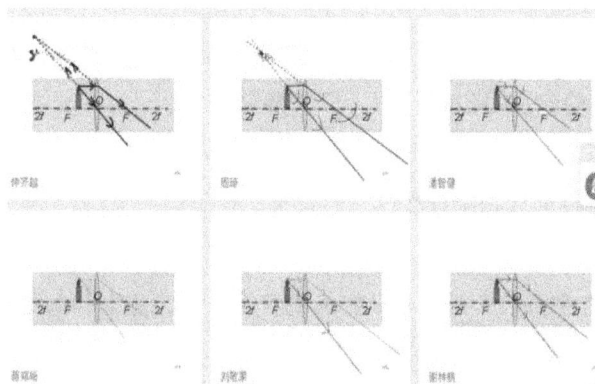

图 4-42 $u < f$ 图像

举一反三的过程中，学生还会犯一些之前没有出现过的错误，要给予这样的学生充分的肯定，之后进入点评环节，请大家一起为他纠正错误，即辅助线上是不需要画箭头的。最后，可以得出结论：当 $u < f$ 时，成正立放大的虚像（见图 4-43）。

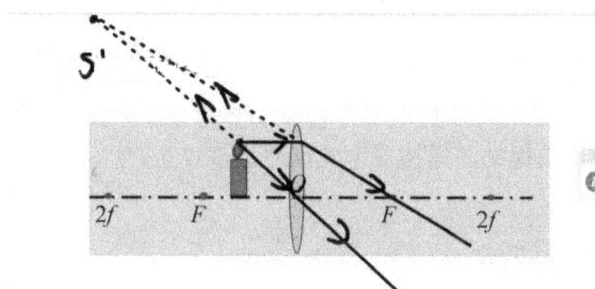

图 4-43 学生错误图

6. 第六阶段：总结并检验

请学生参照刚刚在云课堂中完成的五张图，对凸透镜成像的规律进行总结（5 分钟）。

学生将自己总结的结论与教师平板下发的结论进行对照并反思（5 分钟）：

① $u > 2f$ 时，成倒立缩小的实像，$f > v > 2f$。

② $u=2f$ 时，成倒立等大的实像，$v=2f$。

③ $f < u < 2f$ 时，成倒立放大的实像，$v > f$。

④ $u=f$ 时，平行光，不成像。

⑤ $u < f$ 时，成正立放大的虚像。

7. 第七阶段："纸上得来终觉浅，绝知此事要躬行"

教师在课前给每位学生都准备好了实验必备的器材，包括"F"光源、凸透镜、光屏和光具座。在进行实验前，可以进行以下问答环节。

师：本实验中关键的数据是什么呢？

生：焦距f。

师：对，实验需要在已知凸透镜焦距的前提下进行，那么你知道你手中的凸透镜的焦距是多少吗？

生：不知道。

师：因此在实验前我们需要先测出凸透镜的焦距，那么如何测得呢？请同学们以小组的形式展开讨论。

学生以小组的形式讨论。细心的学生率先翻出了PAD上之前画的图，并解释测焦距的方法：由于$u=2f$时，蜡烛成倒立等大的实像，此时$v=2f$，$u=v$。所以当光屏上出现倒立等大的像时，物距和像距应该是相等的，都等于2倍的焦距，因此焦距可测。

然后可以请学生们利用手中的实验器材进行实验，在测得所用的凸透镜的焦距后，依次验证刚刚通过理论获得的凸透镜成像的规律是否成立。

三、课堂效果与反思

（一）课堂效果

1. 学生乐学

本节课与以往的科学课堂相比有很大不同，既没有一整节课的物理、化学实验，也没有有趣的生物、天文知识科普，但是学生却学得津津有味。五张图使得平时对科学实在提不起兴趣的学生也纷纷尝试着用自己的笔来决定一条条光线将何去何从。由于结论是自己通过画图得出来的，所以学生在实验过程中也格外严谨和认真，科学课堂真正实现了学生乐学。

2. 教师乐教

本杰明·布卢姆说过："如果教师能够得到帮助，对他们的教学方法有更清晰的认知，并与学生顺畅地沟通，他们就能够持续为更多的学生提供更有利的学习环境。"在本节课中，云课堂无疑成为教师最有力的助手。课堂上，根据学生所提交的"涂鸦"，教师持续回应，并不断跟踪学生的学习状况，学生在知识点上渐渐得到了突破性进展，教师的教学自然事半功倍，实现了教师乐教。

3.课堂乐享

著名教育家梅德琳·亨特曾经着重强调过在教学中"频繁检查学生的理解程度"的重要性，本节课中五次作图、五次反馈无疑将每一位学生对凸透镜成像特点的理解程度都"窥探"到了极致，并且由于这种检查是会呈现在所有学生的眼前的，因此全班每一位学生都认真听讲，生怕遗漏了一个易错点而导致作图出错。

（二）反思

本节课通过云作业呈现的课堂反馈较好，原因有二：一是刚学完的新内容，五条规律学生记得比较好；二是考虑到新学内容，教师在云作业中选择的题目相对简单，学生完成度会较高。但课程标准对于凸透镜成像的特点要求较高，这一类题型在期中、期末考试中呈现的难度一般也不低，所以，如何充分利用云课堂以及 PAD 的其他功能对重点与难点进行进一步的深化和加强，对我们来说还任重而道远。

第六节　沟壑纵横的黄土高原

一、案例背景

2016 年，浙江省教育厅发布了《浙江省教育信息化"十三五"发展规划》，提出到 2020 年浙江要全面发展智慧教育，这就要求将信息技术与教育教学进行深度结合。在此背景下，"智慧教育"成为教育行业的新兴词语。历史与社会是一门综合课程，教学内容丰富，除了课本内容外，还需要应用大量的图片、音频等材料，从而加深学生对文本的印象，PAD 的应用正好可以满足这一需求。那么，如何使用 PAD 进行教学，即如何在教学环节中有效利用资源达到教学目标？

信息技术的应用归根结底是为了丰富教学内容的呈现方式、学生学习的方式以及教师教学的方式，PAD 丰富的教学资源、不断改进的技术都足以支撑教师在教学环节中进行丰富多彩的设计。

二、主要技术

本课堂利用了 PAD，使用了其中的云作业、响应以及云课堂等软件，尤其是云课堂中多样化的课堂互动功能。

三、构建模式

传统教学的课前、课中与课后环节通常是书面的任务布置，而在信息技术的支持下，教学模式与教育环节则变得更加灵活与便捷，更能体现现代教学的精准性。我们从课前准备、课中教学和课后追踪三个维度，构建了大数据背景下的精准教学模式。

四、实践探索

（一）课前准备

1.教材分析

本课为七下第六单元"一方水土养一方人"第一课"北方地区"第二课时的内容，主要向学生展示黄土高原独具特色的自然景观和文化、民俗，需要学生能说明形成黄土高原独特景观和特色文化的原因，并引导学生形成资源环境意识和社会责任感，树立因地制宜和可持续发展的观念。

2.学情分析

该阶段的学生已经具备了一定的地理知识，了解了七大洲、四大洋的分布，气候类型的判定，地形地势特点的分析等。同时，学生也掌握了学习人文地理的一般方法，即从地理位置入手，分析该地的自然条件，理解自然条件对社会生活产生的影响，在自然条件和社会条件的共同作用下形成了不同区域的人文特色。在此基础上，学生也基本树立了因地制宜的发展理念，为本单元的学习打下了基础。

3.发布预学任务

我们通过云课堂，提前创建预学单（见图 4-44），让学生在课前完成对文本内容的预学，并完成预学填空，在上课前上交，教师利用课前两分钟进行展示与评价。

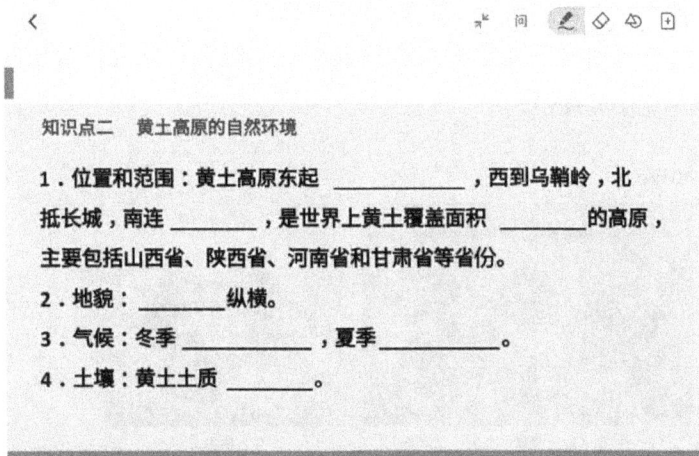

图 4-44　PAD 预学作业

（二）课中教学（案例描述）

1. 导入新课

展示课题： 播放《航拍中国》中黄土高原的视频，导入新课。

设问： 对于黄土高原的地形特点最直观的感受是什么？

学生回答： 沟壑纵横、支离破碎。

2. 教学环节一：图寻范围

出示： 黄土高原在中国的位置图、中国四大地理区域图。

设问： 黄土高原在中国的位置（经纬度位置、相对位置）

出示： 黄土高原范围图。

设问： 黄土高原所跨的主要省份、大致范围。

设计意图： 了解黄土高原的位置、范围，提高学生的读图、分析图表的能力。

3. 教学环节二：图说位置

出示： 黄土高原地形图、黄土高原景观图、黄土层图。

设问： 黄土高原的地表特点是什么？如何理解沟壑纵横？为什么会形成沟壑纵横的现象？会有什么影响？

设计意图： 通过读图及层层设问，进一步培养学生的探究能力、综合分析能力。

4. 教学环节三：图究原因

出示： 延安的气温及降水量图、过度放牧图

设问： 延安的气候特点是什么？黄土高原的气候属于什么类型？降水的特点会对水

土流失造成什么影响？人类活动对水土流失有何影响？

　　设计意图：让学生通过云课堂中的资料包进行小组合作探究，分析材料，探究黄土高原面临的问题（见图 4-45）。

材料四：

图 5 陕北窑洞　　　　　　　　　　图 6 腰鼓

材料五：陕西省 99% 沙化土地集中在榆林（陕北地区），是全国土地沙化重点地区，是阻挡西北风沙东越南侵、维护京津生态安全的重要防线和屏障。经过坚持不懈地实施三北防护林建设、京津风沙源治理等工程，榆林林木覆盖率由 0.9% 提高到 34.8%，沙化土地面积由 3600 万亩减少到 2024 万亩，固定或半固定流动沙地 860 万亩，陕西省成为全国唯一"拴牢"流动沙地的省份，沙尘暴几近消失。陕西省树起全国退耕还林还草和生态建设一面旗帜。为全球生态治理提供了成功样本。

图 4-45　PAD 资料包

5. 教学环节四：探究高原文化

师：自然环境影响了人们的生产、生活。

依次出示：与食、住、衣相关的图片。

　　食：小米、玉米、小麦（旱地作物）。

　　住：窑洞（土层深厚，冬暖夏凉）。

　　衣：头巾（防风沙、保暖等作用）。

设问：当地人们的衣、食、住主要是受哪些因素的影响？给我们哪些启示？

出示：与文化的相关图片。

设问：文化又与自然环境有何关系？

6. 拓展运用

　　我们让学生在 PAD 上将黄土高原独特的高原文化绘制成明信片，投屏展示学生的作品，并请学生介绍自己的设计理念。

7. 课堂小结

　　让学生小结黄土高原的自然特点及人文环境特点，并对黄土高原的自然环境寄予美好的希冀。

（三）课后追踪

教师可通过云课堂的图片功能将预学填空的正确答案上传，让学生进行自主校对。此举弥补了课堂时间有限，只能对个别学生的预学作业进行点评的缺陷。

课后布置相应的 PAD 作业，来巩固提高。云作业中录入了丰富的教辅资源，教师可以选取本堂课的针对性练习发布作业，既能及时进行批改，也能通过信息手段实时掌握学生的作业上交状况、作业反馈，从而能够让学生更好地进行查漏补缺与练习巩固。

五、成效与反思

（一）本节课教学过程中的可取之处

1.视频导入，激发兴趣

我们截取了《航拍中国》里黄土高原的一个片段，让学生对黄土高原的形成原因、地貌状况等有一个直观的感知。在谈论对黄土高原的认知时，大多数学生说的是沟壑纵横，继而列举黄土高原地区辉煌的历史。这个过程可以给学生以印象上的冲击，继而开始本节课的学习探究。

2.巧用图片，分析自然因素

对黄土高原自然环境的探究分为三块内容：图寻位置、图说范围、图究原因。

我们出示中国地形图让学生找出黄土高原，并描述其相对位置。再出示黄土高原地形图，引导学生自主圈画出黄土高原的范围，找出黄土高原所跨的省份，继而分析该地区农业发展的自然条件。然后对 PAD 上的预学作业做一个简单分析，在此基础上，一些高频错题就迎刃而解了。图究原因，即出示黄土高原地貌的今昔对比图，探究黄土高原水土流失的自然原因和人为原因。

3.智通课堂，探究高原文化

赏析独具特色的黄土高原文化，探究其与自然环境的关系是本课的另一个重难点。对这一板块的教学，教师通过将高原文化、特色及其与自然的关系用表格的形式呈现出来，引导学生去进行归纳和整理。此外，教师适当拓展了课外知识，将"陕西八怪"（面条像腰带、锅盔像锅盖、辣子是道菜、帕帕头上戴、房子半边盖、盆碗不分开、秦腔吼起来、不坐蹲起来）作为高原文化的延伸，让学生在 PAD 上为黄土高原文化制作明信片和宣传标语。最后投屏展示学生的创作，让学生自己介绍创作的内容和意义。在这一环节，学生充分发挥了他们的想象力和创造力，将高原文化用不同的风格呈现出来，并表达了他们对黄土高原环境保护的美好期望，将课堂氛围推至高潮。

（二）对于不足之处的总结与反思

1.学习内容与学生有距离感

身处淮河以南的学生对本堂课涉及的黄土高原是比较陌生的，他们对黄土高原地区的自然条件和人文环境都没有直观的印象。尽管上课过程中教师准备了视频和音频，但学生毕竟没有实际的体验与感受，与黄土高原之间的距离感一直存在。

2.学习方式过于单一

本堂课的学生活动以个体活动为主，很多情况下是教师提问，学生思考并单独作答。小组合作的形式不够多。因此，在教学过程中应该设计一些不同难易程度的问题，简单的单独作答，较复杂、需要探讨的就采取小组合作的形式进行解答，这样，既可以增加教学的层次，也可调动学生的思维。

3.课堂氛围不够积极

学生在前半堂课中略微拘谨，后半堂课的状态越来越好。在今后的教学过程中，我们应该多给学生表现的机会，鼓励他们踊跃发言，在教师的引导下突出学生的主体地位。

4.学习结构略显呆板

本堂课采取的是比较传统的教学思路与过程，从黄土高原的自然环境引出该地面临的最大的环境问题，然后引出独特的高原环境孕育了独特的高原文化。教学的结构与顺序可做一些改动，比如从高原文化引出高原环境，或者采用更加生动、更具吸引力的教学方式来活跃课堂气氛。总之，在今后的教学过程中仍旧有许多需要努力与改进的地方。

云课堂的使用为历史与社会课堂增加了色彩，激发了学生主动学习的兴趣，使得原来沉闷的课堂变得生动起来了，同时也拓展了课堂容量，为课堂的延伸提供了更好的资源。另外，学生可以根据自己的兴趣及学习情况来进行扩展训练，进行个性化的课前预学，完成教师布置的分层次个性化作业。这样就弥补了人数多而缺乏个性指导的不足。与此同时，我们也应该全面分析 PAD 教学带来的喜与忧，通过不断的琢磨、完善，来更好地使用这一资源，从而丰富历史与社会课堂，实现信息技术与教育教学的完美结合。

第一节　AI 课堂的"4 学"资源包功能

通过教师自编、资源共享、系统导入等不同方式，我们不断充实 PAD 的教学资源库，生成海量预学包、助学包、评学包和拓展包。为教师的"教"和学生的"学"提供丰富的资源，使教师的"教"和学生的"学"变得更有效。PAD 资源库的这四个资源包相辅相成，互相补充，为学生学习的预学、合学、固学、拓学四个环节提供了丰富的教学资源和有力的技术支持，使学生的学习形成一个完整的学习生态圈（见图 5-1）。

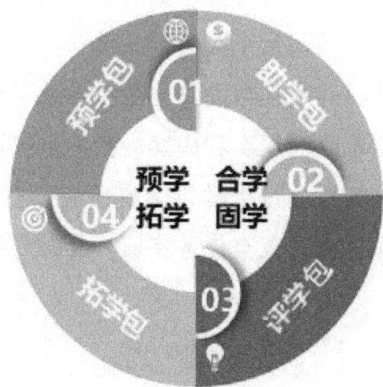

图 5-1　四个资源包和"4 学"的关系

一、预学包：学生学习的脚手架

预学包是指 PAD 中用于学生课前预学的学习资源（见图 5-2），它主要是指由教研组、备课组、教师个人编制的用于引导学生自主学习、自主探究的课前预学单。学校各教研组在学校教务处的组织下，分学科、分年段、分任务编写好初中六册书的课前预学单，并导入到 PAD 的云作业后台。教师们在上新课前一天就可以在 PAD 云作业里选择相对应的预学单布置给学生，学生在自己的 PAD 上作答。教师通过批改，就可以在线了解学生的学情，存在的困惑点、疑难点，并及时调整自己的教学设计，在第二天的课堂教学中对学生的困惑点、疑难点进行有针对性的教学，从而使教学更精准、更高效。"知彼知己，方能百战不殆。"学教合一，才显高效。

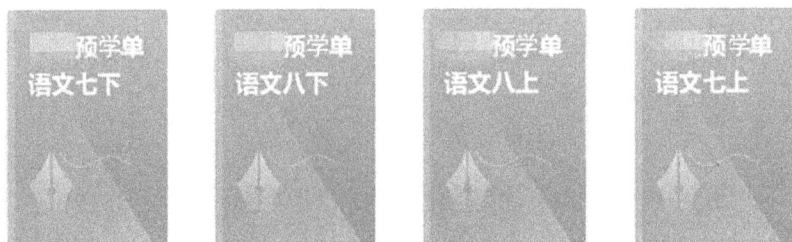

图 5-2　资源库中的语文预学单

二、助学包：学生学习的助推器

助学包是指 PAD 中用于学生课中学习的学习资源（见图 5-3）。它主要是指 PAD 资源库里由学校各科教师编制的课堂学习任务单，如数学的课堂小练习、英语的课堂听说训练、语文的课堂小练笔、科学的课堂小实验记录单、社会的课堂填图练习等，用于配合教师课堂教学，促进教学目标达成，帮助学生更有效地学习。其逻辑起点就是学生接受任务，主动实践完成。根据不同的层次和内容，教师可以设计一个或多个学习单，诸如学习单 1、学习单 2 等，目的是让每个学生学有所获。有时，为了完成任务，师生、生生之间可以互相帮助、合作探究，直至任务完成。此时对应的学生的学习方式主要是合学、探学。

图 5-3　PAD 里的课堂学习任务单

三、评学包：学生学习的检测仪

评学包是指 PAD 中用于学生课后巩固学习的学习资源（见图 5-4）。它主要是指由各科教师编制的、需要学生课后完成的、用于检测课堂学习效果和达成度的学习检测单。学习不是一蹴而就的，根据遗忘曲线规律和学习规律，学到的知识需要及时巩固。作业就承担了这样一种既有评价又有巩固的学习功能。所以，我们的检测单既有加深、提高辅优的功能，又有巩固、确保基本底线的功能。教师可以为不同层次的学生设计不同的检测单，让每个学生学有所得。此外，学生课堂上通过任务学习的形式，学习并掌握了相关的知识或技能，教师应给予及时的评价和指导。因此，此时的学习检测单就能很好地评价学生的学习情况，并且 PAD 大数据的功能能让教师准确了解课堂教学效能，及时为课后作业或下一个教学环节提供依据，使后续教学行为更加有针对性。

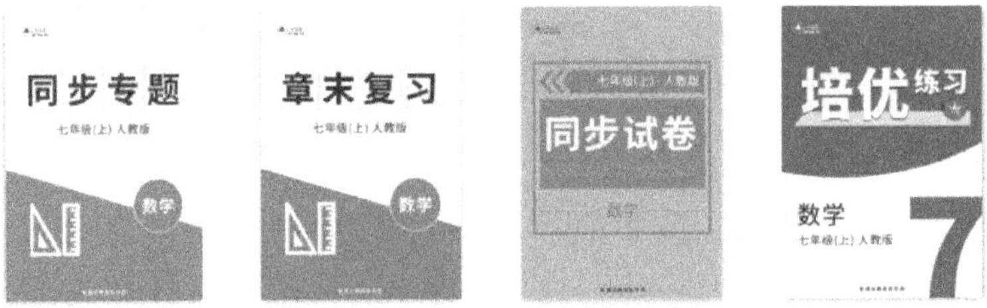

智通云同步专题数学七上（人教版）　智通云章末复习数学七上（人教版）　智通云同步试卷荟萃数学七上（人教版）　智通云培优练习数学七上（人教版）

图 5-4　PAD 资源库中的七上数学课后检测单

图 5-5 是学校一位语文教师在教授七上语文《太空一日》后，在 PAD 上给学生布置的个性化的课后作业单“请你通过本文的学习和对杨利伟的采访，发一则朋友圈”。这个作业主要是为了让学生回顾本节课的所学内容，并有所概括和提炼，在此基础上，发挥创造力。这样的题目不是机械性的训练，可以让学生在语言建构与运用、思维发展与提升、审美鉴赏与创造、文化传承与理解等方面都有所发展，全面提高学生的语文素养和语文运用能力。

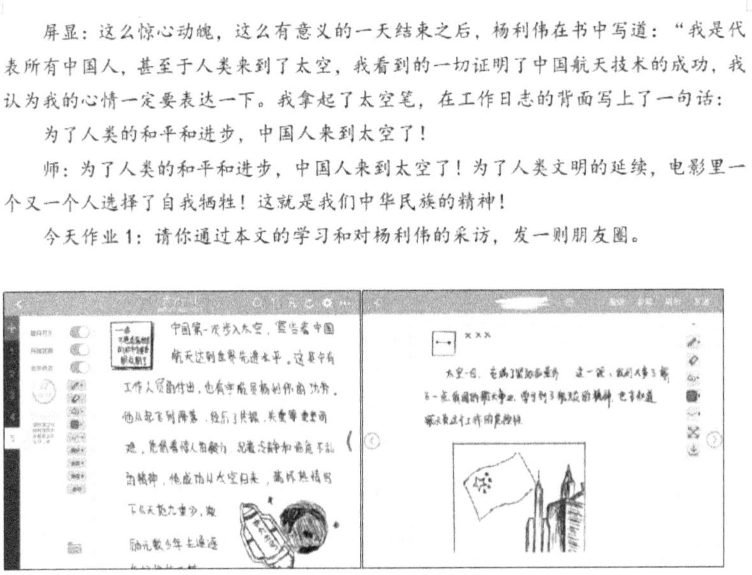
屏显：这么惊心动魄，这么有意义的一天结束之后，杨利伟在书中写道：“我是代表所有中国人，甚至于人类来到了太空，我看到的一切证明了中国航天技术的成功，我认为我的心情一定要表达一下。我拿起了太空笔，在工作日志的背面写上了一句话：

为了人类的和平和进步，中国人来到太空了！

师：为了人类的和平和进步，中国人来到太空了！为了人类文明的延续，电影里一个又一个人选择了自我牺牲！这就是我们中华民族的精神！

今天作业 1：请你通过本文的学习和对杨利伟的采访，发一则朋友圈。

学生发的朋友圈

图 5-5　PAD 里的个性化检测单

四、拓学包：学生学习的望远镜

拓学包是指 PAD 资源库中用于学生课后拓展学习的学习资源（见图 5-6）。它主要是指 PAD 中由任课教师录制的微课和 PAD 资源库里海量的题库、名著、美文、习作、诗词等资源。学生通过在 PAD 上的课后拓展学习，巩固、练习、阅读、写作、积累，增加了自己的积淀，开拓了自己的视野，发展了自己的能力。拓学包就像一架望远镜，帮助学生看到了更远、更美的世界，也让学生成为更好的自己。

图 5-6　PAD 资源库中的美文库和悦读板块

第二节　AI 课堂的英语语音学习资源包"4 构"设计

《义务教育英语课程标准（2011 版）》强调"从学生的兴趣出发，倡导体验、实践、参与、合作与交流的学习方式，发展学生综合语言运用能力，为学生可持续发展奠定基础"。"4 构"是指架构、拟构、筑构和建构。架构重视语音资源包中的学习兴趣点建设，拟构聚焦资源包创编的框架和主题，筑构的落脚点是学习实践，建构指向学习策略的形成。

一、"4 构"设计程式

（一）"架构"兴趣点——追求适需

1.图文并茂，乐于开口

七上的 3 个单元罗列了语音的基础知识，包括 5 个常用元音字母的开音节和闭音节的发音，校本语音资源包基于教材创编了适合七年级学生练习的语音学习材料。

（1）小故事：编情景，降难度

我们在教材的基础上增加了朗朗上口的小故事（见表 5-1），符合这个年级学生的学习特点和需求，让他们愿意操练，乐于开口。基于课本附录部分的语音材料结合七年级学生的年龄特点，拓展课本相关的儿歌、小故事等图文音并茂的练音资料，便于学生开口练习。

📅 **例 5-1：基于元音 /iː/ 与 /ɪ/ 的小故事** ------------------------------------

表 5-1　小故事

课本音标		校本语音教材（小故事部分）	
/iː/	/ɪ/	/iː/ /iː//iː//iː/See, see, see /iː//iː//iː/Tree a leaf.	/ɪ/ /ɪ//ɪ//ɪ/Silly, silly, silly /ɪ//ɪ//ɪ/Billy, Billy, Billy, /ɪ//ɪ//ɪ/Monkey ,monkey, Why silly Billy likes a monkey?
she	six		
we	his		
evening	middle		

案例分析：教材中每个音素对应的单词只有 3~4 个，学生无法有大量的输入，而且课本例子只有单词，没有语境，对于七年级的学生来说，趣味性不够，缺少直观性。校本语音资源包源于教材，拓展了符合七年级学生特点的补充材料。

（2）大玩家：借图片，升温度

英语课文涉及的语音部分资料不多，课本的附录部分列举了音标和对应的单词，知识性强，偏于抽象。课题组设计了多彩的图片以丰富学生练音的思路，让材料充满情趣和温度（见表 5-2）。

📑 **例5-2：音标呈现和配图** ----------------------------------

表5-2 音标简易画配图

[i:]	[ɪ]	[ʃ]	[æ]	[eɪ]	[aʊ]
tea [ti:]	pig [pɪg]	fish [fɪʃ]	apple ['æpl]	cake [keɪk]	cow[kaʊ]

案例分析： 教材课文中音标并未出现，只提到5个字母的读音，所举的例子只有几个单词，课题组成员在创编材料时，在音标的旁边增加图片。音标对于七年级学生来说，是个难点，简笔画的增加，方便学生想象和记忆，降低了学习的难度，增加了他们的感官认识。

2.元辅拼读，易于操练

语音学习材料的开发，应该满足学生实践练习的需要，便于学生去感受和理解。我们重视学生的学习兴趣，从简单易懂的拼读入手，扩大拼读输入量，便于他们去观察和发现，增强他们的语音运用成就感。

（1）少讲解：集关键，引观察

课堂上减少教师讲解，一个音素可以多设计几个拼读的例子，同一类型密集呈现，方便学生观察，逐渐学会"将各个音的口形要领真正练到嘴上，当学生说起任何一个音时，头脑里第一时间反应的是自己的发音器官该如何协调运作"。

📑 **例5-3：元音 /i:/、/ɪ/，清辅音 /p/、/ʃ/ 和浊辅音 /b/、/ʒ/ 的拼读** -------------------------

/bi:/   /ʃi:/   /bɪp/   /bi:p/

/ʃi:p/   /ʃɪp/   /pi:/   /fɪʃ/   /spi:k/

/'pɪ-tɪ/→/'pɪtɪ/   /'fɪ-nɪʃ/→/'fɪnɪʃ/

dɪ-'lɪ-ʃəs/→/dɪ'lɪʃəs/   /'fɪk-ʃən/→/'fɪkʃən/

/dɪ-'sɪ-ʒən/→/dɪ'sɪʒən/   /'mɪ-rɑ:ʒ/→/'mɪrɑ:ʒ/

案例分析： 如果只是灌输，不让学生观察和运用，学生很容易在初学英语的时候失去兴趣。本例中两个元音 /i:/、/ɪ/，清辅音 /p/、/ʃ/ 和浊辅音 /b/、/ʒ/ 密集呈现，形式易于操练。

（2）多输入：列同类，促归纳

很多七年级教师会在教学一开始，用一周或更短的时间向学生灌输 20 个元音和 28 个辅音的读法。英语音标对于七年级学生来说，不易掌握，我们可以利用一系列同一音素的方法让学生加大输入、反复操练，在实际运用中领悟发音规律。

📖 **例 5-4：清辅音 /tr/、/ts/ 和浊辅音 /dr/、/dz/ 同一系列反复操练** ------------------------

tr → /tr/

/tr//tr//tr/Trick, trick, trick. Treat, treat, treat. Trick or treat?

dr → /dr/

/dr//dr//dr/Drip, drop! Drip, drop! Drip, drip, drop!

ts → /ts/

/ts//ts//ts/Cats, hats, seats. Cats in the hats, hats on the seats.

ds → /dz/

Words, words, words. Cards, cards, cards. Can you read the words on the card?

案例分析：在对清辅音 /tr/、/ts/ 和浊辅音 /dr/、/dz/ 的操练中，同一音素的单词出现 3~4 次，这些词并不是单独机械出现，而是给学生提供语境，一个读音大量重复和输入，便于学生发现读音规律。

3. 视听交互，乐于分享

我们收集了视频和音频语音资料包，建构了课堂实践活动，引导学生去合作与分享。大量听的材料"使学生学会逐步借助语音知识有效地理解说话人的态度、意图、观点和情感，同时表达自己的意义、意图、观点和态度"。

（1）勤训练：分单句，乐模仿

教师利用动画片里原版的英语短篇故事，让学生自主选择听自己喜欢的片段，教师在一段时间后统计数据，让学生了解自己的听读进度，并鼓励他们对学习的计划进行调整。

（2）趣配音：成果篇，悦分享

语音资源包提供的数字化资源、图片、音视频等，促进学生听觉、视觉等多模态学习，重视学生的主体地位，调动他们参与和学习的积极性。更重要的是，这些资源让全体学生都动起来，参与到活动中，有利于学生的交际和合作。

（二）"拟构"主题线——突出循序

1. "语境式"呈现，与教材线相扣

七年级学生的学习基础参差不齐，我们基于教材的内容，把48个音素按照难易程度重新编排，由浅入深，循序渐进。教师围绕课本主题，创编标注音标的句子或小故事，让学生在有意义的语境中学习语音，便于学生操练和建构语音意识。

（1）加联想：围绕教材，求拓展

机械地记忆语音虽能达到学习目标，但容易使七年级学生出现畏难情绪。校本资源包源于教材，拓于教材，并在此基础上借助各种图式帮助学生巩固语音，促进联想与记忆。

📅 **例5-5：双元音练习** --

双元音是两个元音联合，它们作为一个整体出现，发音牵涉两种不同的舌位之间的平滑过渡。从其中一种舌位滑动到另一舌位，是语音学习中的难点。

语音课上为避免学生机械记忆，僵化思维，课题组运用桥形联想图（见图5-7），将已学的单词和音标结合，请学生边读边想边记忆。桥形联想图打开了学生思路，鼓励学生联想记忆，尽量避免死记硬背的学习方式。

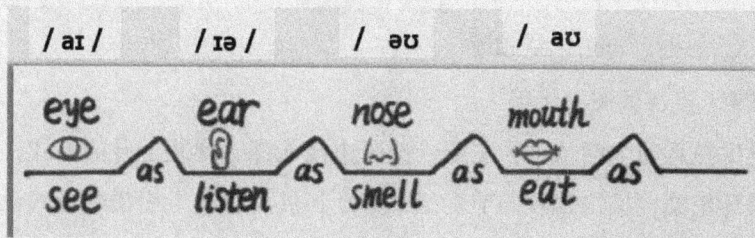

图5-7 桥形联想图

（2）减机械：聚焦课文，达巩固

语音练习材料源于课本原句，鼓励学生通过熟知的课本锻炼语音，并对文本进行复习和探究，让学生学会知识的迁移和运用，其思维能力得到发展。

例 5-6

我们根据七上单元重点句创编语音资料，每个课时学习 2 个元音、4 个辅音。

案例分析：本例中的校本语音资料从七年级教材内容出发，编排 10 章，并根据七年级学生好奇的特点，创编句子或小故事（见图 5-8）。这些句子源于课文中的重点句或和课文相关的小故事，可以让学生边操练语音，边读懂句子或故事的意思，让学生在课文熟悉的语境中操练语音。

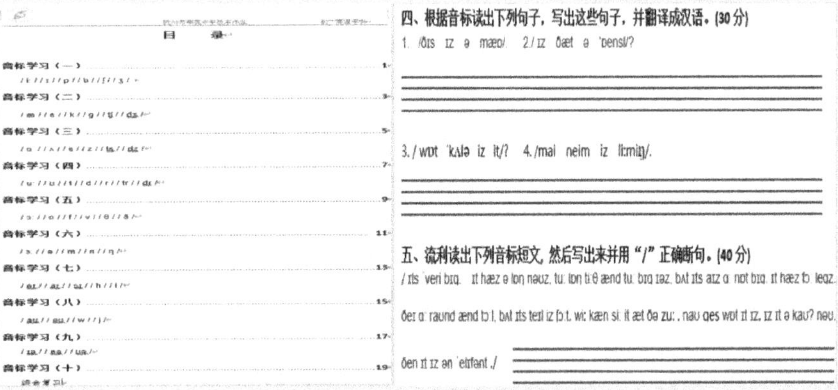
目 录
音标学习（一） 1
音标学习（二） 3
音标学习（三） 5
音标学习（四） 7
音标学习（五） 9
音标学习（六） 11
音标学习（七） 13
音标学习（八） 15
音标学习（九） 17
音标学习（十） 19
四、根据音标读出下列句子，写出这些句子，并翻译成汉语。(30 分)
五、流利读出下列音标短文，然后写出来并用“/”正确断句。(40 分)

图 5-8 创编小故事

2.“说唱式”渗透，与生活线相连

（1）快节奏：浅探韵律推运用

我们以学生熟悉的生活情景为主题，按照由浅入深、螺旋上升的方式，让同一元音或辅音反复循环出现，加快读音的节奏感，不断扩展和深化，用说唱形式让学生实践语音运用。

例 5-7：以生活情景为主题 /eɪ/、/aɪ/、/ɔɪ/ 韵律的说唱稿

① /ei/, /ei/, /ei/ Dave, Dave, Dave. /ei/, /ei/, /ei/ Wave, wave, wave.

Look at Dave. Can you see him wave?

② /ai/, /ai/, /ai/, Mike, Mike, Mike. /ai/, /ai/, /ai/ Ride, ride, ride.

Do you want to ride?

③ /ɔɪ/, /ɔɪ/, /ɔɪ/, Boy, boy, boy. /ɔɪ/, /ɔɪ/, /ɔɪ/, Toy, toy, toy.

The boy lost his toy and made a lot of nose.

④ /i/, /i/, /i/, Twinkle, twinkle, twinkle. /i/, /i/, /i/, Little, little, little.

Twinkle, twinkle, little star.

案例分析：chant 的节奏让学生感知语音的发音旋律和规律，说唱的形式让学生敢于模仿和表现，学生语音能力形成的过程性和渐进性得到重视。

（2）慢渗透：深挖日常追品质

资源包中的说唱稿以七年级学生熟知的内容建立特定主题，比如动物、文具等贴近学生生活的内容（如例5-8所示），让学生在朗读中实践语音、感知生活。

📖 **例5-8：以动物 cat、hen、chicken、jackal 为主题的说唱稿** ------------------

① /æ//æ//æ/At, at, at.　　　　/æ//æ//æ/Cat, cat, cat.

/æ//æ//æ/Fat, fat, fat.　　　　　　　I can find a fat cat in a hat.

② /e//e//e/hen, hen, hen.　　　/e//e//e/Fed, fed, fed.

Fred fed hens bread.

③ /tʃ//tʃ//tʃ/Chicken, chicken, chicken.　　　　/tʃ//tʃ//tʃ/Bench, bench, bench.

A chicken is catching a peach and watching on the beach.

④ /dʒ//dʒ//dʒ/jackal, jackal, jackal.　　　　/dʒ//dʒ//dʒ/jump, jump, jump.

Jackals jump jump.

案例分析：易于上口的说唱让学生在韵律中掌握和运用音标，慢慢渗透语音的发音方法，提高学习的效率。生活情景化的故事让学生学会享受生活、尊重生命。

3. "碰撞式"展示，与素养线相合

我们以培养学生语言能力和学习能力等学科素养为主题，通过影视或绘本小故事的仿音和配音等活动，使学生在集体展示和碰撞的过程中逐步领悟语音知识。

（1）巧合作：组内分工激参与

英语故事一般都会由几个情节和不同的场景组成，课堂中学生可分小组开展合作配音活动，每个成员自主选择一个角色进行配音。和组员的合作能够激发学生的参与意识，丰富学生对语言实践的体验，帮助学生形成合作的精神和包容的性格。

（2）设优展：组间合作助反思

学生在分享中运用语音知识。对优秀合作成果进行展示和分享，搭建学生小组间互相学习的平台，加强学生之间的真实互动，形成合作机会和交流，提高学生的学科素养。

（三）"筑构"活动面——凸显运用

1.磨耳朵，感知音形结合

我们利用网络等平台搜集音频资料，引导学生去听和感知，便于学生在听的大量输入中获得语音知识，在语用中渐渐领悟语音规律。

（1）用平台：从少到多，自主纠音

教师利用智慧空间，提供音频和视频，促进学生对听的学习，重视学生的主体地位，调动他们参与的积极性。更重要的是，我们利用这些资源帮助学生感知单词的发音，建构音和形之间的联系，以形成一定的语音意识。

（2）合学伴：化零为整，小组互听

学生之间结成学习共同体，"学伴"学习帮助学生形成良好的人际关系，让他们学会合作和分享，有利于提高学习效率和发展自主学习能力，形成积极的情感态度。

2.练眼力，领悟发音规律

很多后进生对英语有畏惧心理，不敢开口，不愿朗读。其中很大一部分原因是学生背单词都是机械化的死记硬背，不会总结发音规律与融会贯通。

（1）铺台阶：从易到难，找同类

给学生一个够得着的台阶，让他们在直观、有趣的匹配中学会对已学知识的迁移和应用，让他们在体验中获得语音知识。

📋 **例5-9：匹配语音并归类** ---

/ri:d/_____　　/si:/_____　　/wi:k/_____

/tri:/_____　　/mi:/_____　　/ki:/_____

read 读 v.　　　　　　key 钥匙 n.　　　　　　week 周 n.

me 我（宾格）pron.　　see 看见 v.　　　　　　tree 树 n.

归类：发 /i:/ 的字母或字母组合是 _____

案例分析：本例没有刻意讲字母组合的发音，而是让学生在边拼边选择单词的过程中，先根据音标找到或写出正确的单词，再总结发音规律。学生选择单词而不是根据音标写单词，让他们在从易到难的循序过程中学语音。

（2）拆支架：从繁到简，悟规律

资源包中的学习材料重视支架的搭和拆，鼓励学生去多看、多观察，发现语音规律，提高记忆的效率，给予他们自主解决问题的空间，引领他们形成语音意识。

📅 **例5-10：读单词，找规律** --

一、读一读，找一找。画出下面单词中含有该发音的字母或者字母组合。

/eɪ/ eraser crayon cake pencil-case today way tail train

总结：常见的发 /eɪ/ 的字母以及字母组合有 _____

/aɪ/ find driver price mice try fly right high pie tie

总结：常见的发 /aɪ/ 的字母以及字母组合有 _____

案例分析： 从熟知的单词到不认识的单词，慢慢领会字母组合发音规律，教师不是通过讲解灌输，而是小步子设台阶让学生去领悟、整合、内化语音知识，提升他们的学习能力。

3.动嘴巴，鼓励语音模仿

通过趣配音软件、PAD 等平台，可以让学生实现与教师之间、同伴之间或学习系统之间的学习碰撞，避免传统课堂上时间有限而学生参与度不够的弱点，让每一位学生都有机会敢于模仿、乐于模仿。

（1）秀模仿：一对一突破时空

📅 **例5-11：剪辑电影音频，练习语音语调** --------------------------------------

教师剪辑电影 *Say sorry* 经典台词（如下）并录音发给学生，学生通过 PAD 进行模仿发音和跟读练习，原版的录音提供示范和模仿，学生逐句进行朗读操练。学生可以重复单个句子，不断听单个句子的停顿、重读、连读、节奏。

Big girl: Dad, _____ it.

Colored woman: _____ hard on her face and ____ her hair.

Young woman: What! Oh, ____ on, Rachel.

Little girl: Let the air go through the face, and ____.

案例分析： 本例从单个句子入手，通过口语训练平台，纠正重音、连读、弱读的错误，促使学生尝试发音。一对一的平台训练打破了传统时间和空间的局限，让学生开展个性化的探究学习。

（2）练表达：面对面虚拟互动

云听说的课外阅读里有很多封面，封面上的彩图很有故事感。我们利用这些栩栩如生的图片，利用云课堂的弹幕，让学生根据所看到的封面设计读前问题并在课上进行口头问答。

（四）"建构"思维网——体现贯通

1. 内化音，从记忆到理解

通过观察单词的字母组合和同一发音音节的大量输入，学生可以了解英语发音和拼写的规律，在掌握和运用音标的过程中，渐渐"见词能读"。更重要的是，他们在记单词的过程中逐步识别和推断单词发音规律。

（1）找音节：划单词，磨练拼读

很多学生背单词不是按照音节，而是一个字母一个字母死记硬背。长此以往，随着词汇量的增大，学生很难再记住新单词。因此，记单词的第一步是学会音节的划分。

📖 **例5-12：划分音节，感知字母组合** ---------------------------------------

划一划：she fish sheep English

看一看：这组单词中音节最多的是 _____

划一划：teacher children technology

想一想：这组单词中你发现的字母组合有 _____

案例分析：从单音节到双音节，再到多音节，一系列由同一字母组合而成的单词让学生从记忆到归纳，体会语音知识的功能，培养一定的意识和方法，形成正确的单词记忆方法。

（2）寻规律：思归纳，见词能读

单词的拼读有一定的规律可循，需要总结和归纳。在七年级，需要教师对学生进行慢慢辅导，长期渗透。只有领悟规律后，学生才能形成自然拼读的能力。

📖 **例5-13：观察字母组合发音** ---

背一背：boat coat road goat　　总结：字母组合 oa 在这些单词中读作 _____.

想一想：这些单词怎么读？　　coal soap goal foam

背一背：how now brown cow　　总结：字母组合 ow 在这些单词中读作 _____.

想一想：这些单词怎么读？　　crown down flower

案例分析：本例让学生通过熟知的单词和音标的匹配，总结出 /əu/ 和 /au/ 的字母组合有哪些，激发学生的求知欲和积极思考能力的同时，有效融合学生的听觉和视觉，使之内化拼读意识，提高理解能力。

2.外化形，从运用到分析

我们注重培养学生在语音学习过程中善于发现和比较规律的能力，让他们积累一定的语感，学会运用语音知识的技巧记忆单词，做到听音会写。学生在实践中学会不断的观察和推断，他们的思维能力也在操练中渐渐爬坡。

（1）做比较：找不同，听音会写

📓 **例5-14：看一看，写一写** --

①观察 near /nɪə/，你会写 /klɪə/ 吗？_____

②观察 picture/'pɪktʃə/，你会写出几个下列音标对应的单词？

/'neɪtʃə/_____　　['kʌltʃə]_____　　['lektʃə]_____

案例分析：本例让学生进行替换操练，在练习中进行语音和字母组合的实践，将看到的音有效迁移和输出，帮助学生听到音能自然想到有可能的拼写形式，使之在运用语音知识中分析相同字母组合的不同发音和不同字母组合的相同发音，提高他们的分析能力。

（2）悟方法：比相似，触类旁通

单词是英语学习的建构材料，有些学生为了应付听写和考试，死记硬背单词的拼写，却不知单词怎么读，习惯性地把单词的字母一个一个拼凑起来，往往忽视了单词的读音及发音规律。教师在七年级的教学中要有意识地培养学生词汇学习的策略。

📓 **例5-15：写一写，想一想** --

	/'neɪm/ n__me	/'beɪbɪ/ b__by	/veɪ'keɪʃn/ v__c__tion
	/teɪk/ t__k__	/speɪs/ sp__c__	/greɪp/ gr__p__
	想一想：还有哪些字母组合是 /eɪ/ 的发音？如果有，它们有哪些相同点？		
/eɪ/	/pleɪ/ pl____	/steɪ/ st____	/'sʌbweɪ/ subw____
	/weɪt/ w____t	/reɪn/ r__n	/peɪnt/ p__nt
	想一想：是否所有字母组合 ay 都念 /eɪ/？还有没有其他发音？如果有，它们有哪些不同点？		

案例分析：不同单词同一发音的呈现可以帮助学生建立拼读意识、发展拼读能力。字母和字母组合，以及辅音字母和字母组合的语音教学也有其各自的规律可循，音素是字母与音标之间的桥梁。

3. 做中学，从评价到创新

在学生建构语音意识的同时，多模态的学习方式让学生主动进行总结和分析。我们放手让学生根据自己情况选择练音的进度，通过语音练习迁移学习方法，为后续学习奠定基础。

（1）用计划：自练反思，调策略

我们利用在线平台，让学生自主选择语音练习的遍数。一段时间下来，学生可以看到自己以及全班甚至全校练习的平均遍数。这样，学生可以采用适合自己的学习进度调控，管理自己学习的过程。

（2）会播音：自我展示，学创造

资源包里有很多原版的英语短篇故事，学生可以自主选择听自己喜欢的故事。教师在一段时间后统计数据，让学生了解自己听读进度，并鼓励他们分享自己的录音成果，自我练习得分高的学生可以获得在学校的广播站里播讲英语故事的机会。

二、语音学习资源包设计和应用的"4 有 4 求"之思考

课题实施中我们也发现，"4 构"资源包的研究和探索主要来自课题组仅有的一年实践，因此在该课题的后续发展和探索上，我们可以继续思考和展望。

（一）研究结论

1. 素材有趣味，满足需求

语音资源包应该是学生愿意接受、喜欢完成的语音学习材料，能让他们欣然参与到语言学习中。教师"根据课时的设置、学生的基础和师资情况的不同，开展多元化的教学模式探索"，满足不同学生的学习需求。

2. 主题有针对，鼓励探究

语音资源包的设计侧重在有意义的语境中，通过听、看、读、说等不同方式给予学生初步获得语音意识的机会，并且尽量做到在特定主题中归类语音材料，帮助学生建构和探究语音知识。

3. 实践有层次，促进参与

语音学习材料所提供的思维空间大小决定着学生学习的宽度和深度，因此，语音资源包的设计和应用都要从易到难、循序渐进。利用这些素材，教师可以组织丰富多彩、切合学生学情的语音实践活动，帮助学生形成一定语感，增强其用英语表达的愿望和自信心。

4.思维有迁移，可延续

在语音资源包的应用中，教师将思维的培养融入学生的语音学习，结合语音内容训练学生对学习方法的探究，鼓励其分享经验，反思运用，引导学生形成语音意识、尝试不同的学习策略，为学生可持续发展和后续学习提供帮助，让学生"乐于学习，善于学习，终身学习"。

（二）研究展望

1.从兴趣出发，学习自信求养成

资源包的设计和运用立足新一轮基础教育课程改革，立足七年级学生的学习特点。PAD的辅助教学打破了时间和空间的界限，在有限的师资下让学生的个性化辅导成为可能。个性化学习模式构建了一个经纬交错的教学网络，既为学生搭建听说桥梁，提供听说资源、评价系统，让学生善听，又为学生奠定了练习说的基础，克服学生学习英语畏难的消极心态，让他们在自主学习过程中享受听和说的快乐。

2.以主题为线，探索能力求发展

语音资源包的开发将教材学习与拓展材料学习有机融合，通过一步步的学习积累，通过课外资源补充，培养学生自主学习能力，提高学生英语核心素养，推动学生的认知、思维、能力的多方面发展，促进学生学会和善于选择属于自己的学习方法以及学习方式。同时，学生听说的兴趣被激发了，听说的输入和输出量不断增加。学生优化了语感，历练了学习方法，提高了表达能力，整体提升了英语学习能力，学会了自主学习、主动学习。

3.借活动搭架，思维品质求提升

通过语音学习模式的建构，学生在课堂内领悟学习的方法，在课堂外通过同样的学习方式去打通读和写的渠道，并且将这种学习方法和思路迁移到其他学科的学习中。学生学习的兴趣、能力、思维不断增强，形成良好的循环。在乐学中，通过学生对外在知识的不断汲取，内在的兴趣、习惯、情感都受到了潜移默化的熏陶。

4.用思维贯穿，后续学习求持久

学生走出学校再也不愿意学习的现象随处可见，学好英语语音能够为学生英语学习奠定基础，让学生的自主学习成为可能。资源包的运用始终关注英语学习的自我计划，有助于学生做好自我管理、养成良好的学习习惯、打通学习渠道。教学的多元性使学生的自主学习有了条件，为他们的终身学习奠定基础。

第三节　AI 课堂的实践思考

基于 AI 课堂的线上教学是疫情期间"停课不停学"的主要形式，学校充分利用 PAD（师生人手一台）的功能优势，开展联云课空中课堂在线学习。联云课是建立在 PAD 基础上的一个线上教学平台，它不仅可以充分利用 PAD 既有的功能如云作业、智通课堂、学海题舟（作业习题）、阅读与写作、响应等，而且可以建立师生网上直播平台，使之开展线上互动交流，营造面对面教学场景，促进有效学习。

一、线上教学的基本态度

居家上网课是不得已而为之的亡羊补牢之举，但并不是长效的学习方式（至少目前）。毕竟，学校依然会开学，教学必然会转入线下。因此，对于线上教学，师生尽管可能会有些不适应，但依然持高度认可并积极参与的态度，包括家长也尽力配合。

（一）学生参与度高，积极性大，满意度高

我们对一个月的线上学习数据进行分析，发现全校 899 个学生，每天都按时上课签到、打卡，并全程浸润在线上学习的过程中，与教师、同学交流互动。

（二）教师工作敬业，认真负责

从调研数据得知，一个月内，全体教师共上课 1099 节，制作 PPT 1266 份，完成课堂任务 4960 个，平均每个学科 992 个。各个学科和教师的上课数量比较均匀，教师依然还是和线下教学一样，各自以在自己的班级上课为主。

二、线上教学的基本样态

（一）"直播 + 作业"成为线上教学的基本形式

线上学习的形式和路径主要有"教师直播 + 学生听记""录播 / 微课 + 作业""直播 + 录播（微课）+ 作业"，但主要是"直播 + 作业"，另外也有不少教师使用"直播 + 微课 + 作业"。

（二）"视频 + 聊天"成为线上教研的基本形式

为确保上课质量，优化线上学习精准方案，各教研组基本采用微信或钉钉的视频会议和聊天功能，开展集体备课，研究教学方案，改进教学方式。微信、钉钉中既可以上传文件和视频，又可以进行在线修改，提升了教学方案质量。这种群英会的形式确保了诸如线上公开课、研讨、集体备课、教学会议的交流互动的高效性。

（三）"打卡 + 作业 / 监测"成为线上管控的基本路径

线上学习时，教师和学生各执一端，很难像线下教学那样面对面，教师也很难完全掌控学生的学习情况，尤其是在没有家长监护的情况下。因此，为了了解学生线上学习的效果，我们想了很多办法，诸如打卡、作业、视频、线上点名、师生互动、时间控制等，希望学生能够有效掌握学习内容，不虚度线上光阴。而"打卡 + 作业 / 监测"成为线上管控的主要形式，也是教师提升课堂教学质量的关键路径之一。如图 5-9 所示，学校联云课主要通过小调查、快答、音答形式，充分调动学生积极性，开展课堂互动。而教师们为了提高教学质量，对作业的批改、单元检测等形式，依然保持高度的认可。

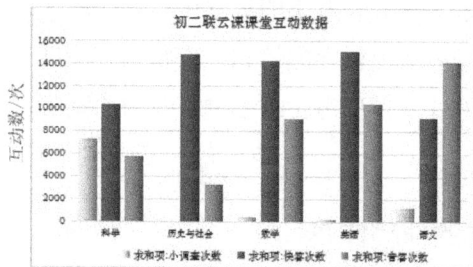

图 5-9　线上学习互动形式：调查、快答、音答

（四）"简单 + 适量"成为线上课程的基本选择

线上教学不同于线下教学，面对不可控的学生和时间效率，教师普遍不会沿用教材的原有内容顺序开展线上教学，而是依据线上学习的特殊性，设计适合学生和线上学习的学习课程与内容。于是，"简单和适量"成为线上课程架构的基本原则，并且教师更倾向于自主开发或校本化线上课程，这一点可以从区教研活动中兄弟学校的课程开发得到佐证。

（五）"素养 + 综合"成为线上学习的基本目标

正是基于线上学习的特殊性，我们在选择"简单 + 适量"的课程内容时，已经确定了线上学习的基本目标，那就是培养学生的核心素养，尤其是综合实践能力。因此，线上学习的校本化课程从另一个角度关注了以学为中心的学习特点和实际。疫情期间，学校除了学科课程外，还开设了诸如责任感、孝敬、自律、爱国主义等主题的德育课程，通过线上升旗仪式、亲子烹饪厨艺秀、"疫"线面孔主题征文、线上读书节等形式，鼓励学生在家里践行父子母女亲情教育、家务劳动教育、家风家教教育，改善家庭关系，增强学生的责任意识、人际关系协调能力和劳动实践能力。

三、线上教学的实践反思

（一）加强线上教学的技术培训

在疫情突袭之前，大多数教师的线上教学经验是空白的，很多教师对线上教学的平台选用、学教方式、过程管控、交流反馈乃至技术应用，都是仓促应战，只能匆匆将线下课堂教学搬到线上，最多在线上教学的过程中打几个补丁，管控学生的学习过程和效果。因此，对广大教师开展线上教学的培训，变得迫在眉睫，尤其是针对一些线上教学的理念、工具、内容、方式、评价等，需要进行学习与培训，以利于提高线上教学的质量。

（二）开发线上教学的课程体系

线上教学不同于线下教学，其最直接的表现就是师生不能在现实的空间里面对面开展教学，线上教学没有线下的教学现场（学习情境）。因此，很多线下教学的课程、内容、方法等未必适合线上教学。构建适合线上学习的课程体系变得十分必要和迫切。根据浙江省教研室的调研情况，学生最喜欢的线上学习的形式是资源包，这体现了网络学习的核心特点即自主学习，课程建设要体现这种特点。

（三）设计线上教学的学习方案

基于线上教学的特点，教师要改变往日的教学设计理念和方法，凸显学生学习主体地位，全程彰显教师指导下的学生自主学习的线上学习特点，那就要给予线上学习充分的资源和支架，帮助学生充分学习，以获得理想的学习效果和目的。但是，目前针对线上教学的方案设计的标准、要求、评价比较少，教师很难把握，也不知道怎样才能够达到理想的教学效果。各个学校教师仅凭自身的理解开展线上教学，尽管有相关业务部门的指导（课例、教案的制作和部署），但教师往往还是感到不明就里。

线上学习的方案设计，必须体现以下几个要求。

1.任务型学习

顾名思义，就是通过完成任务的形式学会学习。这个任务的完成可能涉及很多方面的知识，需要多方面的资源，甚至本身就需要一个完整的学习方案。而在完成任务的过程中，学生可以得到多方面的锻炼与提升，习得素养。

2.整体性思考

教师在设计学习方案时，需要整体性的思维理念，而不是零碎化的一个个问题的解决。

3.综合化实践

线上学习必然需要线下活动的补充、完善，即线上线下的混合式学习。这种混合式学习既有知识性的面上学习，又有实践活动性的体验学习，是一个综合化的学习实践。

（四）整合网络平台的教学功能

疫情当下，各线上教学平台都有自己的特色和亮点，但也都有自己的不足。因此，实践中，我们往往是几个线上平台一起用。比如，用钉钉的时候，往往还应用着微信。如何熟练运用各种网络教学平台，为我所用，对于教师而言是一个挑战。

（五）加强线上学习的教学管理

线上教学不等同于把线下教学搬上云端，很多环节往往没有想象的那么顺利，诸如学习自律性、即时教学评价、训练实效性、作业批改等。线上教学管理是一个新生事物，需要我们研究探索。教学管理既要统筹安排线上学习时间、内容，又要兼顾全面发展的教育理念，不能只有知识和技能；既要开展线上教学研究，解决真问题，又要借机加强教师培训，使之在岗位上学习新技术新方法。如何使用云端手段，整合各种教学要素，有效管控线上教学，提高线上学习质量，是后续网课的一个重要内容。

当然，线上教学涉及的因素还有很多，需要我们从实践中不断创新、完善，使之真正为学生学习提供智慧的支架。

参考文献

1. Binder C. Precision teaching，Measuring and attaining exemplary academic achievement [J]. Youth Policy, 1988(7)：12-15.

2. Eric Jensen，LeAnn Nickelsen. 深度学习的 7 种有力策略 [M]. 上海：华东师范大学出版社，2010.

3. Harmer J. How to Teach English: An Introduction to the Practice of English Language Teaching [M].London: Longman,1998.

4. Kinshuk. Guest editorial，personalized learning[J].Educational Technology Research and Development, 2012(8): 561-562.

5. 巴克教育研究所 . 项目学习教师指南 [M]. 北京：教育科学出版社，2008.

6. 陈莉梅 . 初中数学跨学科教学的现状与对策研究 [D]. 重庆：重庆师范大学，2020.

7. 陈琦 . 初中数学跨学科教学浅议 [J]. 宁波大学学报（教育科学版），2006（3）: 149-150.

8. 程晓堂，王笃勤 . 英语阅读教学 [M]. 北京：外语教学与研究出版社，2012.

9. 崔斌箴 . 国外电子书包进校园走势强劲 [J]. 出版参考，2010（9）: 42.

10. 付达杰，唐琳 . 基于大数据的精准教学模式探究 [J]. 现代教育技术杂志，2017（7）: 12-18.

11. 葛炳芳 . 英语阅读教学的综合视野：理论与实践 [M]. 杭州：浙江大学出版社，2015.

12. 侯云洁 . 国内小学英语自然拼读教学的研究问题和对策 [J]. 英语学习，2019（11）: 11-15.

13. 蒋安娜 . 基于问题链的数学深度学习活动设计 [J]. 课程教材教法，2019（1）: 14-17.

14. 雷红辉 . "家庭小实验"的深层次教学功能探讨 [J]. 中学化学，2003（3）: 6.

15. 李晨 . 英语语音教学的三部"秘籍" [J]. 英语学习，2019（1）: 62-64.

16. 连云梅 . 电子书包在小学语文阅读教学中的应用研究 [D]. 西安：陕西师范大学，2014.

17. 梁美凤 . "精准教学"探析 [J]. 福建基础教育研究，2016（6）: 4-7.

18. 梁婷婷，潘英花，黄勇萍 . 数据驱动教育范式下的混合式教学研究与探索 [J]. 智能计算机与应用，2019（5）: 8-11.

19. 南玉红. 浅谈阅读在英语教学中的重要性 [J]. 学周刊，2013（9）: 52.

20. 唐恒钧. 基于深度理解的问题链教学 [J]. 教学研究，2020（4）: 53-57.

21. 万力勇，黄志芳，黄焕. 大数据驱动的精准教学：操作框架与实施路径 [J]. 现代教育技术，2019（1）: 31-37.

22. 王娥娟. 初中英语阅读教学与写作教学的结合 [J]. 基础英语教育，2012（2）: 61.

23. 谢丽红. 基于电子书包的互动教学研究 [D]. 上海：上海师范大学，2012.

24. 郁晓华. 美国 iPad 项目及其对中国电子书包的启示 [J]. 开放教育研究，2014（4）: 46-55.

25. 张大均. 教育心理学 [M]. 北京：人民教育出版社，2004.

26. 张德成. 电子书包对"教、学、做"的影响研究 [J]. 中国教育信息化，2014（3）: 20-23.

27. 张锐军，陆妙苗，朱敬东. 基于区域教育云平台的混合式精准教学模式研究 [J]. 北京：中国教育信息化，2021（13）: 50-55.

28. 张真，吴芬芬. 基于大数据和数据挖掘技术的精准教学模式研究 [J]. 信息技术与信息化，2018（10）: 13-15.

29. 钟启泉. 解码教育 [M]. 上海：华东师范大学出版社，2020.

后 记

经过四年的实践探索，AI课堂的转型与突破有了初步成效，也逐渐成为文溪中学发展的一大亮色。数据驱动、精准教学，在"教育＋互联网"的今天，正逐步成为学校教育教学改革的重要组成部分。以课题为统帅，以PAD为载体，以课堂教学实践为主阵地，以校本研训为推进机制，发挥教师的主观能动性，开展丰富多彩、形式多样的精准教学研究，已经是文溪教育的新样态。

本书立足学校基于PAD的教学实践，收集整理了各学科的教学案例、经验总结，归纳提炼了学校的基本教学范式、教学策略、教学反思，既是对学校课程改革实践的前期总结，也为下一步的继续推进夯实基础。本书由李胜建编著，其中第一章、第三章第一节和第五章第一节由李胜建、朱丽娜撰写，第二章第一节、第五章第三节由李胜建撰写，第二章第二节由吴桃生撰写，第二章第三节由付盈洁撰写，第二章第四节由江震宇撰写，第二章第五节由张敏撰写，第三章第二节、第四章第一节由葛晶晶撰写，第三章第三节由杨欢撰写，第三章第四节、第四章第二节由王淑芬撰写，第三章第五节由田美芬撰写，第三章第六节由钮燕丽撰写，第三章第七节、第五章第二节由李静撰写，第三章第八节由王佳敏撰写，第三章第九节由郑燕萍撰写，第三章第十节由俞青云撰写，第四章第三节由宣龙芳撰写，第四章第四节由叶艺婷撰写，第四章第五节由王佳慧撰写，第四章第六节由张俏俏撰写。

本书的出版要感谢文溪中学教师的科学实践与探索，感谢区教育发展研究院王斌主任对课题研究的大力支持和帮助，感谢浙江大学教育学院肖龙海教授为本书写了序，感谢杭州学海科技有限公司提供了支持与帮助。

李胜建

2021年9月1日